Wörlen Grundzüge des Privatrechts
Band I

Grundzüge des Privatrechts

Eine Einführung für Studierende der Wirtschaftswissenschaften, insbesondere an Fachhochschulen

Band I

Einführung in das Recht und Allgemeiner Teil des BGB

Von Dr. iur. Rainer Wörlen

Professor an der Fachhochschule Köln

3., überarbeitete und verbesserte Auflage

Carl Heymanns Verlag KG Köln · Berlin · Bonn · München

Die Deutsche Bibliothek – CIP-Einheitsaufnahme

Wörlen, Rainer:
Grundzüge des Privatrechts: Eine Einführung für Studierende der Wirtschaftswissenschaften, insbesondere an Fachhochschulen / von Rainer Wörlen – Köln; Berlin; Bonn; München: Heymann.

Bd. I: Einführung in das Recht und Allgemeiner Teil des BGB – 3., überarb. u. verb. Aufl. 1993
ISBN 3-452-22768-5

ISBN 3-452-22768-5

Satz: Computersatz Bonn GmbH, Bonn

Druck: Grafik + Druck, München

Ti ho aperto il mio cuore
e come un bimbo ti ho guardata . . .*

* *Liborio Pepi,* in Senzaparole, Partire per l'Italia, 1992, S. 265; hier: Dem RECHT gewidmet!

Vorwort zur dritten Auflage*

Der erfreuliche Absatz dieses Bandes I meiner »Grundzüge des Privatrechts« sowie die anerkennenden Rezensionen – auch zu den Bänden II–V (vgl. Literaturverzeichnis) – haben gezeigt, daß das inhaltliche und didaktische Konzept des Buches sehr gut aufgenommen wurde.

Wenngleich im Untertitel besonders Studierende an Fachhochschulen angesprochen sind, hat ein von mir im WS 1990/91 an der Wirtschaftswissenschaftlichen Fakultät der Heinrich-Heine-Universität Düsseldorf durchgeführter Lehrauftrag erwiesen, daß die »Grundzüge« gleichermaßen für Studierende der Wirtschaftswissenschaften an Universitäten einen guten Einstieg in das »Recht« bieten können.

Die 3. Auflage wurde erheblich um »unvermeidbare« Druckfehler bereinigt und verbessert, die Darstellung vielerorts gestrafft.

Aktuell berücksichtigt wurde, daß durch das neue Betreuungsrecht die Entmündigung Erwachsener zu »beschränkt Geschäftsfähigen« entfallen ist und daß sich durch die deutsche Einheit der Gerichtsaufbau in Deutschland verändert! Ansonsten wurden Inhalt und Konzept beibehalten. Das Literaturverzeichnis, die »Literatur zur Vertiefung« und dementsprechend die Fußnoten wurden auf den möglichst neuesten Stand gebracht.

Für die Hilfe bei der Korrektur habe ich einmal mehr sehr gerne Frau Kollegin Regierungsoberrätin Dr. iur. Karin Metzler-Müller von der Verwaltungsfachhochschule Wiesbaden – und auch Herrn stud. rer. pol. Jens Engehausen vom FB Versicherungswesen der Fachhochschule Köln – zu danken.

Hinweise und Anregungen aus dem Leserkreis werde ich auch weiterhin gerne berücksichtigen.

Köln, im September 1993 *Rainer Wörlen*

* **Zur Arbeitsweise mit diesem Buch vgl. die folgenden Auszüge aus dem Vorwort zur 1. Auflage!**

Aus dem Vorwort zur ersten Auflage – zugleich eine Arbeitsanleitung –

Die vorliegenden »Grundzüge des Privatrechts« basieren auf meinen Arbeitsgemeinschaften für Studienanfänger an den Universitäten Würzburg und Freiburg sowie auf meinen Vorlesungen zum »Wirtschaftsrecht« im Fachbereich Versicherungswesen der Fachhochschule Köln. Zum »Wirtschaftsrecht« im Sinne des dort gültigen Studienplanes zählen insbesondere die »Grundbegriffe« des gesamten Bürgerlichen Rechts, wobei der Schwerpunkt selbstverständlich auf den wirtschaftlich relevanteren ersten drei Büchern des BGB liegt, während das Familien- und das Erbrecht nur kurz angesprochen werden. Darüber hinaus erhalten die künftigen Diplom-Betriebswirte im Rahmen ihres Grundstudiums kurze Einführungen in das Handelsrecht (inklusive ein wenig Gesellschaftsrecht) sowie in das Arbeitsrecht.

»Einführungen«, »Grundzüge« und dergleichen haben gemeinsam, daß sie niemals vollständig sein können. So ist es nicht Ziel dieses Buches, die Vielzahl der auf dem Markt befindlichen, zum Teil vorzüglichen und viel umfassenderen Einführungswerke nur um eine andersartige Stoffauswahl zu ergänzen. (Auf einige dieser Werke wird bisweilen unter der Überschrift »Literatur zur Vertiefung« ebenso verwiesen wie auf speziellere Lehrbücher).

Der *Zweck dieser »Grundzüge« ist vielmehr ein »didaktisch-pädagogischer«:*
Den Studierenden soll der Stoff nicht in einem vortragsähnlichen Monolog nahegebracht werden, sondern in Form eines »Lehrgesprächs«. Ihnen soll anhand von zur Thematik hinführenden Fragen oft Gelegenheit gegeben werden, sich *zunächst eigene Gedanken* zu machen, bevor sie die Antworten lesen, die den Stoff lehrbuchartig darbieten.

Bei der Darstellung des Stoffes wird weitgehend die »Fall-Methode« angewandt: »Das Recht« wird in der Praxis des täglichen Lebens von Rechtsfällen (Rechtsstreitigkeiten) beherrscht. Ein Fall endet regelmäßig mit einer Frage, und zu dieser Frage sollten die Studierenden bei der Durcharbeitung dieses Buches wiederum – *auch ohne besondere Aufforderung* – *zunächst eigene Überlegungen* anstellen, bevor sie weiterlesen.

Erfolgreiches Lernen bedeutet schließlich nicht nur **Lesen** und **Nachdenken,** sondern immer und immer wieder: **Wiederholen!** Um den Studierenden Gelegenheit zu geben, zu überprüfen, was von dem zuvor im Lehrgespräch Erarbeiteten (bzw. hier Gelesenen) im Gedächtnis haften geblieben ist, werden ihnen am Ende von Teilabschnitten Stoffgliederungsübersichten, Merksätze und Prüfungsschemata dargeboten. Sollte man bei der Lektüre dieser Übersichten feststellen, daß man der Zusammenfassung nicht ohne Schwierigkeiten folgen kann, sollte man tunlichst zurückblättern, um den Stoff nachzuarbeiten! Gegebenenfalls mache man sich Notizen, um einem »Problem« anhand von vertiefender Literatur nachzugehen.

Juristische »Probleme« werden in diesem Buch ohnehin bewußt nicht erörtert – dies bleibe den Juristen »unter sich« überlassen! Wer sich an einer Hochschule als Wirtschaftswissenschaftler mit »Recht« befassen muß, soll nur einen Blick über die Grenze seiner (Wirtschafts-) Wissenschaft werfen; nicht mehr und nicht weniger! In einem juristischen Einführungswerk, das sich in erster Linie an Wirtschaftswissenschaftler wendet – selbstverständlich kann es auch angehenden Juristen einen ersten Einstieg geben –, haben Zitate wie »BGHZ« oder »BGH NJW« ebensowenig zu suchen wie solche von umfangreichen »Klassiker«-Lehrbüchern oder dickleibigen Kommentaren!

Um Mißverständnisse dieser »Kritik« zu vermeiden: Solche Zitate haben *dann* in Einführungswerken wie dem vorliegenden »nichts zu suchen«, wenn sie dazu dienen sollen, die Studierenden zu animieren, einen angesprochenen »Meinungsstreit« zu einem juristischen »Problem« durch die Lektüre dieser Zitate (z. B.: »vgl. dazu Palandt, a. a. O., Vorbem. v. § 459, 2, m. w. N. zum Meinungsstreit«) *nachzuarbeiten!* Das trägt meist eher zur Verwirrung, als zur Klärung bei. Zur Nacharbeitung des dargebotenen Stoffes dienen die konkreten Literaturhinweise zur Vertiefung am Ende von Abschnitten innerhalb des *Textes*.

Wenn z. B. »Palandt«, ein sog. »Lehrbuchklassiker«, ein BGH-Urteil, ein ganz spezieller Zeitschriftenaufsatz u. ä. in *meinen* Fußnoten manchmal dennoch erscheinen, dann nur, um – der Zitierwahrheit entsprechend – zu *belegen*, daß die eine oder andere Passage den Formulierungen dieser zitierten Werke nachempfunden wurde (weil man es selbst treffender nicht mehr ausdrücken kann) . . .

Damit die Studierenden durch die Fußnoten in diesem Buch nicht unnütz vom Lernen abgelenkt werden, empfehle ich, wie folgt zu verfahren:

Betrachten Sie nur die halbfett gedruckten Fußnotentexte als Pflichtlektüre!

Den *kursiv gedruckten Fußnotenzahlen* sollten Sie nur nachgehen, wenn Sie Zeit und Interesse haben, etwas *mehr* zu erfahren als in den Prüfungen von Ihnen verlangt wird.

Die mager gedruckten Fußnotentexte brauchen Sie überhaupt nicht zu lesen (= »Belege«/Zitierwahrheit).

Schließlich sollen diese »Grundzüge« bei der Stoffvermittlung auch schon ein wenig an die zivilrechtliche, *gutachtliche* Denkweise heranführen, deren Beherrschung für die Anfertigung von Prüfungsklausuren geboten ist. Bisweilen wird der Stoff, den ein Fall vermitteln soll, daher in gutachtenähnlicher Form »klausurmäßig« aufbereitet.

Nach intensiver Durcharbeitung dieses ersten Bandes der »Grundzüge des Privatrechts« sollten die Studierenden schon gut in der Lage sein, die

Fälle zum ›Allgemeinen Teil des BGB‹ in meiner (in demselben Verlag erschienenen) »Anleitung zur Lösung von Zivilrechtsfällen« selbständig zu lösen bzw. nach dem dort im Vorwort unterbreiteten Arbeitsvorschlag nachzuarbeiten.

Es ist kein Zufall, daß in diesem Vorwort so häufig vom *»Arbeiten«* (*Durch*arbeiten, *Nach*arbeiten – auch *Vor*arbeiten kann nicht schaden!) die Rede ist. Es soll ja zugleich eine *Arbeits*anleitung sein!

»Ohne Arbeit kein Erfolg!« oder »Ohne Fleiß kein Preis!« sind keine Allgemeinplätze, sondern reine Wahrheit, »nichts als die Wahrheit!« Das *Arbeiten* (Synonym: Studieren!) kann dieses Buch, wie auch andere, nicht ersetzen. Es kann und soll die Arbeit aber etwas erleichtern und auflockern!

Bevor Sie mit der Lektüre beginnen, noch ein letzter Ratschlag, der, obwohl eigentlich selbstverständlich, nicht oft genug wiederholt werden kann: **Lesen Sie jede zitierte Vorschrift (= §!) sorgfältig durch;** wenn Sie diesen Band der »Grundzüge« durcharbeiten, ist die ständige Benutzung (Lektüre) eines Textes des BGB unerläßlich. Ausreichend und empfehlenswert ist die Anschaffung der neuesten Auflage (BGB mit Nebengesetzen) der »Beck-Texte im dtv«, Nr. 5001. Den Hinweis *»Lesen!«* werden Sie im Text dieses Buches immer wieder finden. Wenn ich die Wichtigkeit der Gesetzeslektüre in meiner »Anleitung zur Lösung von Zivilrechtsfällen« noch mit dem Satz »Die halbe Juristenwahrheit steht im Gesetz« unterstrichen habe, so möchte/muß ich dem noch hinzufügen: *»Die Hälfte aller Fehler in juristischen Anfängerklausuren könnte vermieden werden, wenn die Bearbeiter die zitierten Vorschriften (genauer) lesen würden.«* –

Für Hinweise und Anregungen aus dem Leserkreis bin ich stets dankbar.

Köln, im Mai 1990 *Rainer Wörlen*

Inhalt

Verzeichnis der Übersichten

Abkürzungen

a. a. O.	am angegebenen Ort
ABlKR	Amtsblatt des Kontrollrates in Deutschland
ABGB	Allgemeines Bürgerliches Gesetzbuch (Österreich)
Abs.	Absatz
Abschn.	Abschnitt
AbzG	Ges. betr. d. Abzahlungsgeschäfte (Abzahlungsgesetz) v. 16. 5. 1894 (RGBl. S. 450)
AG	Aktiengesellschaft
AGB	Allgemeine Geschäftsbedingungen
AJP	Aktuelle Juristische Praxis (Zeitschrift, Schweiz)
AktG	Ges. ü. Aktiengesellschaften und Kommanditgesellschaften auf Aktien (Aktiengesetz) v. 6. 9. 1965 (BGBl. I S. 1089)
allg.	allgemein
Anm.	Anmerkung
ArbGG	Arbeitsgerichtsgesetz i. d. F. v. 2. 7. 1979 (BGBl. I S. 853)
arg.	Argument (argumentum)
Art.	Artikel
AT	Allgemeiner Teil
Aufl.	Auflage
BauGB	Baugesetzbuch vom 8. 12. 1986 (BGBl. I S. 2253)
Bd.	Band
Begl.	Beglaubigung
begr.	begründet
Bek.	Bekanntmachung
betr.	betreffend, betrifft
BetrVG	Betriebsverfassungsgesetz i. d. F. v. 23. 12. 1988 (BGBl. 1989 I S. 1)
Beurk.	Beurkundung
BeurkG	Beurkundungsgesetz v. 28. 8. 1969 (BGBl. I S. 1513)
bfrs.	Belgische Franken
BGB	Bürgerliches Gesetzbuch v. 18. 8. 1896 (RGBl. S. 195)
BGBl.	Bundesgesetzblatt
BGH	Bundesgerichtshof
BGHZ	Entscheidungen des Bundesgerichtshofes in Zivilsachen
Bj.	Baujahr
BR	Bundesrat; Bürgerliches Recht

BRD	Bundesrepublik Deutschland
Bsp.	Beispiel
bzw.	beziehungsweise
ca.	circa
d.	der/die/das
d. h.	das heißt
ders.	derselbe
dgl.	der-/desgleichen
dtsch.	deutsch/e/r/s
Drucks.	Drucksache
dtv	Deutscher Taschenbuch Verlag
e. V.	eingetragener Verein
EheG	Ehegesetz v. 20. 2. 1946 (ABlKR S. 77)
Einf.	Einführung
engl.	englisch
ErbR	Erbrecht
Erkl.	Erklärung
etc.	et cetera
Euratom	Europäische Atomgemeinschaft
evtl.	eventuell
EWG	Europäische Wirtschaftsgemeinschaft
f.	folgende (Seite)
FamR	Familienrecht
FB	Fachbereich
FF	Französische Franken
ff.	folgende (pl.)
FH	Fachhochschule
Fn.	Fußnote
G/Ges.	Gesetz
GBO	Grundbuchordnung i. d. F. v. 5. 8. 1935 (RGBl. I S. 1073)
gem.	gemäß
GenG	Gesetz betr. d. Erwerbs- u. Wirtschaftsgenossenschaften i. d. F. d. Bek. v. 20. 5. 1898 (RGBl. S. 369, 810)
GG	Grundgesetz für die Bundesrepublik Deutschland v. 23. 5. 1949 (BGBl. S. 1)
ggf.	gegebenenfalls
GmbH	Gesellschaft mit beschränkter Haftung
GmbHG	Ges. betr. d. Gesellschaften mit beschränkter Haftung i. d. F. v. 20. 5. 1898 (RGBl. S. 269)
Grundl.	Grundlage

GVG	Gerichtsverfassungsgesetz i. d. F. v. 9. 5. 1975 (BGBl. I S. 1077)
GWB	Ges. gegen Wettbewerbsbeschränkungen (Kartellgesetz) i. d. F. v. 24. 9. 1980 (BGBl. I S. 1761)
h. M.	herrschende Meinung
HGB	Handelsgesetzbuch v. 10. 5. 1897 (RGBl. S. 219)
Hrsg.	Herausgeber
i. d. F.	in der Fassung
i. d. R.	in der Regel
i. H. v.	in Höhe von
i. S. d.	im Sinne des/der
i. S. v.	im Sinne von
i. V. m.	in Verbindung mit
insbes.	insbesondere
j. P.	juristische Person
JA	Juristische Arbeitsblätter
JArbSchG	Ges. z. Schutze d. arbeitenden Jugend (Jugendarbeitsschutzgesetz) v. 12. 4. 1976 (BGBl. I S. 965)
JGG	Jugendgerichtsgesetz i. d. F. v. 11. 12. 1974 (BGBl. I S. 342)
Jh.	Jahrhundert
Jura	Jura – Juristische Ausbildung
JuS	Juristische Schulung
Kfz.	Kraftfahrzeug
KG	Kommanditgesellschaft
KGaA	KG auf Aktien
Komm.	Kommentar
KSchG	Kündigungsschutzgesetz i. d. F. v. 25. 8. 1969 (BGBl. I S. 1317)
lat.	lateinisch
m.	mit
mdj.; Mdj.	minderjährig; Minderjähriger
m. E.	meines Erachtens
mind.	mindestens
MinRat	Ministerialrat
MuSchG	»Mutterschutzgesetz« i. d. F. v. 18. 4. 1968 (BGBl. I S. 315)

NATO	North Atlantic Treaty Organization (= Nordatlantische Allianz)
NJW	Neue Juristische Wochenschrift
not.	notariell
Nr.	Nummer
obj.	objektiv
od.	oder
öffentl.	öffentlich
OLG	Oberlandesgericht
OLGZ	Entscheidungen der Oberlandesgerichte in Zivilsachen
OR	(schweizerisches) Obligationenrecht
p. V. V.	positive Vertragsverletzung
PerAuswG	Ges. ü. Personalausweise v. 19. 12. 1950 (BGBl. I S. 3427)
pl.	Plural
preuß.	preußisch
Prof.	Professor
Rdnr.	Randnummer
RelKErzG	Ges. ü. d. religiöse Kindererziehung v. 15. 7. 1921 (RGBl. S. 939)
RG	Reichsgericht
RGBl.	Reichsgesetzblatt
RGZ	Entscheidungen des Reichsgerichts in Zivilsachen
rhein.	rheinisch
Ri.	Richter
röm.	römisch
S.	Seite/Satz
s.	siehe
SaR	Sachenrecht
s. o.	siehe oben
s. u.	siehe unten
ScheckG	Scheckgesetz v. 14. 8. 1933 (RGBl. I S. 597)
SchR	Schuldrecht
sfrs.	Schweizer Franken
sog.	sogenannt/e/er
Sp.	Spalte
StGB	Strafgesetzbuch i. d. F. v. 2. 1. 1975 (BGBl. I S. 1)
StPO	Strafprozeßordnung i. d. F. v. 7. 1. 1975 (BGBl. I S. 129)
StVZO	Straßenverkehrszulassungsordnung i. d. F. v. 15. 11. 1974 (BGBl. I S. 3193; 1975 I S. 848)

subj.	subjektiv
SV	Sachverhalt
TVG	Tarifvertragsgesetz i. d. F. v. 25. 8. 1969 (BGBl. I S. 1323)
u.	und; unten; unter
u. a.	und andere; unter anderem
UrhG	Ges. ü. Urheberrecht u. verwandte Schutzrechte (Urheberrechtsgesetz) v. 9. 9. 1965 (BGBl. I S. 1273)
Uni	Universität
usw.	und so weiter
UWG	Ges. gegen den unlauteren Wettbewerb v. 7. 6. 1909 (RGBl. S. 499)
ü.	über
überarb.	überarbeitet
v.	von
Var.	Variante
verb.	verbessert(e)
VerbrKrG	Gesetz über Verbraucherkredite, zur Änderung der Zivilprozeßordnung und anderer Gesetze vom 17. 12. 1990 (BGBl. I S. 2840)
VerlG	Ges. ü. d. Verlagsrecht v. 19. 6. 1901 (RGBl. S. 217)
vgl.	vergleiche
VO	Verordnung
VR	Vereinsregister
VU	Versicherungsunternehm/er(en)
VVaG	Versicherungsverein auf Gegenseitigkeit
VVG	Ges. ü. d. Versicherungsvertrag (Versicherungsvertragsgesetz) v. 30. 5. 1908 (RGBl. S. 263)
VwGO	Verwaltungsgerichtsordnung v. 21. 1. 1960 (BGBl. I S. 17)
VwVfG	Verwaltungsverfahrensgesetz v. 25. 5. 1976 (BGBl. I S. 1253)
WE	Willenserklärung
WG	Wechselgesetz v. 21. 6. 1933 (RGBl. I S. 597)
WehrpflG	Wehrpflichtgesetz i. d. F. v. 8. 12. 1972 (BGBl. I S. 2277)
z.	zum/zur
z. B.	zum Beispiel
Ziff.	Ziffer
ZPO	Zivilprozeßordnung v. 30. 1. 1877 (RGBl. S. 83)
Zwgst.	Zweigstelle

Literatur

*Alpmann und Schmidt**	(Juristische Lehrgänge) BGB AT 1, 1991, von: *J. Alpmann* u. *J. A. Alpmann;* BGB AT 2, 1991, von: *J. Alpmann* u. *J. A. Alpmann;* Juristische Klausurtechnik, 1987, von: *H.-F. C. Thomas*
Arndt, K. F./*Heyde,* W./*Ziller,* G.*	Legislative, Exekutive, Rechtsprechung – Bund, Länder, Kommunen – Aufgaben, Organisation, Arbeitsweise, 17. Aufl. 1993 [*Ein wertvoller Beitrag zur staatsbürgerlichen Allgemeinbildung!*]
Bähr, Peter*	Grundzüge des Bürgerlichen Rechts, 8. Aufl., 1991
Baur, Fritz/*Stürner,* Rolf	Lehrbuch des Sachenrechts, 16. Aufl., 1992
Beuthien/Hadding/Lüderitz/Medicus/Wolff	Studienkommentar zum BGB, 2. Aufl., 1979
Brox, Hans	Allgemeiner Teil des Bürgerlichen Gesetzbuches, 17. Aufl., 1993
*ders.**	Zur Vorbereitung auf die studienbegleitende Leistungskontrolle im Bürgerlichen Recht: Der Minderjährigenschutz beim Rechtsgeschäft, JA 1989, S. 441 ff.
Canaris, Claus-Wilhelm	Anmerkung zu BGH NJW 1984, 2279 (2281)
Cordes, Albrecht	Der Haakjöringsköd-Fall, in: Jura 1992, S. 352 ff.
Creifelds, Carl*	Rechtswörterbuch, 11. Aufl., 1992
Dannreuther, Dieter/*Morbach,* Bertram*	»Über den Dächern von Regensburg«, (Probleme aus dem Bereich des Vertretungsrechts), JuS 1984, S. 840
Dieckert, Ina/*Costede,* Jürgen*	»Das Geschäft mit der Bluse« (Stellvertretungsrecht, Anfechtung), Jura 1989, S. 309
Duden u. a. Hrsg.	Duden »Fremdwörterbuch«, 5. Aufl., 1990
Haase, Richard/*Keller,* Rolf*	Grundformen des Rechts, Eine Einführung, 6. Aufl., 1983
Häsemeyer, Ludwig	Die Bedeutung der Form im Privatrecht, JuS 1983, S. 1 ff.
Hartwig, Horst*	Grundlagen des bürgerlichen Rechts, 4. Aufl., 1986
Henrich, Dieter	Einführung in das englische Privatrecht, 1971
Hirsch, Christoph	Der Allgemeine Teil des BGB, Eine Einführung an-

hand von Rechtsprechungsfällen und Entscheidungsdiagrammen, 2. Aufl., 1992

Holzwarth, Fritz — Recht und Ökonomie, JuS 1985, S. 437

Honsell, Heinrich* — Grundprobleme des Vertragsschlusses, JuS 1986, S. 969 ff.

*ders.** — Methode und Technik der Fallbearbeitung im Privatrecht, in: AJP 1992, S. 545 ff.

Jauernig/Schlechtriem/Stürner/Teichmann/Vollkommer — Bürgerliches Gesetzbuch, Komm., 6. Aufl., 1991

Jayme, Erik/*Siepen*, Christoph von der* — »Die zu teure Vase«, (Angebot und Annahme; Stellvertretungsrecht = nur Ausgangsfall, nicht Variante lesen . . .), Jura 1988, S. 197 ff.

Kirchner, Hildebert — Abkürzungsverzeichnis der Rechtssprache, 4. Aufl., 1993

Klippel, Diethelm/*Kröger-Schrader*, Cordelia* — »Ein Zimmer zu viel«, (Angebot und Annahme, Zugangsprobleme von Willenserklärungen), Jura 1989, S. 537 ff.

Klunzinger, Eugen* — Einführung in das Bürgerliche Recht, 4. Aufl., 1991

Krampe, Christoph* — »Ein Fußball zum Geburtstag«, (Probleme des Minderjährigenrechts), JuS 1989, S. 390

Kren, Jolanta — Rechtsbuch für die Praxis, Eine systematische Darstellung der für den Kaufmann wichtigsten Rechtsgebiete (des schweizerischen Rechts!), 1989

Kroeschell, Karl — Deutsche Rechtsgeschichte 3 (seit 1650), 1989

Larenz, Karl — Allgemeiner Teil des deutschen Bürgerlichen Rechts, 7. Aufl., 1988

Laubinger, Hans-Werner* — Gerichtsorganisation in der Bundesrepublik Deutschland, JA-Studienbogen, 3. Aufl., 1980

Liebs, Detlef — Lateinische Rechtsregeln und Rechtssprichwörter, 5. Aufl., 1991

Löwisch, Manfred* — Der Allgemeine Teil des BGB, 5. Aufl., 1991

Luther, Gerhard — Einführung in das italienische Recht, 1968

Mehrings, Josef* — »Augen auf beim Deckenkauf«, Fragen des Zugangs und des Widerrufs empfangsbedürftiger Willenserklärungen), JuS 1983, S. 451 ff.

*ders.** — »Gudi's Stiefelkauf«, (Verhältnis der §§ 107, 108 u. 110 zueinander; Auslegung von Willenserklärungen gem. § 133), JuS 1985, S. 633 ff.

Model/Creifelds/Lichtenberger — Staatsbürgertaschenbuch, 26. Aufl., 1992

Müller, Klaus — Sachenrecht, 3. Aufl., 1993

Musielak, Hans-Joachim	Grundkurs BGB, 3. Aufl., 1992
Ohlhausen, Eberhard von*	»Eine ungewollte Generosität«, (Auslegung von Willenserklärungen; Zuordnung von Vereinbarungen zu bestimmten Vertragstypen; Probleme aus dem Irrtumsrecht), JuS 1987, S. 301 ff.
Palandt (Hrsg.) u. a.	Bürgerliches Gesetzbuch, Komm., 52. Aufl., 1993
Peters, Frank*	Kauf und Übereignung, Jura 1986, S. 449 ff.
Pieper, A.*	Praktische Anleitung zur Lösung von Fällen im Zivilrecht, in: JA (Übungsblätter) 1978, 145 ff.
Posch, Willibald	Einführung in das österreichische Recht, 1985
Prölss, Jürgen*	Haftung bei der Vertretung ohne Vertretungsrecht, JuS 1986, S. 169 ff.
Rüthers, Bernd	Allgemeiner Teil des BGB, 8. Aufl., 1991
Schimikowski, Peter	Eigenhaftung des Stellvertreters und des Verhandlungsgehilfen, JA 1986, S. 345 ff.
Schlip, Harry*	»Schwierigkeiten beim Bilderkauf«, (Probleme aus dem Allgemeinen Teil des BGB), JuS 1988, S. 880 ff.
Schmitz, Günther*	Verkauf eines gemieteten Fernsehgerätes an Minderjährige, Jura 1983, S. 554 ff.
Schreiber, Klaus*	»Das billige Springpferd«, (Zustandekommen eines Vertrages), JuS 1984, S. 209 ff.
Schreiber, Klaus/ *Kreutz*, Klaus*	Der Abstraktionsgrundsatz – Eine Einführung – Jura 1989, S. 617 ff.
Schünemann, Wolfgang B.*	Wirtschaftsprivatrecht, 1991
Smid, Stefan*	Botenschaft und Stellvertretung, JuS 1986, Lernbogen 9
Schwab, Dieter	Einführung in das Zivilrecht, 11. Aufl., 1993
*Schwind/Hassenpflug/Nawratil**	BGB leicht gemacht, 23. Aufl., 1992
Sonnenberger, Hans-Jürgen/ *Schweinberger*, Eugen	Einführung in das französische Recht, 2. Aufl., 1986
Thoma, Hans	Bürgerliches Recht, Allgemeiner Teil, 2. Aufl., 1982
Trusen, Winfried	Die Anfänge des gelehrten Rechts, 1962
*Westermann**	Grundbegriffe des BGB, Eine Einführung anhand von Fällen (begr. von Harry Westermann, überarbeitet von Harm-Peter Westermann) 13. Aufl., 1991

Westermann, Harm Peter/*Baltes,* Joachim*	»Ein Meerschwein bleibt selten allein«, (Probleme aus dem Bereich des Minderjährigenrechts), JuS 1983, S. 691 ff.
Westermann, Harm Peter/*Schmidt,* Michael*	»Bines und Rolands Kindermoden«, (Stellvertretungsrecht, Anfechtung), Jura 1989, S. 209
Wieacker, Franz	Privatrechtsgeschichte der Neuzeit, 2. Aufl., 1967
Wörlen, Rainer*	Anleitung zur Lösung von Zivilrechtsfällen, Methodische Hinweise und Bearbeitungs-Muster, 4. Aufl., 1993
*ders.**	Grundzüge des Privatrechts, Band II: Allgemeines und Besonderes Schuldrecht, 1991 (zit.: Bd. II)
*ders.**	dto., Band III: Grundbegriffe des Sachenrechts sowie Überblick über das Familienrecht und das Erbrecht, 1992 (zit.: Bd. III)
*ders.**	dto., Band IV: Grundbegriffe aus dem Handelsrecht mit Bezügen zum Gesellschaftsrecht, 1992 (zit.: Bd. IV)
*ders.**	dto., Band V: Grundbegriffe des Arbeitsrechts, 1992 (zit.: Bd. V)
Ziegltrum, Albert*	Grundfälle zur Berechnung von Fristen und Terminen gem. §§ 187 ff. BGB, JuS 1986, S. 705 und S. 784
Zimmermann, Reinhard*	Die Verjährung, JuS 1984, S. 409 ff.
*ders.**	»Fasels Freund«, (Grundprobleme des Abstraktionsprinzips), JuS 1982, S. 283 ff.

Die für Anfänger besonders geeigneten Werke wurden mit einem * versehen.

Erster Teil

Allgemeine Rechtslehre – Einführung in das Recht

1. Kapitel: Begriff, Inhalt, Erscheinungsformen und Durchsetzung des Rechts

I. Die Sprache der Juristen*

Sie werden sich zu Beginn des Studiums unseres gemeinsamen Lehr- bzw. Lerngebietes mit einer Reihe von Grundbegriffen aus dem juristischen Sprachgebrauch befassen müssen, um sich mit der für den Nichtjuristen bisweilen nicht ganz leicht zu verstehenden Terminologie der Rechtswissenschaft vertraut zu machen. Die Sprache der Juristen ist, wie die von Angehörigen anderer Fachrichtungen auch, manchmal durch eine sehr spezifische und scheinbar eigenartige Ausdrucksweise gekennzeichnet, an die man sich erst gewöhnen muß.

Wenngleich es sehr wichtig ist, daß man eine Reihe von juristischen Fachausdrücken und -begriffen beherrscht, sollte man bei ihrem Erlernen allerdings nie vergessen, daß unsere eigentliche Sprache Deutsch (vgl. auch § 184 GVG: »*Die Gerichtssprache ist Deutsch*«) und nicht »Fachchinesisch« ist! Dann kann uns sicherlich nicht das passieren, was den Richtern des ehrwürdigen Reichsgericht passiert ist, als sie 1871 den Begriff der damals noch recht neuen (1838) Eisenbahn juristisch definieren sollten. Das liest sich folgendermaßen[1]:

»Eine Eisenbahn ist ein Unternehmen, gerichtet auf wiederholte Fortbewegung von Personen oder Sachen über nicht ganz unbedeutende Raumstrecken auf metallener Grundlage, welche durch ihre Konsistenz, Konstruktion und Glätte den Transport großer Gewichtsmassen bzw. die Erzielung einer verhältnismäßig bedeutenden Schnelligkeit der Transportbewegung zu ermöglichen bestimmt ist, und durch diese Eigenart in Verbindung mit den außerdem zur Erzeugung der Transportbewegung benutzten Naturkräften – Dampf, Elektrizität, tierischer oder menschlicher Muskeltätigkeit, bei geneigter Ebene der Bahn auch schon durch die eigene Schwere der Transportgefäße und deren Ladung und sofort – bei dem Betriebe des Unternehmens auf derselben eine verhältnismäßig gewaltige, je nach den Umständen nur bezweckterweise oder auch Menschenleben vernichtende und menschliche Gesundheit verletzende Wirkung zu erzeugen fähig ist.«

Mit solch spitzfindigen Definitionen werden wir es gottlob nicht zu tun haben, wenn wir uns mit dem privaten Wirtschaftsrecht befassen!

Mit »Spitzfindigkeit« hat es allerdings nichts zu tun, wenn Sie sich bei der Anwendung und Wiedergabe juristischer Vorschriften (= Paragraphen) genau an die dort

* vgl. dazu auch *Honsell,* AJP 1992, S. 545 ff.

1 vgl. RGZ 1, 247 (252)

benutzten Worte und Begriffe halten! Denn Ihrer Meinung nach scheinbar gleichbedeutende Begriffe haben rechtlich oft sehr unterschiedliche Bedeutung: »Gegenstand« ist nicht dasselbe wie »Sache« und »Einwilligung« ist etwas ganz anderes als »Genehmigung«, um nur wenige Beispiele zu nennen!

II. Recht und Gesetz

Das (private)[2] Wirtschaftsrecht, das an den verschiedensten Fachbereichen[3] und Fakultäten von Fachhochschulen und Universitäten in mehr oder minder groben Grundzügen dargeboten wird, wird von Studierenden, die rechtswissenschaftliche Vorlesungen als »Nebenfach« hören, zur Abgrenzung von anderen Fächern wie »Mathematik«, »Allgemeine Betriebswirtschaftslehre«, »Statistik«, »Rechnungswesen« u. s. w. meist nur »Recht« genannt.

■ [4] Was heißt das eigentlich: »Recht«? Was verbirgt sich hinter diesem Begriff?
Wie würden Sie mit eigenen Worten als Laie einem anderen Laien definieren, was »Recht« ist?
Versuchen Sie es einmal . . .

– Bevor Sie weiterlesen, sollten Sie selbst ernsthaft überlegen, wie Sie auf die Ihnen, z. B. bei einer Fernsehumfrage auf der Straße plötzlich gestellte Frage »Was ist Recht?« antworten würden! (Überlegen Sie!) –

Sie werden gemerkt haben, daß es gar nicht so einfach ist, einen scheinbar jedermann geläufigen, häufig benutzten Begriff umfassend und präzise zu definieren. Das liegt nicht daran, daß es Ihnen an Wissen oder Phantasie fehlt, sondern einfach daran, daß es eine allumfassende Definition für »das Recht«, die man in einem Satz formulieren könnte, gar nicht gibt.

▷ Man muß zunächst unterscheiden zwischen

Recht im objektiven Sinne

und

Recht im subjektiven Sinne.

■ Was bedeutet »Recht im objektiven Sinne«?
(Bevor Sie weiterlesen, sollten Sie erst wieder selbst überlegen, wie man diese Frage beantworten könnte! Dieser Hinweis gilt für alle folgenden Fragen, die mit einem »■ « gekennzeichnet sind!)

2 ***Der Inhalt dieses Begriffes wird an späterer Stelle etwas genauer erklärt.***

3 An der FH Köln (z. B.) u. a. in den Fachbereichen »Wirtschaft«, »Versicherungswesen« und »Sprachen«!

4 ***»■« bedeutet im folgenden immer, auch wenn das nicht ausdrücklich erwähnt wird: »Achtung, erst selbst nachdenken!!«* Der Pfeil (»▷ «) weist dann auf die Antwort hin.**

▷ Unter Recht im objektiven Sinn versteht man die Gesamtheit der mündlich überlieferten oder schriftlich niedergelegten Grundsätze, die sich eine Gemeinschaft gibt, und die in bindender Weise das menschliche Zusammenleben ordnen und regeln.

Handelt es sich bei dem objektiven Recht um Grundsätze oder Normen, die sich durch langjährige Übung entwickelt haben und *mündlich* überliefert wurden, spricht man von Gewohnheitsrecht. Das Gewohnheitsrecht entspricht ungeschriebenen Rechtsnormen. Die Bedeutung des Gewohnheitsrechtes ist heute nur noch gering, weil die meisten Lebensvorgänge durch geschriebene Rechtsnormen geregelt sind.

Die schriftliche Festlegung von Rechtsnormen wird oft mit dem Fremdwort »Kodifizierung« bezeichnet. Das schriftlich festgelegte Recht heißt deshalb auch »kodifiziertes Recht«. Zur Abgrenzung vom Gewohnheitsrecht nennt man es auch gesetztes Recht; denn das kodifizierte Recht hat sich nicht durch langjährige Übung und mündliche Überlieferung entwickelt, sondern es wird von den staatlichen Gesetzgebungsorganen »gesetzt«.

Deswegen haben die meisten Rechtsnormen dieses »gesetzten Rechts« auch einen ganz bestimmten Namen: »Gesetz«!

Stellen Sie sich vor, Sie gehen durch einen Stadtteil von (z. B.) Köln, wo gerade eine bekannte WDR-Moderatorin ihre Ü-Wagen-Sendung live produziert und Sie würden von dieser Dame vors Mikrophon geholt. In penetranter Art stellt sie Ihnen die Frage:

■ »Was ist ein Gesetz?« Wie würden Sie antworten?
Überlegen Sie einige Momente! –
Sicherlich sind Ihnen auch zu dieser Frage Antworten eingefallen, aber in den meisten Fällen werden diese Antworten nicht ganz vollständig gewesen sein; denn der Begriff »Gesetz« ist ähnlich schwierig zu definieren wie der Begriff »Recht«. Auch dieser Begriff wird in doppeltem Sinne verwendet, und zwar spricht man von

▷ **Gesetz im materiellen Sinn**

und

Gesetz im formellen Sinn.

■ Bevor Sie weiterlesen, sollten Sie sich erst wieder selbst einige Gedanken darüber machen, worin der Unterschied besteht, indem Sie sich z. B. an Ihren – sofern Sie einen solchen genießen durften – »Staatsbürgerkunde«-Unterricht erinnern. Nicht selten erfährt man dort in groben Zügen etwas über das »Gesetzgebungsverfahren des Bundes« und in diesem Zusammenhang könnte – zumindest mittelbar – der Begriff des »Gesetzes im formellen Sinne« angesprochen worden sein . . .

▷ Gesetz im materiellen Sinn ist jede Rechtsnorm, die für eine unbestimmte Vielzahl von Personen allgemeinverbindliche Regelungen enthält.

▷ Gesetz im formellen Sinne ist jeder Beschluß der zur Gesetzgebung zuständigen Organe, der im verfassungsmäßig vorgesehenen Gesetzgebungsverfahren ergangen, ordnungsgemäß ausgefertigt und verkündet ist.

Um diese Unterscheidung zu verstehen, muß man wissen, wie überhaupt ein Gesetz zustandekommt.

Wir wollen deshalb einen kleinen Ausflug, einen *Exkurs*, wie man das wissenschaftlich bezeichnet, in die Staatsbürgerkunde, juristischer formuliert: ins Staats- und Verfassungsrecht, unternehmen und uns in groben Zügen das formelle Gesetzgebungsverfahren des Bundes vergegenwärtigen.

Exkurs: Das Gesetzgebungsverfahren in der BRD

Wie Sie teilweise vielleicht (noch) wissen, wird unser Staatssystem vom Grundsatz der sog. Gewaltenteilung beherrscht, deren Schöpfer der französische Staatsdenker Montesquieu (1689–1755) war (1748: »De l'esprit des lois«).

Nach Art. 20 unseres Grundgesetzes (GG) geht die Staatsgewalt vom Volke aus und wird vom Volk in Wahlen und Abstimmungen sowie durch getrennte Organe ausgeübt. Welche drei Organe dies sind, könnte Ihnen noch bekannt sein!

■ Nämlich welche?

▷

Die gesetzgebende,		Legislative
die vollziehende,	Gewalt	Exekutive
die rechtsprechende		Jurisdiktion

Während die Gesetzgebung dem Bundestag unter Beteiligung des Bundesrates zugewiesen ist, obliegt die Ausführung der Gesetze der Bundesregierung und den übrigen Verwaltungsbehörden des Bundes und der Länder. Die Rechtsprechung ist unabhängigen Gerichten übertragen. Die Gerichte führen die Gesetze nicht aus, sondern sie entscheiden, ob Gesetze beachtet, eingehalten oder richtig angewendet wurden!

Der Weg der Gesetzgebung vollzieht sich in fünf groben Abschnitten bzw. Phasen.

■ Wissen Sie zufällig noch ungefähr, welche Phasen dies sind? Versuchen Sie, sich zu erinnern, bevor Sie weiterlesen!

▷ (1) Einbringen eines Gesetzentwurfs beim Bundestag (sogenannte »Gesetzesinitiative«)
(2) Feststellung des Gesetzesinhalts durch den Bundestag in drei Lesungen
(3) Beteiligung des Bundesrates
(4) Ausfertigung des Gesetzes durch den Bundespräsidenten nach Gegenzeichnung durch den sachlich zuständigen Bundesminister und
(5) Verkündung (Publikation) im Bundesgesetzblatt

Das Gesetzgebungsverfahren ist im Grundgesetz in den Art. 76 bis 78 verfassungsrechtlich verankert. Sehr anschaulich ist dieses Verfahren in der folgenden Übersicht 1 von *Model/Creifelds*[5] dargestellt:

5 a. a. O., Ziff. 65, S. 143 (mit freundlicher Genehmigung des Beck-Verlages, München)

Übersicht 1:

DER WEG DER GESETZGEBUNG

Phase

1 Die *Gesetzesinitiative* kann von der *Bundesregierung*, vom *Bundesrat* oder von *Mitgliedern des Bundestages** ausgehen. In der größten Zahl der Fälle werden Gesetzentwürfe von der *BUNDESREGIERUNG* vorgelegt. Regierungsvorlagen werden von den Referenten in den Ministerien ausgearbeitet, zusammen mit einer Begründung über den federführenden Minister dem Kabinett unterbreitet und von diesem beraten. Im Falle der Billigung legt die Bundesregierung sie dem *BUNDESRAT* vor, der in diesem sog. »Ersten Durchgang« dazu Stellung nehmen und Änderungsvorschläge machen kann. Zusammen mit diesen reicht der Bundesrat die Vorlage über die Bundesregierung, die gegebenenfalls zu diesen Änderungsvorschlägen ihrerseits begründete Stellung nimmt, an den *BUNDESTAG* weiter, der in *drei Lesungen* über die Vorlage berät. Der Bundestag kann die Vorlage zur Vorbereitung seiner Beratungen auch an einen oder mehrere Ausschüsse verweisen. In jeder Lesung wird über die Vorlage abgestimmt. *Bei einfacher Mehrheit und in Ausnahmefällen bei Zweidrittelmehrheit ist das Gesetz angenommen* und wird nunmehr wiederum dem *BUNDESRAT* vorgelegt. Der weitere Gang des parlamentarischen Verfahrens ist abhängig von der Frage, ob es sich handelt um

2

3

ZUSTIMMUNGS-BEDÜRFTIGE GESETZE oder um *NICHT ZUSTIMMUNGS-BEDÜRFTIGE GESETZE*

Zustimmungsbedürftige Gesetze:

Stimmt der Bundesrat nicht ausdrücklich zu, so ist das Gesetz *GESCHEITERT*

Stimmt der Bundesrat dem Gesetz zu, so wird es nach Gegenzeichnung durch den für die Vorlage zuständigen Ressortminister oder den Kanzler vom *BUNDESPRÄSIDENT* ausgefertigt und im *BUNDESGESETZBLATT* verkündet.

Nicht zustimmungsbedürftige Gesetze:

Verzichtet der Bundesrat auf Anrufung des Vermittlungsausschusses, so wird der Entwurf nach Gegenzeichnung durch Ressortminister oder Kanzler vom *BUNDESPRÄSIDENT* ausgefertigt und im *BUNDESGESETZBLATT* verkündet.

Ruft der Bundesrat den *VERMITTLUNGSAUSSCHUSS* an und erzielt dieser keine Einigung, kann der Bundesrat Einspruch einlegen, den der Bundestag mit absol. Mehrheit zurückweisen kann (mit ⅔-Mehrheit, wenn Einspruch mit dieser beschlossen).

4

5

* mind. 5 % der Abgeordneten oder Fraktion

Soweit unser Exkurs ins Verfassungsrecht, zu dem uns die Definition des Begriffes »Gesetz« Anlaß gab. –

Gesetz im formellen Sinne, so hatten wir festgestellt, ist jedes von den zuständigen Gesetzgebungsorganen beschlossene Gesetz, während mit Gesetz im materiellen Sinn jede Rechtsnorm gemeint ist, die allgemeinverbindliche Regelungen für eine Vielzahl von Personen enthält. Die meisten formellen Gesetze – formell, weil im förmlichen Gesetzgebungsverfahren ergangen – sind zugleich materielle Gesetze, da sie überwiegend Regelungen enthalten, die für eine unbestimmte Vielzahl von Personen gelten.

Eine Ausnahme ist z. B. der Haushaltsplan einer Regierung, weil er zwar im förmlichen Gesetzgebungsverfahren verabschiedet wird, aber keine Rechte und Pflichten für die einzelnen Staatsbürger erzeugt, sondern nur für die Staatsorgane verbindlich ist. Umgekehrt gibt es viele Gesetze im materiellen Sinne, die nicht im förmlichen Gesetzgebungsverfahren erlassen wurden, z. B. Rechtsverordnungen und Satzungen. »Gesetz« im materiellen Sinn ist auch das Gewohnheitsrecht[6].

Mit dem Gewohnheitsrecht werden Sie sich zwar im Verlaufe ihres Studiums ebensowenig näher beschäftigen müssen wie mit Rechtsverordnungen oder Satzungen; Sie sollten aber wenigstens einmal erfahren, daß es so etwas gibt[7]; zur Verdeutlichung dazu abschließend zwei Beispiele:

Das Gewohnheitsrecht spielt manchmal noch eine Rolle im Bereich des Landwirtschaftsrechts und im privaten[8] Nachbarrecht mancher Bundesländer. So sieht z. B. das nirgendwo niedergeschriebene, vielerorts in Hessen noch geltende »Wenderecht« vor, daß ein Bauer beim Ackern mit seinem Traktor das Nachbargrundstück befahren darf, damit er mit dem Pflug auch jeden Winkel seines Ackers erfassen kann.

Gewohnheitsrecht ist in manchen Gegenden Deutschlands auch das »Hammerschlag- oder Leiterrecht«. Dieses sieht vor, daß der Eigentümer eines dicht an der Grundstücksgrenze stehenden Hauses zu Reparaturarbeiten die Leiter schräg an die Hauswand lehnen darf, auch wenn die Füße der Leiter dabei auf dem Nachbargrund zu stehen kommen. Wie anders sollten sonst Ausbesserungen an einer solchen Außerwand in gewisser Höhe vorgenommen werden?

Mit diesen Beispielen wollen wir das Gewohnheitsrecht endgültig verlassen und uns nach dem objektiven Recht mit dem subjektiven Recht befassen.

■ Recht im objektiven Sinne, um es zu wiederholen, ist die Gesamtheit der mündlich oder schriftlich niedergelegten Grundsätze, die sich eine Gemeinschaft gibt und die in verbindlicher Weise das menschliche Zusam-

6 Nicht zu verwechseln mit dem Gewohnheitsrecht ist das »Richterrecht«, das sich im Wege der »Rechtsfortbildung« entwickelt hat.

7 vgl. oben, S. (5)

8 ***»Privat« hat in der juristischen Terminologie eine besondere Bedeutung, die Ihnen am Ende dieses Kapitels sicher geläufig sein wird.***

menleben ordnen und regeln. Zu Rechtsnormen formuliert richten sich diese Grundsätze des objektiven Rechts an eine unbestimmte Vielzahl von Personen. An wen richtet sich wohl das subjektive Recht? Anders ausgedrückt: Wer ist davon betroffen?

▷ Hier ist der einzelne, eine bestimmte Person, ein Subjekt angesprochen!
Unter *subjektivem Recht* versteht man eine *Befugnis, die sich aus einer Rechtsnorm des objektiven Rechts für den Berechtigten unmittelbar ergibt.*

■ *Wiederholung:* Was ist »Recht«? (Über das bisher Gelesene *nachdenken*!)

▷ Eine umfassende Definition des Begriffes »Recht« gibt es nicht! Man muß vielmehr unterscheiden zwischen »objektivem« und »subjektivem« Recht:

Objektives Recht	**Subjektives Recht**
= Gesamtheit der mündlich überlieferten oder schriftlich niedergelegten Grundsätze (Rechtsnormen), die sich eine Gemeinschaft gibt und die in bindender Weise das menschliche Zusammenleben ordnen oder regeln.	= Befugnis, die sich aus einer Rechtsnorm des objektiven Rechts für den Berechtigten unmittelbar ergibt.

Dazu ein *Beispiel:*

Das objektive, für jedermann geltende Recht ist, wie Sie erfahren haben, zum größten Teil in Gesetzen geregelt. Ein solches Gesetz, mit dem wir uns künftig ständig beschäftigen werden, ist (auch) das Bürgerliche Gesetzbuch, das BGB. Das BGB, als objektives Recht, regelt in § 903[9] die »Befugnisse des Eigentümers«. Lesen Sie diese Vorschrift! (Hinweis: Gesetz immer wieder lesen!)[10]

■ Wenn Sie sich noch einmal die Definition des objektiven Rechts und des materiellen Gesetzes (s. o.) ansehen, müßten Sie selbst darauf kommen

9 **Alle in diesem Buch ohne Gesetzesbezeichnung zitierten Paragraphen (»§§«) sind solche des BGB!**

10 ***»Es ist nie zu spät«: Im Vorwort wurde darauf hingewiesen, daß Sie zum Studium des Rechts als Begleitlektüre immer einen Gesetzestext benötigen (hier: BGB!) und*** *jeden Paragraphen* ***(der Jurist schreibt dieses Wort beim Zitieren desselben nicht aus, sondern benutzt das Zeichen »§« – Plural: »§§«!), der zitiert wird (auch ohne gesonderte Aufforderung!)*** *lesen* ***und über den Inhalt erst einmal*** *nachdenken* ***sollen, bevor Sie weiterlesen!***

können, warum diese Vorschrift des BGB – wie alle anderen Vorschriften des BGB auch – zum objektiven Recht zählt?

▷ Auch § 903 trifft eine Regelung, die für jedermann gilt, sie ist allgemeinverbindlich; mit anderen Worten: *Jeder* Eigentümer kann gem. § 903 mit seiner Sache nach Belieben verfahren und andere von jeder Einwirkung ausschließen! Gleichzeitig folgt aus § 903 aber auch ein subjektives Recht!

■ Nämlich welches?

▷ Wenn Sie die Definition des subjektiven Rechts betrachten (s. o.), kann die Antwort nicht so schwer sein:
Da diese Vorschrift allgemeinverbindlich ist, gilt sie, wie gesagt, für jeden Eigentümer, also auch für Sie persönlich, sofern Sie Eigentum an einer Sache haben. Gem. § 903 haben Sie selbst grundsätzlich das Recht, mit Ihrem Eigentum nach Belieben zu verfahren! Diese Befugnis ist Ihr subjektives Recht, das sich aus dem objektiven Recht, hier aus § 903 BGB, unmittelbar ergibt!

Lesen Sie abschließend Übersicht 2.

III. Privatrecht und öffentliches Recht

Über § 903 sind wir direkt beim BGB angelangt und wollen das Bürgerliche Recht nun in unser Rechtssystem einordnen. Das Bürgerliche Recht, aufgrund der lateinischen Bezeichnung »ius civile« bisweilen »Zivilrecht« genannt, gehört dem Bereich des »Privatrechts« an.

Als Privatrecht bezeichnet man den Teil unserer Rechtsordnung, der dazu dient, die Belange und Interessen der einzelnen, nämlich der Privatpersonen[11], zu schützen und der zu diesem Zweck die Beziehungen der Privatpersonen zueinander auf der Grundlage ihrer Gleichordnung, Gleichberechtigung und Selbstbestimmung regelt:

Privatrecht
»Regelt die Rechtsbeziehungen zwischen Rechtssubjekten, insbes. Bürgern u. von ihnen gebildeten Vereinigungen auf der Ebene der Gleichordnung«. Auch Träger öffentl. Gewalt können privatrechtlich handeln (z. B. Kauf von Büromaterial für Behörde . . . dazu sogleich!)

11 ***Damit nähern wir uns schon ein wenig an das an, was in Fn. 2 und 8 angedeutet wurde: Wir befassen uns hier mit dem*** *privaten* ***»Wirtschaftsrecht«!***

Übersicht 2:

Was ist **Recht?**

Objektives Recht

= Gesamtheit der mündlich überlieferten oder schriftlich niedergelegten Grundsätze, die sich eine Gemeinschaft gibt und die in bindender Weise das menschliche Zusammenleben ordnen und regeln

Vereinfacht:

Rechtsnormen

- **Gewohnheitsrecht**: Rechtsgrundsätze, die sich durch langjährige Übung als verbindlich entwickelt haben und mündlich überliefert wurden
- **Kodifiziertes Recht**: Geschriebenes, meist von den staatlichen Gesetzgebungsorganen »gesetztes« Recht

Gesetze

- **Materielle G.**: Alle Rechtsnormen, die für eine unbestimmte Vielzahl von Personen allgemeinverbindliche Regelungen enthalten
  auch: Rechtsverordnungen, Satzungen
- **Formelle G.**: Alle Rechtsnormen, die im förmlichen Gesetzgebungsverfahren erlassen wurden

Subjektives Recht

= Befugnis, die sich aus einer Rechtsnorm des objektiven Rechts für den Berechtigten unmittelbar ergibt

Recht, Moral und Sitte (Abgrenzung):

Recht und *Moral (Sittlichkeit)* decken sich nicht immer; die *Moral* wendet sich an die *Gesinnung des Menschen*, während das *Recht* sein *äußeres Verhalten regelt.* Moralisches Verhalten ist – ebenso wie die Beachtung der *Sitte* (= *die in der Gemeinschaft geltenden Anstandsregeln und Gebräuche)* – nur erzwingbar, soweit es auch von Rechtsvorschriften gefordert wird.

Den Gegensatz zum Privatrecht bildet ein anderer großer Rechtsbereich, dessen Namen Sie sicher schon gelesen haben:
Das »öffentliche Recht«!

■ Was versteht man darunter?
Überlegen Sie! = Was würden Sie der oben zitierten Rundfunkmoderatorin antworten, wenn sie Ihnen diese Frage stellt?

▷ Darunter versteht man denjenigen Teil unserer Rechtsordnung, der dazu dient, die Belange und Interessen der Gesamtheit zu schützen und der zu diesem Zweck die Verhältnisse staatlicher Hoheitsträger untereinander und deren Organisation sowie das Verhältnis des einzelnen Bürgers zu den staatlichen Hoheitsträgern regelt. In diesem letzten Fall ist das öffentliche Recht durch ein sog. Über- oder Unterordnungsverhältnis gekennzeichnet:

Öffentliches Recht
»Recht der staatlichen Organisationen, der Beziehungen des einzelnen Bürgers zum Staat (u. anderen Trägern öffentlicher Gewalt) im Unter-/Überordnungsverhältnis sowie der Beziehungen zwischen verschiedenen Trägern öffentlicher Gewalt«.

Zur Abgrenzung »Privatrecht« und »öffentliches Recht« einige ›Standard‹-*Beispiele:*

1. Kaufmann A fordert von seinem Kunden B die Bezahlung eines Gebrauchtwagens. Laut Rechnung hat B 10 200,– DM zu begleichen.

■ Zu welchem Bereich unserer Rechtsordnung gehört dieser Fall? Zum Privatrecht oder zum öffentlichen Recht?

▷ Zum Privatrecht!

■ Warum?

▷ Weil sich zwei Bürger gleichrangig gegenüber stehen. A hat gegenüber B aufgrund eines Kaufvertrages, der im BGB geregelt ist, einen Anspruch[12], wie der Jurist sagt, auf Bezahlung des Kaufpreises. Wenn B sich aus irgendeinem Grunde weigert, die Rechnung zu bezahlen, kann A dem B nicht »befehlen« zu zahlen und B muß »gehorchen«, sondern A ist darauf angewiesen, seinen Anspruch beim Landgericht (vgl. §§ 23, 71 GVG – zu den »Gerichten« und ihrem Aufbau lesen Sie sogleich noch etwas) einzuklagen und muß beweisen, daß sein Anspruch tatsächlich besteht.

2. Hauseigentümer H möchte sein Haus um einen Anbau erweitern und beantragt beim Bauamt der Gemeinde G eine Baugenehmigung. Der zuständige Beamte der Gemeinde meint, das Haus des H sei schon groß genug und lehnt den Antrag ab. Ge-

12 *Ein »Zentralbegriff« des BGB, über den Sie noch viel lesen und lernen müssen!*

gen diesen ablehnenden Bescheid erhebt H Widerspruch, den er im Rathaus zur Niederschrift vorträgt.

■ Privatrecht oder öffentliches Recht?

▷ Öffentliches Recht!

■ Warum?

▷ Zwischen der Gemeinde G und dem H besteht ein Über- bzw. Unterordnungsverhältnis. H muß dem Bescheid der Gemeinde zunächst »gehorchen«, d. h., bis über seinen Widerspruch durch die nächsthöhere Behörde entschieden ist, darf er nicht bauen! Wird sein Widerspruch zurückgewiesen, darf er ebenfalls nicht bauen; er kann dann allerdings beim Verwaltungsgericht Klage erheben!

3. Dieselbe Gemeinde G will ein neues Rathaus bauen und deswegen mit H, der Inhaber einer Baufirma ist, die entsprechenden Verträge schließen. H, der nach dem Ärger mit der Baugenehmigung die Nase voll hat, weigert sich.

■ Kann die Gemeinde G den H mit einem entsprechenden Bescheid zwingen, die Verträge mit ihr abzuschließen?

▷ Die Gemeinde handelt nicht als Baubehörde, nicht als Hoheitsträger, sondern wie eine Privatperson, die einen Vertrag abschließen will. Die Gemeinde handelt als »Fiskus«! In diesem Fall ist sie den Regeln des Privatrechts genauso unterworfen wie jeder Bürger und steht dem H im Verhältnis der Gleichordnung gegenüber. Zum Vertragsschluß kann niemand gezwungen werden; im Vertragsrecht herrscht vielmehr die Vertragsfreiheit bzw. sog. »Privatautonomie«, über die Sie noch einiges lesen werden.

Wir merken uns noch einmal:

Auf dem Gebiet des öffentlichen Rechts stehen sich Staat und Bürger im Verhältnis der Über- und Unterordnung gegenüber. Im Privatrecht stehen sich die Beteiligten auf der Ebene der Gleichordnung gegenüber.

Zu den beiden großen Bereichen unserer Rechtsordnung, dem öffentlichen Recht, und dem Privatrecht, gehören eine Vielzahl von Teilrechtsgebieten mit den dazugehörigen Gesetzen.

Die Einordnung einiger dieser Rechtsgebiete verdeutlicht Übersicht 3 auf der nächsten Seite.

IV. Wirtschaftsprivatrecht

Nach überwiegender Meinung wird unter Wirtschaftsrecht im weiteren Sinne die Summe der Normen verstanden, die den Austausch von Leistungen, die Erwerbstätigkeit in Industrie, Handel, Handwerk, Landwirtschaft, Verkehr und den freien Berufen regeln.[12a]

Innerhalb des Wirtschaftsrechts ist entsprechend der aufgezeigten generellen Unterscheidung zwischen privatem und öffentlichem Wirtschaftsrecht zu differenzieren, wobei auf letzteres in diesen »Grundzügen des Privatrechts« nicht einzugehen ist.

12a **vgl.** *Creifelds*, S. 1402

Übersicht 3:

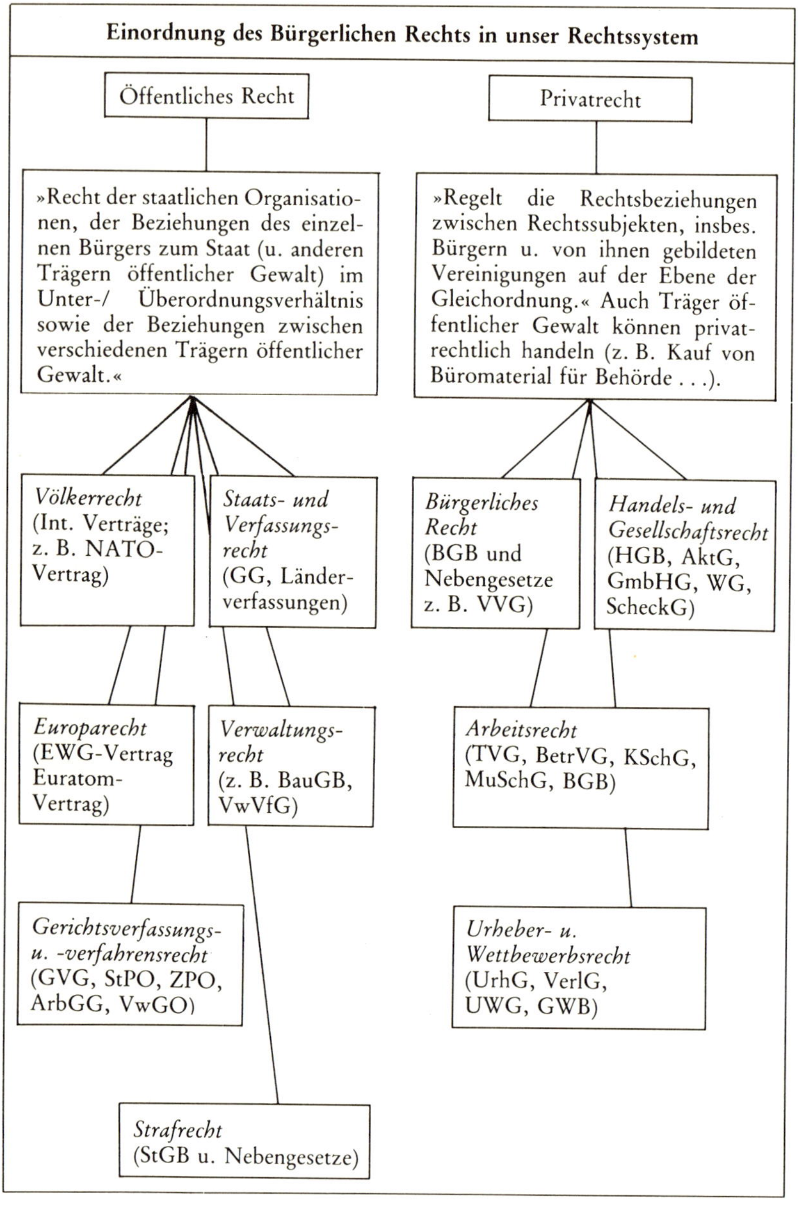
Einordnung des Bürgerlichen Rechts in unser Rechtssystem
Öffentliches Recht
Privatrecht
»Recht der staatlichen Organisationen, der Beziehungen des einzelnen Bürgers zum Staat (u. anderen Trägern öffentlicher Gewalt) im Unter-/ Überordnungsverhältnis sowie der Beziehungen zwischen verschiedenen Trägern öffentlicher Gewalt.«
»Regelt die Rechtsbeziehungen zwischen Rechtssubjekten, insbes. Bürgern u. von ihnen gebildeten Vereinigungen auf der Ebene der Gleichordnung.« Auch Träger öffentlicher Gewalt können privatrechtlich handeln (z. B. Kauf von Büromaterial für Behörde . . .).
Völkerrecht (Int. Verträge; z. B. NATO-Vertrag)
Staats- und Verfassungsrecht (GG, Länderverfassungen)
Bürgerliches Recht (BGB und Nebengesetze z. B. VVG)
Handels- und Gesellschaftsrecht (HGB, AktG, GmbHG, WG, ScheckG)
Europarecht (EWG-Vertrag Euratom-Vertrag)
Verwaltungsrecht (z. B. BauGB, VwVfG)
Arbeitsrecht (TVG, BetrVG, KSchG, MuSchG, BGB)
Gerichtsverfassungs- u. -verfahrensrecht (GVG, StPO, ZPO, ArbGG, VwGO)
Urheber- u. Wettbewerbsrecht (UrhG, VerlG, UWG, GWB)
Strafrecht (StGB u. Nebengesetze)

Zum privaten Wirtschaftsrecht, kurz: »Wirtschaftsprivatrecht«, zählen vor allem die drei ersten »Bücher«[12b] des BGB, der Allgemeine Teil, das Recht der Schuldverhältnisse (»Schuldrecht«) und das Sachenrecht. Im Allgemeinen Teil sind Grundsätze und Grundbegriffe des Bürgerlichen Rechts niedergelegt, die weitestgehend für das Wirtschaftsprivatrecht gleichermaßen relevant sind. Das Schuldrecht[12c] erfaßt u.a. die Rechtsbeziehungen der durch eine Vielzahl von Verträgen (z. B. Kauf-, Miet-, Darlehens-, Kreditsicherungsverträge) am Wirtschaftsleben Beteiligten. Das Sachenrecht[12d] regelt u.a. das rechtliche Schicksal von Besitz und Eigentum sowohl an beweglichen als auch unbeweglichen Sachen (»Mobilien« und »Immobilien«), von denen namentlich die letztgenannten hochwertige Wirtschaftsgüter verkörpern können.

Auch das Familienrecht[12d] (z. B. rechtliches Schicksal der von den Ehepartnern mit in die Ehe gebrachten Wirtschaftsgüter) und das Erbrecht[12d] (z. B. »Wer erbt das Wirtschafts-Unternehmen?«) weisen im vierten und fünften »Buch« des BGB Berührungspunkte zum Wirtschaftsrecht auf. Vorschriften des gesamten BGB sind also ein wesentlicher Bestandteil des Wirtschaftsprivatrechts.

Darüber hinaus gibt es eine Reihe von Nebengesetzen zum Bürgerlichen Recht mit engem Bezug zur Wirtschaft, von denen beispielhaft nur das AGBG und das AbzG (das am 1. 1. 1991 durch das VerbrKrG abgelöst wurde) genannt sein sollen; beides Gesetze, die den angesichts des modernen Massenverkehrs dringend erforderlichen Verbraucherschutz bezwecken.

Einen Zentralbereich des Wirtschaftsprivatrechts bildet das Handelsrecht[12e] als »Sonderrecht der Kaufleute«, das vornehmlich im HGB kodifiziert ist. Daneben ist das Gesellschaftsrecht, davon besonders das AktG und das GmbHG, zu nennen.

Von grundsätzlicher Bedeutung ist das UWG, vor allem im Bereich des Marketings.[12f]

Last, not least ist auch das Arbeitsrecht[13] zu erwähnen, welches u.a. die Rechte und Pflichten von Arbeitnehmer und Arbeitgeber bestimmt.

Angesichts dieser Flut von Gesetzen, die als Bestandteile des Wirtschaftsprivatrechts für das Wirtschaftsleben gelten, mag es allen angehenden Wirtschaftswissenschaftler(inne)n einleuchten, daß Grundkenntnisse über dieses Rechtsgebiet für sie unerläßlich sind.

12b **Mit »Aufbau und Systematik« des BGB werden wir uns unten (S.41–43, 44) ausführlicher beschäftigen.**

12c vgl. dazu *meinen* Bd. II

12d siehe *meinen* Bd. III

12e vgl. *meinen* Bd. IV

12f vgl. *Schünemann*, S. 16

13 siehe *meinen* Bd. V

V. Materielles und formelles Recht

Das Wirtschaftsprivatrecht und insbesondere das im BGB geregelte Bürgerliche Recht sind Bestandteil des sog. »materiellen Rechts«. Als materielles Recht bezeichnet man die Rechtsnormen, die den Inhalt des Rechts als solches festlegen und ordnen.

Als »formelles Recht« bezeichnet man dagegen die Vorschriften, die der Durchsetzung des materiellen Rechts dienen. Dazu gehören z. B. sämtliche Verfahrensvorschriften, die in Prozeßordnungen (ZPO, StPO u.a.) enthalten sind.

VI. Durchsetzung des Rechts

Um ein Recht, das man hat, durchsetzen zu können, muß man im Streitfall vor Gericht gehen. Je nachdem, in welchem Rechtsgebiet es zu einem Rechtsstreit kommt, sind für Entscheidungen dieses Rechtsstreits verschiedene Gerichte zuständig. Privatrechtliche Streitigkeiten werden vor ordentlichen Gerichten entschieden. Das heißt nicht, daß es sich bei den anderen Gerichten um »unordentliche«, sondern um »außerordentliche« Gerichte handelt. Das sind Gerichte, die sich nicht mit gewöhnlichen, sondern mit spezielleren, eben außergewöhnlichen bzw. außerordentlichen Rechtsstreitigkeiten befassen. Dazu gehören insbesondere die öffentlich-rechtlichen Streitigkeiten. Hierfür gibt es z. B. Verfassungsgerichte, Verwaltungsgerichte, Finanz- und Sozialgerichte.

Einen Überblick über den Gerichtsaufbau in der Bundesrepublik Deutschland gibt die folgende Übersicht 4 (S. 19 ff.), in der Sie vor allem die ordentlichen Gerichte betrachten sollen.

Zuvor aber noch einige kurze Anmerkungen zu den Gerichten, der Gerichtsbarkeit und dem Aufbau der Gerichte bzw. der Gerichtsorganisation in der BRD, die Ihnen das Verständnis dieser Übersicht erleichtern sollten.

Das Gericht ist ein aus einer oder mehreren Personen (Richtern) bestehendes Organ, dem die Rechtsprechung (= Jurisdiktion – s. o. S. 6) obliegt. »Das« Gericht entscheidet unter Anwendung des geltenden objektiven Rechts nach seiner Überzeugung, was bei konkreten, streitigen Sachverhalten Rechtens ist. Je nachdem, welche Rechtsmaterie (vgl. oben S. 14) der Rechtsstreit tangiert, sind Gerichte verschiedener Gerichtsbarkeiten zuständig.

Unter Gerichtsbarkeit versteht man gemeinhin die Ausübung der Rechtspflege bzw. Rechtsprechung, die den Richtern anvertraut ist. Die Gerichtsbarkeit gliedert sich nach der sachlichen Zuständigkeit grob (vgl. Art. 92, 95 GG) in: Verfassungsgerichtsbarkeit, ordentliche Gerichtsbarkeit, Arbeitsgerichtsbarkeit, Verwaltungsgerichtsbarkeit, Finanzgerichtsbarkeit, Sozialgerichtsbarkeit sowie (untergeordnet) Disziplinargerichtsbarkeiten und Ehrengerichtsbarkeiten. Dabei handelt es sich durchweg um staatliche Gerichtsbarkeiten.

Daneben gibt es die private Schiedsgerichtsbarkeit[14], der vor allem – aber nicht nur – bei grenzüberschreitenden (internationalen) Rechtsstreitigkeiten besondere Bedeutung zukommt.

Jede Gerichtsbarkeit hat verschiedene Instanzen (Rechtszüge), die – vereinfacht ausgedrückt – nach der Bedeutung des Rechtsstreits zuständig sind. Dies näher zu erläutern, würde unsere »Einführung in das Recht« zu weit ausdehnen. Dazu bedarf es einer eingehenderen Beschäftigung mit dem vielfältigen Prozeß(= Verfahrens-)recht, die von Ihnen im Rahmen Ihres Studiums regelmäßig nicht verlangt wird. Dennoch sollten Sie zumindest wissen, wodurch die Zuständigkeit der Gerichte, die über bürgerlichrechtliche Streitigkeiten entscheiden, begründet wird[15]. Das Bürgerliche Recht bildet schließlich den Schwerpunkt Ihres »Rechts«-Studiums!

Bei bürgerlichrechtlichen Streitigkeiten richtet sich die sachliche Zuständigkeit der Gerichte in erster Linie nach der Höhe des Streitwertes, über den im einzelnen die Vorschriften der §§ 2–9 ZPO und insbesondere Vorschriften des Gerichtsverfassungsgesetzes (GVG) etwas aussagen.

Die sachliche Zuständigkeit der (örtlich zuständigen[16]) Amtsgerichte in erster Instanz umfaßt gem. § 23 GVG in bürgerlichrechtlichen Streitigkeiten, soweit diese nicht ohne Rücksicht auf den Wert des Streitgegenstandes (wegen ihrer besonderen rechtlichen Bedeutung) den Landgerichten zugewiesen sind, vor allem Streitigkeiten über vermögensrechtliche Ansprüche, deren Streitwert DM 10 000,– nicht übersteigt. Das Landgericht ist – abgesehen von der streitwertunabhängigen Zuständigkeit – für alle vermögensrechtlichen Streitigkeiten »über 10 000,– DM« in erster Instanz zuständig (§ 71 GVG).

14 Aufgrund einer Vereinbarung (Schiedsklausel) der Parteien entscheidet ein Schiedsgericht anstelle des staatlichen Gerichts bürgerlichrechtliche Streitigkeiten. Entscheidungen von Schiedsgerichten sind für die Parteien gleichermaßen bindend wie die von Staatsgerichten. Das schiedsgerichtliche Verfahren ist daher ebenso den Vorschriften der ZPO (dort: §§ 1025 ff.) unterworfen, wie das Verfahren vor den staatlichen »Zivilgerichten«. (Der Begriff des Schiedsrichters bei Sportwettkämpfen hat also durchaus juristische Bedeutung!)

15 ***Die »§§«, die ich hierzu zitiere, brauchen Sie ausnahmsweise nicht nachzulesen – es genügt schon, wenn Sie nur wissen, daß es diese Vorschriften gibt!***

16 Die örtliche Zuständigkeit des Gerichts richtet sich grundsätzlich nach dem Wohnsitz des Schuldners (= »Gerichtsstand«, vgl. § 13 ZPO).

Gegen Urteile der Gerichte erster Instanz ist gem. § 511 ZPO die Berufung statthaft, bei vermögensrechtlichen Streitigkeiten allerdings nur, wenn der Wert des Beschwerdegegenstandes DM 1 500,– übersteigt (§ 511 a ZPO).

Berufungsinstanz für Entscheidungen des Amtsgerichts ist grundsätzlich das (örtlich zuständige) Landgericht (§ 72 GVG). Berufungsinstanz für erstinstanzliche Urteile des Landgerichts ist regelmäßig das Oberlandesgericht (OLG) (§ 119 GVG).

Gegen Berufungsurteile des OLG ist gem. § 545 ZPO die Revision zulässig. Über die Revision hat (gem. § 133 GVG) der in Karlsruhe ansässige Bundesgerichtshof (BGH) zu entscheiden. Die Revisionssumme beträgt grundsätzlich (vgl. § 546 Abs. 1 ZPO) 60 000,– DM.
Lesen Sie nun Übersicht 4, die auf den Stand vom 1. 1. 1991 gebracht wurde.

Seit der Herstellung der deutschen Einheit gilt auch in den neuen Bundesländern die Gerichtsorganisation der Bundesrepublik. Teilweise bestehen dort die »Kreis-« und »Bezirksgerichte« noch fort. Sie waren bzw. sind nicht nur für Zivil- und Strafsachen zuständig, sondern durch besondere Kammern auch für die Arbeits-, Sozial- und Finanzgerichtsbarkeit. Die Zuständigkeit der obersten Gerichtshöfe des Bundes erstreckte sich aber sogleich nach der Wiedervereinigung auch auf die neuen Länder. Die Anpassung der Gerichtsorganisation der fünf neuen an die alten Bundesländer – durch Umstrukturierung und Umbenennung der Kreis- und Bezirksgerichte – ist im Fluß; mit ihrem Abschluß kann frühestens zum Ablauf des Jahres 1993 gerechnet werden.[16a]

Literatur zur Vertiefung (1. Kapitel):

Holzwarth	JuS 1985, S. 437 ff.
Larenz	§ 1 I
Schünemann	A I u. II

16a vgl. *Arndt/Heyde/Ziller*, S. 56, linke Sp. sowie S. 63, Anm. 1: Am 1. 1. 1992 betrug die Zahl der Richter in den neuen Bundesländern 1 761, darunter 621 aus dem Dienst der ehemaligen DDR übernommen.

Gesetzeswerkes im Bereich des Privatrechts laut werden ließ. Bis zur Gründung des Deutschen Reiches (wann?[20]) nahmen die einzelnen deutschen Staaten – (Preußen, Bayern, Sachsen, Württemberg, Baden, Mecklenburg usw.) – das Recht der Gesetzgebung und auch die Gerichtsbarkeit jeweils für sich in Anspruch.

Vorläufer dieser einzelnen Landesrechte, dieser partikularen Rechte, wie man sie auch bezeichnet, war das sog. Gemeine Recht (für Lateiner: ius commune). Als »gemein« wurde dieses Recht nicht bezeichnet, weil es nur garstige Vorschriften enthielt, sondern weil es für alle deutschen Staaten gemeinsam galt! Es war nur zum geringen Teil deutschen Ursprungs und beruhte im wesentlichen auf übernommenem (rezipiertem) fremden Recht, insbesondere auf dem Gedankengut des römischen Rechts. Man spricht in diesem Zusammenhang häufig sehr vereinfacht von der Rezeption (Übernahme) des römischen Rechts, die im 15. Jahrhundert ihren Höhepunkt hatte[21]. Das gemeine Recht, das auf Gewohnheitsrecht (s. o. S. 8 f.) beruhte, war auch nach Schaffung der sogenannten »Partikularrechte«[22] in den einzelnen deutschen Staaten gültig, doch galt es gegenüber diesen Rechten nur subsidiär.

■ Was bedeutet das: Es galt subsidiär? Können Sie sich darunter etwas vorstellen?

▷ Subsidiär bedeutet soviel wie »zweitrangig« d. h., das gemeine Recht wurde nur angewendet, sofern keine einzelstaatliche Regelung des jeweiligen Partikularrechts vorhanden war (= Subsidiaritätsprinzip[23]). Es galt der Grundsatz »Landesrecht bricht gemeines Recht«. Die Landesrechte waren in einigen Partikularstaaten bereits in großen Gesetzeswerken kodifiziert. Von den wichtigsten sollte man einmal etwas gehört bzw. gelesen haben. Dies waren vor allem:
In *Bayern* der »Codex[24] Maximilianaeus Bavaricus Civilis« (1756),
in *Preußen* das »Allgemeine Landrecht für die preußischen Staaten« (1794),
in *Sachsen* das »Bürgerliche Gesetzbuch für das Königreich Sachsen« (1863);

20 1871!

21 Für Interessenten, die mehr wissen wollen, als den Prüfungsstoff (vgl. Vorwort): Über die Rezeption des römischen Rechts bzw. über die *»Anfänge des gelehrten Rechts«*, können Sie sich informieren im gleichnamigen Werk von *Trusen* – dazu brauchen Sie aber wirklich Interesse und Zeit!

22 *»partikular«* = einen Teil, eine Minderheit betreffend, *einzeln* (vgl. *Duden*, a. a. O., S. 578, mittlere Sp.) – Partikularrecht gilt also nur für den einzelnen Staat, nicht aber für alle Staaten, wie das »gemeine Recht« ...

23 Auf diesen Begriff kommen wir nochmals zurück!

24 vgl. oben S. (5); »Kodifizierung = schriftliche Zusammenfassung

in den *linksrheinischen Gebieten* galt im 19. Jh. das unter Napoleon geschaffene französische Zivilgesetzbuch, der »Code civil« (1804);
das in *Baden* geltende »Badische Landrecht« (1805) beruht im wesentlichen auf einer Übersetzung des »Code civil«.

Nicht zuletzt die Tatsache, daß Frankreich mit dem »Code civil« bereits seit 1804 ein einheitliches Gesetzeswerk für das Privatrecht besaß, war Auslöser für die Schaffung eines einheitlichen deutschen Gesetzeswerkes auf dem Gebiet des Bürgerlichen Rechts; denn was der französischen Nation gelungen war, so meinte man, könne auch der deutschen Nation gelingen. Sinn der Schaffung des BGB war es nicht, etwas inhaltlich völlig neues zu verfassen, sondern das bereits vorhandene teilweise unterschiedliche Privatrecht der verschiedenen Landesteile zu vereinfachen und zu vereinheitlichen. In Teilgebieten des Privatrechts war das schon früher gelungen, so z. B. durch Schaffung der »Allgemeinen Deutschen Wechselordnung« von 1848 und des »Allgemeinen Deutschen Handelsgesetzbuches« von 1861, das 1897 von dem heute noch – natürlich mit zwischenzeitlichen Änderungen – geltenden HGB abgelöst wurde.

Auf die Notwendigkeit der Schaffung eines einheitlichen Bürgerlichen Gesetzbuches hatte erstmals der Heidelberger Rechtsgelehrte A. F. Justus *Thibaut* (trotz des französischen Namens ein Deutscher) hingewiesen, als er 1814 seine Schrift »Über die Notwendigkeit eines Allgemeinen Bürgerlichen Rechts für Deutschland« veröffentlichte. Er hatte sich aber mit seinen Bemühungen nicht durchsetzen können, weil unter anderem der Marburger Rechtsprofessor Karl Friedrich *von Savigny* (ebenfalls ein Deutscher und von 1842 bis 1848 preußischer Justizminister) der Auffassung war, daß die Zeit für ein solches Gesetzeswerk noch nicht reif gewesen sei.

Erst nach der Gründung des Reiches im Jahre 1871 war es möglich, vielerorts bestehende Kodifikationsabsichten zu verwirklichen. Die Arbeiten für ein einheitliches bürgerliches Gesetzbuch wurden verstärkt aufgenommen und von sogenannten Kommissionen geleitet, die vorwiegend aus Universitätsgelehrten, sowie hohen Richtern und Ministerialbeamten bestanden.

Die erste Kommission, die sich aus 11 Juristen aus den 11 größten Einzelstaaten zusammensetzte, begann ihre Arbeit 1881 und legte als Ergebnis 1888 den »Ersten Entwurf« vor, zusammen mit einer ausführlichen Begründung, den sog. »Motiven«. Federführend war in dieser Kommission der Leipziger Juraprofessor Bernhard *Windscheid* (1817–1892), den man bisweilen auch als »Vater des BGB« bezeichnete. Dieser »Erste Entwurf« wurde mit heftiger Kritik aufgenommen, bei der sich namentlich der berühmte Berliner Rechtsgelehrte Otto *von Gierke* (1841–1921) hervortat[25]. Ihm war

25 In seiner sog. »Kampfschrift« (vgl. *Wieacker*, S. 453) »Der Entwurf eines Bürgerlichen Gesetzbuches und das deutsche Recht« (1888/89) kritisierte er das BGB mit

dieser Entwurf zu sehr am römischen Recht ausgerichtet; das Werk sei nicht deutsch genug und außerdem volks- und lebensfremd, zu formalistisch, und es berücksichtige seiner Ansicht nach die sozialen Forderungen seiner Zeit zu wenig. Diese Kritik führte zur Bearbeitung durch eine zweite Kommission, der außer Juristen auch Vertreter der Wirtschaft angehörten und die von 1890 bis 1895 tagte. Der von dieser Kommission verfaßte »Zweite Entwurf« war wesentlich klarer formuliert und gewährte dem wirtschaftlich Schwachen mehr Schutz. Dieser zweite Entwurf wurde 1896 vom Reichstag mit wenig Änderungen durch das Reichsjustizamt[26] versehen, verabschiedet und zusammen mit den Begründungen, den sog. »Protokollen«, nach Unterzeichnung durch Kaiser Wilhelm II. am 24. 08. 1896 im Reichsgesetzblatt verkündet.

Am 01. 01. 1900 trat das BGB in Kraft, zusammen mit einigen Nebengesetzen, wie z. B. der Grundbuchordnung (GBO)[27]. –

Dies soll als Überblick über die Entstehung des BGB genügen. Sehen Sie sich die Entstehungsgeschichte anhand von Übersicht 5 noch einmal an.

Übersicht 5:

Entstehungsgeschichte des BGB

Inkrafttreten: 1. 1. 1900
= einheitliche Kodifizierung (= schriftliche Festlegung) des deutschen Privatrechts

Situation vorher: Starke Rechtszersplitterung→Bis zur Gründung des deutschen Reiches (1871) lag Gesetzgebung bei dtsch. Einzelstaaten = Partikularstaaten →Partikularrechte bzw. -gesetze

Vorläufer der Partikularrechte:

»Gemeines Recht« (ius commune)	*Gewohnheitsrecht*

Basis: übernommenes (»rezipiertes«) röm. Recht
(→»Rezeption« des röm. Rechts, 15. Jh.)

dem markigen Satz: »Unser Privatrecht muß ein Tropfen sozialistischen Öles durchsickern!« (Zitat nach *Kroeschell*, S. 224; bei *Wieacker*, S. 470 ist dieser Tropfen Öl nur »sozial« . . .)

26 als bisweilen so bezeichneter »Dritter Entwurf« mit einer *Denkschrift*

27 Dazu mehr in Band III dieser »Grundzüge« (»Sachenrecht«)

Übersicht 5: *(Fortsetzung):*

Geltung in allen deutschen Staaten, aber »subsidiär« [= zweitrangig: gemeines Recht galt nur, sofern nicht einzelstaatliche (partikulare) Sonderregelungen vorhanden waren]

Die wichtigsten Gesetze der Partikularstaaten:
- Codex Maximilianaeus Bavaricus Civilis (1756) – Bayern –
- Allgemeines Landrecht für die preußischen Staaten (1794) – Preußen –
- Bürgerliches Gesetzbuch für das Königreich Sachsen (1863) – Sachsen –
- »Code civil (français)« (1804) – linksrhein. Gebiete
- Badisches Landrecht (1805) – Baden

Schaffung des »Code civil« Auslöser für Forderung nach einheitlichem dtsch. Privatrechtsgesetzbuch; Initiative: Heidelberger Rechtsprofessor A. F. Justus *Thibaut* (1772–1840)

→»Über die Notwendigkeit eines allg. Bürgerlichen Rechts für Deutschland« (1814)

– Dagegen: Karl Friedr. *v. Savigny* (1779–1861)
(v. 1842–1848 preuß. Justizminister)→»Zeit noch nicht reif«

Einzelne Gesetzeswerke in Teilgebieten des dtsch. Privatrechts:
– Allg. Dtsch. Wechselordnung, 1848
– Allg. Dtsch. Handelsgesetzbuch, 1861

Nach Gründung des dtsch. Reiches (1871):
– 1881 Beauftragung der 1. Kommission (11 Juristen)
→Prof., Ri., Min.-Räte: Bernhard *Windscheid* (1817–1892)
→»Vater des BGB«
– 1888 1. Entwurf mit *»Motiven«* (= Begründungen)
– *Kritik:* Otto *v. Gierke* (1841–1921)→»Zu undeutsch, zu römisch, zu formalistisch, zu lebens- und volksfremd, zu unsozial«
– 1890 2. Kommission
– 1895 2. Entwurf mit »Protokollen«
→Änderungen, Verbesserungen (Schutz d. wirtschaftlich Schwachen)
– 1896 Verabschiedung 2. Entwurf durch Reichstag/»Denkschrift« Reichsjustizamt
– 24. 8. 1896 Verkündung des BGB im RGBl.
– 1. 1. 1900 Inkrafttreten des BGB

3. Kapitel: Einige wichtige Grundbegriffe des Bürgerlichen Rechts – Terminologie des BGB

Nachdem wir auf diese Weise einen kleinen Überblick über die Entstehungsgeschichte des BGB bekommen haben und das Bürgerliche Recht in unser Rechtssystem eingeordnet hatten, wollen wir einige Begriffe und Grundprinzipien des Bürgerlichen Rechts betrachten und uns mit der Terminologie des BGB vertraut machen.

I. Bedeutung und Inhalt bürgerlich-rechtlicher Regelungen

Das Bürgerliche Recht ist alles andere als eine trockene oder gar lebensfremde Materie, wie manchmal von Laien zu hören ist. Lebensfremd kann das Recht schon deshalb nicht sein, weil es sozusagen das Leben selbst ist. Tagtäglich werden Sie, meist ohne sich dessen gerade bewußt zu sein, mit dem Recht, vor allem mit dem Bürgerlichen Recht, konfrontiert. Das fängt schon an, wenn Sie sich morgens bei Ihrem Bäcker Ihre Brötchen kaufen (falls Sie Brötchen mögen . . .), diese bar bezahlen und mitnehmen. Mit diesem Beispiel habe ich eigentlich schon einen kleinen »Fall« gebildet. Meine Frage dazu lautet:

■ »Wieviele Verträge wurden in diesem Fall geschlossen«? (Überlegen Sie!)
Einen Vertrag, der hier geschlossen wurde, müßten Sie auch ohne das BGB zu kennen, nennen können?

▷ Ein Kaufvertrag über die Brötchen! (§ 433 lesen!).
Außerdem wurden noch zwei Eigentumsübertragungsverträge geschlossen. Sie haben nämlich, wenn auch stillschweigend, – und zwar durch schlüssiges oder »konkludentes« Verhalten, wie der Jurist das nennt, mit dem Bäcker dahingehend eine *Einigung* erreicht, daß Sie Eigentümer der Brötchen werden sollen, und zum anderen haben Sie sich mit ihm darüber geeinigt, daß er Eigentümer des Geldes werden soll!
Durch *Übergabe* der Brötchen und durch Übergabe des Geldes sind diese Eigentumswechsel sofort vollzogen worden, und zwar jeweils durch einen »dinglichen Vertrag« gem. § 929 S. 1 (zur ersten Information schon einmal durchlesen!).

Wir werden auf dieses Beispiel bei Gelegenheit noch einmal zurückkommen und uns dann die Vorschriften des BGB, in denen diese Vorgänge geregelt sind, genauer ansehen.

■ Was also – allgemeiner betrachtet – regelt das BGB und welchen Prinzipien folgt es dabei?

▷ Zunächst hatten wir bereits festgestellt, daß im BGB ein Teilbereich des Privatrechts geregelt wird.

Das Bürgerliche Recht, für das bekanntlich auch der Begriff »Zivilrecht« verwendet wird, regelt Rechtsbeziehungen zwischen Privatpersonen, hauptsächlich Rechtsbeziehungen des Wirtschafts- und Gesellschaftslebens und der Familie.

Privatpersonen sind alle Menschen, aber auch, wie Sie vielleicht schon wissen oder demnächst noch lernen werden, Vereine und Gesellschaften, wie z. B. eine Aktiengesellschaft. Selbst der Staat ist nicht nur Hoheitsträger, sondern kann, wie Sie bereits erfahren haben, auch als »Privatperson« auftreten, etwa als Eigentümer, Vermieter oder Käufer und heißt dann Fiskus. Rechtsbeziehungen des Wirtschafts- und Gesellschaftslebens regelt das Bürgerliche Recht vor allem in zwei Teilgebieten: dem »Schuldrecht« und dem »Sachenrecht«.

Das Schuldrecht, oder wie es im Gesetzestext heißt, das »Recht der Schuldverhältnisse« hat mit Rechtsbeziehungen zu tun, in denen einer etwas schuldet, das ist der »Schuldner«, und der andere das Geschuldete fordern kann, das ist der »Gläubiger«. In der Terminologie des Bürgerlichen Rechts heißt das, daß der Gläubiger gegen den Schuldner einen »Anspruch« hat. Die rechtliche Vorschrift, den Paragraphen also, aus dem er diesen Anspruch herleiten kann, nennt man »Anspruchsgrundlage«. Mit diesem Begriff werden wir uns noch sehr ausführlich beschäftigen. Ansprüche einer Privatperson gegen eine andere können nicht nur im Schuldrecht entstehen, sondern auch in anderen Bereichen des Bürgerlichen Rechts, so z. B. auch im Sachenrecht, im Familienrecht und im Erbrecht.

Wie das Schuldrecht ordnet das Sachenrecht verschiedenartige Lebensbereiche. Das BGB versteht unter »Sachen« einerseits z. B. den gesamten Grund und Boden mit allen seinen Bestandteilen (wie Pflanzen und Gebäude). Das sind die sog. »unbeweglichen Sachen«, die Immobilien. So wird verständlich, warum man Grundstücksmakler auch Immobilienmakler nennt . . .

Neben den unbeweglichen Sachen kennt das BGB den Begriff der »beweglichen Sachen«. Das sind vor allem Waren jeder Art, z. B. auch die bereits erwähnten Brötchen vom Bäcker!

Das Sachenrecht ist aber noch nicht Thema dieses Bandes. Wir wollen deshalb noch nicht näher darauf eingehen, sondern uns erst einmal mit den Personen beschäftigen, die von den Regelungen des BGB betroffen werden.

II. Personen und Rechte

1. Rechtsfähigkeit; Rechtssubjekte

Übungsfall 1
Das alte Fräulein Kunigunde liebt seinen Dackel Dagobert sehr und möchte das Tierchen in seinem Testament als Erbe einsetzen oder den Lebensabend von Dagobert durch eine sogenannte »Pensionszusage« sicherstellen. Wie kann sie das erreichen?[28]

Die Antwort auf diese Frage heißt schlicht: »Überhaupt nicht!«

■ Warum wohl nicht?

▷ »Erbe« oder »Gläubiger eines Pensionsanspruches« kann nur jemand werden, wenn er auch Rechte haben kann. Entscheidend ist, ob Dagobert Rechte haben kann! Damit ist die Frage nach der Rechtsfähigkeit gestellt. Eine Definition der Rechtsfähigkeit werden Sie im BGB nicht finden. Lesen Sie dazu § 1!
Was Rechtsfähigkeit bedeutet, wird nicht erklärt, sondern es wird nur gesagt, wann die Rechtsfähigkeit des Menschen beginnt, nämlich mit der Vollendung der Geburt. Vollendung der Geburt bedeutet, daß der Säugling nach Austritt aus dem Mutterleib mindestens einen Atemzug getan haben muß. In Zweifelsfällen ist die Feststellung, ob ein Säugling gelebt hat, mittels einer Lungenprobe möglich (Wasserprobe).

Die Rechtsfähigkeit wird von der Rechtslehre folgendermaßen definiert:

Unter Rechtsfähigkeit versteht man die Fähigkeit, Träger von Rechten und Pflichten zu sein.

Mit der Formulierung des § 1 können wir die Antwort auf unsere Dackelfrage begründen: Träger von Rechten und Pflichten können nur Menschen, nicht aber Tiere sein. Tiere sind juristisch gesehen zwar gem. § 90 a keine Sachen mehr[29], aber wie wollte man z. B. Dagobert zur Verantwortung zie-

28 vgl. *Westermann*, S. 17

29 ***Die frühere formale Betrachtungsweise der Tiere als Sachen widerspricht »der im Tierschutzrecht verankerten Anschauung, daß das Tier ein Mitgeschöpf des Menschen und ein schmerzempfindendes Lebewesen ist, demgegenüber der Mensch zu Schutz und Fürsorge verpflichtet ist.«***
Dieser Grundgedanke ist in dem »Gesetz zur Verbesserung der Rechtsstellung des Tieres im bürgerlichen Recht« (BGBl I S. 1762) innerhalb der gesamten Rechtsordnung und im Bürgerlichen Gesetzbuch durch die Beseitigung der formalen Gleichstellung des Tieres mit einer Sache zum Ausdruck gekommen.
Dieses am 1. 1. 1990 inkraftgetretene Gesetz legt fest, daß Tiere auch im bürgerlichen Recht keine Sachen, sondern Lebewesen sind, die unter dem beson-

hen, wenn er den ungeliebten Postboten beißt und dieser Schadensersatz verlangt? Dafür muß nun einmal Kunigunde geradestehen bzw. »haften«, wie es im juristischen Sprachgebrauch heißt. Auf die sog. »Tierhalterhaftung«, die im BGB ausdrücklich geregelt ist, kommen wir zu einem späteren Zeitpunkt kurz zurück! Bleiben wir noch bei der Rechtsfähigkeit des Menschen. Wie Sie gelesen haben, bedeutet Rechtsfähigkeit, daß eine Person – der erste Abschnitt des ersten Buches (»Allgemeiner Teil«) des BGB ist mit dem Titel »Personen« überschrieben – Träger von Rechten und Pflichten sein kann. Wenn Sie sich an unsere Unterscheidung von objektivem und subjektivem Recht erinnern, können Sie vielleicht diese Frage beantworten:

■ Welches Recht wird in der Definition der Rechtsfähigkeit angesprochen?

▷ Das subjektive Recht!

■ Wissen Sie noch, wie oben (Übersicht 2) das subjektive Recht definiert wurde?

▷ Als Befugnis, die sich aus einer Rechtsnorm des objektiven Rechts für den Berechtigten unmittelbar ergibt.

Man nennt die Personen, die Träger von Rechten und Pflichten sein können, deshalb auch »Rechtssubjekte«. Rechtssubjekt im Sinne des BGB ist in erster Linie der Mensch oder die »natürliche Person«, wie das BGB in der Überschrift des ersten Titels über § 1 dies ausdrückt. Daraus könnte man fast schließen, daß es im Gegensatz dazu auch »unnatürliche Personen« gibt . . .

Solche Personen mag es tatsächlich geben, doch ist dies zumindest juristisch unbedeutend, solange sie nicht in Erscheinung treten. . .

■ Vielleicht wissen Sie schon, welche Personen im BGB den natürlichen Personen gegenüberstehen?

▷ Die »juristischen Personen«!

■ Was bzw. wer sind nun juristische Personen?

▷ Juristische Personen sind durch die Rechtsordnung zugelassene, mit eigener Rechtsfähigkeit ausgestattete Zusammenschlüsse bzw. Vereinigungen mehrerer Personen: So z. B. Vereine, Kapitalgesellschaften, wie Aktiengesellschaft, GmbH usw. Die juristischen Personen werden wir unten noch ausführlicher behandeln.

deren Schutz der Gesetze stehen. Die für Sachen geltenden Vorschriften dürfen daher nur angewandt werden, wenn nicht besondere Bestimmungen zum Schutz der Tiere entgegenstehen. Dieser zentrale Grundgedanke wurde im Schadensrecht (§ 251 Abs. 2 S. 2), im Sachenrecht (§ 903 S. 2) und Zwangsvollstreckungsrecht (§§ 765 a Abs. 1 S. 2 u. 811 c Abs. 1 ZPO) durch konkrete Einzelregelungen ergänzt.

Wenn Sie eben gelernt haben, daß die Rechtsfähigkeit der natürlichen Personen an das Menschsein geknüpft ist und mit der Vollendung seiner Geburt beginnt, können Sie leicht die Frage beantworten, wann die Rechtsfähigkeit der natürlichen Person endet.

■ Zu welchem Zeitpunkt wird die Rechtsfähigkeit wohl enden?

▷ Sollten Sie sich soeben die Mühe gemacht haben, im Gesetz nach einer Antwort zu suchen, war das diesmal vergeblich. Daß die Rechtsfähigkeit des Menschen mit dem Tod endet, ist selbstverständlich. Das BGB »schweigt« deshalb.

Damit nicht alle Rechte und Pflichten, die der Mensch sich zu Lebzeiten erworben hat, beziehungslos im Nichts verschwinden, hat das BGB an die Stelle des Verstorbenen, des sogenannten Erblassers, den oder die Erben gesetzt.

Wer das im einzelnen sein kann, werden Sie genauer erfahren, wenn wir uns dem »Erbrecht« zuwenden.

Dennoch schon ein kleines *Beispiel* dazu:

Der Vater V des Kindes K ist zwei Monate vor der Geburt des Kindes verstorben. Kann K trotzdem Erbe des V sein?

■ Was ist nach dem, was Sie bisher gelesen haben, Voraussetzung dafür, daß jemand Erbe sein kann, also Rechte und Pflichten des Erblassers übernehmen kann?

▷ Er muß rechtsfähig sein!

■ War K zum Zeitpunkt des Eintritt des Erbfalls, nämlich des Todes des V rechtsfähig?

▷ Nach § 1 beginnt die Rechtsfähigkeit mit der Vollendung der Geburt!
Das wird im Erbrecht, in § 1923 Abs. 1 nochmals ausdrücklich bekräftigt (lesen!).
Da es sehr ungerecht wäre, daß K aufgrund des unglücklichen frühzeitigen Todes seines Vaters als Erbe ausscheidet, hat das Gesetz mit der Vorschrift des § 1923 Abs. 2 – lesen! – geholfen.
Das Gesetz kann zwar nicht erreichen, daß K tatsächlich rechtzeitig vor dem Tod des Vaters, der das Kind bereits erzeugt hatte, zur Welt kommt; wohl aber es kann bestimmen, daß das bereits erzeugte Kind die gleichen Rechte haben soll wie das geborene Kind. Durch die Formulierung »gilt als vor dem Erbfall geboren« fingiert das Gesetz einen Zustand, der in Wirklichkeit (noch) nicht vorliegt. Man nennt eine solche Rechtsvorschrift »Fiktion«. Das noch nicht geborene, aber bereits erzeugte Kind, das man auch mit dem lateinischen Fremdwort »nasciturus« (= Leibesfrucht) bezeichnet, wird durch § 1923 Abs. 2 für erbfähig erklärt. Für den Erbfall wird somit entgegen § 1 BGB die Rechtsfähigkeit vorverlegt.
Die Vorverlegung einer Art von »Rechtsfähigkeit« gibt es auch in anderen Rechtsgebieten, und wenn Sie ab und zu aufmerksam die Medien verfolgen, müßten Sie eigentlich wissen, welches Rechtsgebiet damit angesprochen sein könnte.

■ Welchen Rechtsbereich meine ich?

▷ Den des »Strafrechts« mit seinen viel diskutierten und viel beschriebenen »Abtreibungsparagraphen«, den §§ 218–219 a StGB.

Wir bleiben weiterhin beim BGB und wollen uns das, was wir bisher an juristischen Begriffen kennengelernt haben, nochmals anhand einer Zusammenfassung (Übersicht 6) in Erinnerung rufen, bevor wir neue Begriffe kennenlernen.

2. Formen der privatrechtlichen Handlungsfähigkeit

Ein weiterer wichtiger Begriff, dessen Kenntnis für das Grundverständnis des BGB erforderlich ist, ist die »Handlungsfähigkeit«.

■ Versuchen Sie einmal mit eigenen Worten zu formulieren, was darunter »rechtlich« zu verstehen sein könnte.

▷ Handlungsfähigkeit ist die Fähigkeit, verantwortlich oder »rechtserheblich« handeln zu können.

Etwas genauer:
Unter Handlungsfähigkeit versteht man die Fähigkeit, Rechte und Pflichten zu begründen, aufzuheben oder zu verändern.

Die Handlungsfähigkeit gliedert sich in die »Geschäftsfähigkeit« und die »Deliktsfähigkeit«.

Übungsfall 2
Der achtjährige Fritz kauft sich einen Fußball. Beim Spielen verwechselt er das Tor mit einer Fensterscheibe des Nachbarhauses, die dadurch zu Bruch geht.

■ Welche beiden Rechtsfragen wirft dieser kleine Fall auf? – *Hinweis:* Jeder einzelne Satz der beiden Sätze dieses Falles wirft eine rechtliche Frage auf. Überlegen Sie wieder selbst, bevor Sie weiterlesen!

▷ 1. Kann der achtjährige Fritz wirksam einen Kaufvertrag abschließen(?)
und
2. muß Fritz den Schaden der zerbrochenen Fensterscheibe ersetzen?

Wenden wir uns zunächst der ersten Frage zu:

■ Wovon hängt es wohl ab, ob Fritz (F) einen Kaufvertrag abschließen kann?

▷ Von der Handlungsfähigkeit des F, genauer: von seiner Geschäftsfähigkeit.

Die Geschäftsfähigkeit ist im BGB in den §§ 104–113 geregelt. Wenn Sie dort aber nach einer Definition der Geschäftsfähigkeit suchen, werden Sie keine finden. Das BGB setzt in diesen Vorschriften lediglich fest, wann bzw. mit welchem Alter jemand geschäftsfähig ist oder nicht, und regelt die Wirkungen von »Willenserklärungen«, die ein noch nicht (voll) Geschäftsfähiger abgibt. Lesen Sie zur ersten Information einmal § 105 Abs. 1.

Der Begriff der Geschäftsfähigkeit ist überall dort von Bedeutung, wo Willenserklärungen abgegeben werden. Damit haben wir wieder einen neu-

Übersicht 6:

»ALLGEMEINE« BEGRIFFE AUS DEM BÜRGERLICHEN RECHT (Teil 1)			
Das Bürgerl. Recht regelt Rechtsbeziehungen zwischen Privat*personen* im *Wirtschafts- u. Gesellschaftsleben* und in der *Familie*			
Rechtssubjekte	*Schuldrecht*	*Sachenrecht*	*Fam.- u. Erbrecht*
natürliche Personen ↓ einzelne Menschen *juristische Personen* ↓ »von der Rechtsordnung zugelassene, mit eigener *Rechtsfähigkeit* ausgestattete Vereinigungen mehrerer Personen«	= »Recht der Schuldverhältnisse« Rechtsbeziehungen zwischen zwei »Parteien«: *Schuldner«* ↓ *»schuldet«* *»Gläubiger«* ↓ kann *»fordern«*, hat *»Anspruch«* (§, der Anspr. enthält = *Anspruchsgrundlage)* Rechte (und Pflichten) bestehen nur zwischen *diesen* beiden Parteien! ↓	Regelt Rechte an *beweglichen* u. *unbeweglichen Sachen.* Schützt Eigentum u. Besitz Herrschaftsrechte, die gegenüber *jedermann* wirken! ↓	↓ Regelt u. a. Ehe u. Eltern-Kind-Verhältnis ↓ Regelt Schicksal des Vermögens des Verstorbenen (Erblasser)
	relative Rechte	*absolute Rechte*	

Rechtsfähigkeit . . .
. . . ist die Fähigkeit, Träger von Rechten und Pflichten zu sein.

Beginn: § 1 BGB = Geburt (*Ausnahme:* »nasciturus« ist erbfähig
→ § 1923 Abs. 2 = *»Fiktion«* = Gesetz nimmt Sachverhalt an, der in Wirklichkeit nicht besteht)

Ende: Tod

en Begriff, dessen juristische Definition Sie noch nicht kennen und die Sie im BGB ebenfalls nicht finden werden!

■ Was versteht der Jurist unter einer Willenserklärung?

▷ Allgemein gilt folgende Definition: Eine Willenserklärung ist eine auf einen rechtlichen Erfolg gerichtete Willensäußerung. Unter Geschäftsfähigkeit versteht man die Fähigkeit, wirksame Willenserklärungen abzugeben.
In welchem Alter der Mensch über diese Geschäftsfähigkeit verfügt, ist, wie gesagt, im BGB ausdrücklich geregelt.

■ Wenn Sie sich in Ruhe § 2 und dann die §§ 104–110 durchlesen, müßten Sie die Frage beantworten können, ob der achtjährige F über die erforderliche Geschäftsfähigkeit verfügte, um einen wirksamen Kaufvertrag abschließen zu können? (Versuchen Sie, bevor Sie weiterlesen, Ihre Antwort anhand der gelesenen Vorschriften kurz schriftlich zu begründen!)

▷ Antwort (vgl. »Radio Eriwan«[30]): »Im Prinzip ja; aber (nur wenn) . . .«
Also: F ist zunächst Minderjähriger; volljährig wird er gem. § 2 BGB erst mit 18 Jahren. Da F acht Jahre alt ist, ist er ein Minderjähriger, der das siebte Lebensjahr vollendet hat und somit gem. § 106 nach Maßgabe der §§ 107–113 in der Geschäftsfähigkeit beschränkt ist. Da zur Wirksamkeit eines Vertrages zwei sich deckende Willenserklärungen, Angebot und Annahme, erforderlich sind – (damit werden wir uns später noch eingehend beschäftigen) –, müssen wir im BGB nach einer Vorschrift suchen, die etwas über die Willenserklärung eines beschränkt geschäftsfähigen Minderjährigen aussagt.

■ Welche Vorschrift kommt hier in Betracht?

▷ § 107 – lesen!

■ Was bedeutet das?

▷ Zunächst muß es sich bei der auf Abschluß des Kaufvertrages gerichteten Willenserklärung des F um eine Willenserklärung handeln, durch die er nicht lediglich einen rechtlichen Vorteil erlangt.

■ Trifft das in unserem Fall zu? Was meinen Sie?

▷ Auch ohne das BGB schon zu kennen, wissen Sie, daß der Käufer einer Sache zur Zahlung des Kaufpreises verpflichtet ist (§ 433 Abs. 2 – lesen!). Indem F mit dem Fußballverkäufer einen Kaufvertrag abschließt, verpflichtet er sich zur Kaufpreiszahlung. Eine Verpflichtung bedeutet immer einen rechtlichen Nachteil!

30 Hauptstadt von Armenien! Hat u. a. eine Universität und einen Rundfunksender, dessen Sprecher(innen) bemüht sein sollen, eine möglichst »klare und verwirrende« Antwort zu geben . . .

■ Was folgt daraus für unseren Fall? (Die Antwort finden Sie in § 107!)

▷ F bedurfte zu seiner auf den Abschluß des Kaufvertrages gerichteten Willenserklärung der Einwilligung seines gesetzlichen Vertreters. Das sind in der Regel die Eltern (vgl. §§ 1626 und 1629, jeweils Abs. 1) oder ein Vormund (§ 1793).
Da unser Fall über eine vorliegende Einwilligung der Eltern des Fritz nichts aussagt, nehmen wir einmal an, daß sie nicht vorlag. Was in diesem Fall mit dem Kaufvertrag geschieht, beantwortet § 108 Abs. 1 (lesen!). Schon wieder ein neuer Begriff: »Genehmigung«.

■ Was meinen Sie, worin der Unterschied zwischen Einwilligung und Genehmigung besteht? (Wenn man § 107 und § 108 Abs. 1 genau liest, könnte man den Unterschied herausfinden!)

▷ Das BGB verwendet für diese beiden Begriffe den Oberbegriff »Zustimmung«.
»Einwilligung« ist demnach die »vorherige Zustimmung« und »Genehmigung« ist die »nachträgliche Zustimmung«. Lesen Sie dazu die §§ 183 und 184 (jeweils nur die erste Zeile).
Das Gesetz gibt selbst, indem es einen Begriff, der vorher erklärt wird, in Klammern aufführt, eine Definition dieses Begriffes. Man nennt diese Art der Definition »Legaldefinition«. Sie werden davon im Laufe des Studiums noch einige mehr kennenlernen.

■ Die Frage, wovon die Wirksamkeit des Kaufvertrages zwischen Fritz und dem Fußballverkäufer abhängt, sollten Sie schon selbst beantworten können; wovon nämlich?

▷ Grundsätzlich von der Genehmigung der Eltern (arg. aus §§ 107, 108)! Wenn der Jurist das Wort »grundsätzlich« benutzt, dann heißt das: »in der Regel« ist das so, wenn nicht eine Ausnahme eingreift.

■ Lesen Sie § 110. Was könnte dieser »Taschengeldparagraph« für unseren Fall bedeuten?

▷ Je nachdem, wie teuer der Fußball war und je nachdem, wieviel Taschengeld F von seinen Eltern bekommt, könnte der Vertrag auch ohne deren Zustimmung voll wirksam sein, sofern F den Ball sofort bezahlt (= die Leistung »bewirkt«) hat! Damit haben wir die erste Frage unseres kleinen Falles gelöst. (Auf die »Geschäftsfähigkeit« werden wir später noch ausführlicher zurückkommen.)

■ Wie sieht es mit der zerbrochenen Fensterscheibe aus?

▷ Ob F dafür aufkommen muß, hängt von der»Deliktsfähigkeit« des F ab.Auch dieser Begriff wird im BGB nicht definiert. Nach der Rechtslehre ist »Deliktsfähigkeit« die Fähigkeit, unerlaubte Handlungen mit Verantwortlichkeit für deren Folgen vorzunehmen.

Unter einer unerlaubten Handlung i. S. d. BGB versteht man einen widerrechtlichen Eingriff in ein vom Gesetz geschütztes Rechtsgut, durch den ein Schaden entsteht. Lesen Sie dazu § 823 Abs. 1.

Sie sehen, daß das Gesetz eine Reihe von Rechten und Rechtsgütern aufzählt, für deren Verletzung der Schädiger Schadensersatz leisten muß. Erinnern wir uns daran, daß Fritzchen die Fensterscheibe des Nachbarhauses zerstört hat.

■ Welches der in § 823 Abs. 1 genannten Rechtsgüter des Nachbarn hat F verletzt?

▷ Das Eigentum!

Diese Eigentumsverletzung geschah auch widerrechtlich und fahrlässig (im einzelnen werden wir uns auch diesen Begriffen später auseinandersetzen), so daß Fritzchen gem. § 823 Abs. 1 (eigentlich) zum Schadensersatz verpflichtet ist. Da F aber minderjährig ist, gilt für ihn § 828, der etwas über die Deliktsfähigkeit aussagt, ohne das Wort freilich zu benutzen – § 828 Abs. 1 lesen!

■ Paßt diese Vorschrift auf unseren Fall?

▷ Nein! F ist acht Jahre.

Also: § 828 Abs. 2 – lesen!

Entscheidend für eine Schadensersatzhaftung des F ist danach, ob F im konkreten Fall die erforderliche Einsicht hatte, und ob er dieser Einsicht entsprechend handeln konnte. Man nennt die in § 828 Abs. 2 für Minderjährige ab sieben Jahre geltende Deliktsfähigkeit übrigens »bedingte« Deliktsfähigkeit. Ob der achtjährige F in unserem Fall über die Einsichtsfähigkeit verfügte, müssen wir offenlassen, da unser Sachverhalt zu den konkreten Umständen der Zerstörung der Scheibe zu wenig aussagt. »Im Zweifel« entscheiden wir uns immer zugunsten des Minderjährigen, denn ihn will das Gesetz zu Recht geschützt sehen!

Zur vollständigeren Information wollen wir abschließend einen Blick auf § 832 Abs. 1 werfen (= lesen!).

Zur Aufsicht über ein Kind sind kraft Gesetzes, nämlich gem. § 1631 Abs. 1 die Eltern oder gem. § 1793 gegebenenfalls ein Vormund verpflichtet. Sofern die Eltern des F in unserem Falle ihre Aufsichtspflicht verletzt hätten, müßten sie dem Nachbarn den Schaden ersetzen, d. h. die neue Fensterscheibe bezahlen.

Prägen Sie sich die wichtigsten der neuen Begriffe, die Sie kennengelernt haben, anhand der nächsten Zusammenfassung (Übersicht 7) ein.

Übersicht 7:

»Allgemeine« Begriffe aus dem Bürgerlichen Recht (Teil 2)

Handlungsfähigkeit

... ist die Fähigkeit, Rechte und Pflichten zu begründen, zu verändern oder aufzuheben.

Geschäftsfähigkeit

Fähigkeit, rechtswirksame *Willenserklärungen* abzugeben

Deliktsfähigkeit

Fähigkeit, *unerlaubte Handlungen* mit Verantwortlichkeit für deren Folgen vorzunehmen

Willenserklärung (WE)

Eine WE ist eine auf einen rechtlichen Erfolg gerichtete menschliche Willensäußerung. Sie kann ausdrücklich als solche formuliert sein o. durch schlüssiges (konkludentes) Verhalten geäußert werden.

Unerlaubte Handlung

= Widerrechtlicher Eingriff in ein vom Gesetz geschütztes Rechtsgut, durch den ein Schaden entsteht (vgl. §§ 823 ff.)

§§ 104–113 BGB

Minderjähriger zwischen 7 u. 18 Jh. ist *beschränkt geschäftsfähig* (= § 106)

Zustimmung

Vorherige (§ 183)

nachträgliche (§ 184)

§§ 827, 828 BGB

Mdj. zwischen 7 u. 18 Jh. ist *bedingt deliktsfähig*

Beschränkt Geschäftsfähiger bedarf für bestimmte Willenserklärungen gem. §§ 107 und 108 der *Einwilligung* oder *Genehmigung* des gesetzlichen Vertreters.

3. Altersabhängige Rechte und Pflichten der natürlichen Personen

Unter Ziff. 1 und 2 dieses Kapitels und in den zusammenfassenden Übersichten 6 und 7 haben Sie erfahren, daß Rechtsfähigkeit, Geschäftsfähigkeit und Deliktsfähigkeit von bestimmten Lebensaltersstufen des Menschen (den das BGB im »Ersten Teil« des »Ersten Buches« als »natürliche Person« bezeichnet) abhängig sind. Das Lebensalter hat aber nicht nur im Bürgerlichen Recht, sondern auch in anderen Rechtsbereichen besondere Bedeutung. Einige der wichtigsten Rechte und Pflichten nennt die folgende Übersicht 8.

Übersicht 8

Altersabhängige Rechte		
Lebensalter	Rechte und Pflichten	Bedeutung (rechtliche Grundl.)
»nasciturus« (gezeugt, aber noch nicht geboren)	– Erbfähigkeit	– Die Erbfähigkeit des Menschen wird durch die »Fiktion« von § 1923 Abs. 2 (gegenüber § 1) vorverlegt.
Vollendung der Geburt	– Rechtsfähigkeit	– Fähigkeit, Träger von Rechten und Pflichten zu sein (vgl. § 1)
Vor Vollendung des 7. Lebensjahres	– Geschäftsunfähigkeit – Deliktsunfähigkeit – »interessant«: Mitnahme von Kindern auf Fahrrädern noch erlaubt	– Willenserklärungen sind nichtig (§§ 104, 105) – Keine Verantwortungsfähigkeit für Schadenszufügung § 828 Abs. 1. – Ab Vollendung des 7. Lebensjahres nicht mehr erlaubt (§ 4 Abs. 1 Nr. 1 StVZO).
Vollendung des 7. Lebensjahres (»bis 18« = siehe dort)	– beschränkte Geschäftsfähigkeit – bedingte Deliktsfähigkeit	– Rechtsgeschäftliches Handeln grundsätzlich nur mit Zustimmung des gesetzlichen Vertreters wirksam (§§ 106, 107, 108) – Verantwortungsfähigkeit für Schadenszufügung nur bei Einsichtsfähigkeit (§ 828 Abs. 2)

Übersicht 8 *(Fortsetzung)*

Lebensalter	Rechte und Pflichten	Bedeutung (rechtliche Grundl.)
Vollendung des 10. Lebensjahres	– Anhörung bei Konfessionsänderung	– Meinungsäußerungsrecht des Kindes (§ 3 Abs. 2 RelKErzG)
Vollendung des 12. Lebensjahres	– Kein Konfessionswechsel gegen den Willen des Kindes	– »Mitbestimmungsrecht« des Kindes (§ 5 S. 2 RelKerzG)
Vor Vollendung des 14. Lebensjahres	– Strafunmündigkeit	– Keine Schuldfähigkeit des Kindes (§ 19 StGB).
Vollendung des 14. Lebensjahres	– Beginn der strafrechtlichen Verantwortlichkeit als »Jugendlicher« – Religionsmündigkeit – Beginn der Eigenschaft als »Jugendlicher« auch im Arbeitsrecht	– Strafrechtliche Verantwortlichkeit 14-Jähriger bis vor Vollendung des 18. Lebensjahres bei Einsichtsfähigkeit (§§ 1 Abs. 2, 3 S. 1 JGG) – Freie Wahl des religiösen Bekenntnisses (§ 5 S. 2 RelKErzG) – (§ 2 Abs. 2 JArbSchG)
Vollendung des 16. Lebensjahres	– Ehemündigkeit – Personalausweisführungspflicht – Testierfähigkeit – Erlaubnis, Fahrzeuge der Klasse 4 und 5 zu führen	– Möglichkeit, mit volljährigem Partner Ehe zu schließen (§ 1 Abs. 2 EheG). – (§ 1 PersAuswG) – Fähigkeit, ein Testament zu errichten (§§ 2229 Abs. 1, 2233 Abs. 1, 2247 Abs. 4). – (§ 7 Abs. 1 Nr. 4 StVZO)
Vollendung des 18. Lebensjahres	– Volljährigkeit	– (§ 2) Volle Geschäftsfähigkeit (arg. § 106), volle Testierfähigkeit (arg. aus § 2229 Abs. 1), volle Deliktsfähigkeit (arg. aus § 828 Abs. 2), Ehemündigkeit (§ 1 Abs. 1 EheG), Prozeßfähigkeit (§ 52 Abs. 1 ZPO).

Übersicht 8 *(Fortsetzung)*

Lebensalter	Rechte und Pflichten	Bedeutung (Rechtliche Grundl.)
Vollendung des 18. Lebensjahres	– Strafrechtliche Verantwortlichkeit als »Heranwachsender« – Wehrpflicht – Wahlrecht – Recht zur Führung von Kfz. der Klasse 1 und 3	– Unter bestimmten Voraussetzungen gemilderte Anwendung des materiellen Strafrechts auf 18–20jährige (§§ 1 Abs. 2 105, 106 JGG). – (§ 1 WehrpflG) – Aktives und passives Wahlrecht für den Bundestag (Art. 38 Abs. 2 GG). – (§ 7 Abs. 1 Nr. 2 und 3 StVZO)
Vollendung des 21. Lebensjahres	– Volle strafrechtliche Verantwortlichkeit – Recht zur Führung von Kfz. der Klasse 2	– (§ 1 Abs. 2 JGG) = keine Anwendung des Jugendstrafrechts mehr. – (§ 7 Abs. 1 Nr. 2 StVZO)
Weitere mit besonderen Rechten verbundene Altersstufen bleiben unberücksichtigt.		

4. Kapitel: Aufbau und Systematik des BGB

Nachdem Sie inzwischen einige Vorschriften des BGB kennengelernt haben, müssen Sie sich den Aufbau und die Gesetzessystematik des BGB genauer ansehen.

Das BGB besteht aus fünf sogenannten »Büchern«, die in insgesamt 2 385 Paragraphen verschiedene Rechtsgebiete des Bürgerlichen Rechts regeln. Welche Materien in den einzelnen Büchern geregelt sind, erfahren Sie am schnellsten, wenn Sie einen Blick ins Inhaltsverzeichnis des Gesetzes werfen:

■ Welche 5 Bücher des BGB gibt es danach und welche Paragraphen umfassen sie?

▷ 1. Buch: Allgemeiner Teil – (§§ 1–240)
2. Buch: Recht der Schuldverhältnisse (Schuldrecht) – (§§ 241–853)
3. Buch: Sachenrecht – (§§ 854–1296)
4. Buch: Familienrecht – (§§ 1297–1921)
5. Buch: Erbrecht – (§§ 1922–2385)

Wie Sie aus dem Inhaltsverzeichnis des Gesetzes ersehen, ist jedes dieser »Bücher« zunächst in »Abschnitte«, danach in »Titel« und schließlich in Paragraphen (§§) unterteilt. Die Überschrift »Allgemeiner Teil« für das erste Buch des BGB ist kennzeichnend für die Systematik des gesamten BGB:

Das BGB unterscheidet eine Vielzahl von allgemeinen und speziellen Begriffen und Grundsätzen. Dabei werden die allgemeinen Grundsätze den spezielleren immer wieder vorangestellt.

Am deutlichsten wird diese Systematik anhand eines *Beispiels:*

Wie Sie dem Inhaltsverzeichnis entnehmen können, trägt der dritte Abschnitt des ersten Buches die Überschrift »Rechtsgeschäfte«. Unter einem Rechtsgeschäft versteht man einem Tatbestand, der aus einer Willenserklärung einer oder mehrerer Personen und sonstigen Wirksamkeitsvoraussetzungen besteht, die die Herbeiführung eines rechtlichen Erfolges bezwecken.

Rechtsgeschäfte kommen in allen Bereichen des Privatrechts vor, können aber sehr unterschiedlichen Inhalt haben und sehr verschiedene Rechtsfolgen nach sich ziehen. Typisches Beispiel für ein Rechtsgeschäft ist ein Vertrag. Die Willenserklärungen, die die beiden Vertragspartner bei Abschluß dieses Rechtsgeschäfts abgeben, heißen Angebot und Annahme.

Die Rechtsfolge, welche die Vertragsparteien mit ihren Willenserklärungen herbeiführen wollen, ist die Wirksamkeit des jeweiligen Vertrages, aus dem für beide Parteien bestimmte Rechte und Pflichten folgen. Bei einem Kaufvertrag z. B. hat der Verkäufer die Pflicht, dem Käufer die Kaufsache zu übergeben und ihm das Eigentum daran zu verschaffen, während der Käufer den Kaufpreis zahlen muß.

Lesen Sie hierzu § 433 Abs. 1 S. 1 und Abs. 2!

Die beiden Absätze regeln die besonderen Rechte und Pflichten des Verkäufers und des Käufers. § 433 befindet sich, wie Sie sehen, im siebten Abschnitt des zweiten Buches, der mit der Überschrift »Einzelne Schuldverhältnisse« versehen ist. Man bezeichnet diesen siebten Abschnitt des zweiten Buches auch mit dem Begriff »Besonderes Schuldrecht«. In diesem Abschnitt sind nämlich die besonderen Rechte und Pflichten von Schuldnern und Gläubigern der dort beschriebenen speziellen Schuldverhältnisse beschrieben. Dagegen werden Sie z. B. in § 433 und den nachfolgenden Vorschriften, die sich auf den Kaufvertrag beziehen, kein Wort dazu finden, wie ein solcher Vertrag zustandekommt. Für den Kaufvertrag gilt nichts Besonderes: er kommt zustande wie jeder Vertrag, eben durch Angebot und Annahme. Verträge gibt es auch im Sachenrecht, Familienrecht und im Erbrecht!

■ Wo würden Sie nach einer Regelung suchen, die etwas über das Zustandekommen von Verträgen im allgemeinen sagt?

▷ Im Allgemeinen Teil des BGB!

Da Sie eben gelesen haben, daß es sich beim Vertrag um ein ganz typisches Rechtsgeschäft handelt, suchen Sie im Inhaltsverzeichnis sinnvollerweise unter dem dritten Abschnitt des ersten Buches, der die Überschrift »Rechtsgeschäfte« trägt. Wenn Sie dies jetzt tun, sehen Sie, daß der dritte Titel in den §§ 145–157 ganz offensichtlich etwas über den Vertrag aussagt. Wenn Sie die Überschriften der einzelnen Paragraphen überfliegen – das Gesetz verwendet übrigens statt des bekannten Ausdrucks »Angebot« den etwas antiquierten Begriff »Antrag« –, werden Sie nicht sofort eine Vorschrift finden, die ausdrücklich bestimmt, daß ein Vertrag durch Angebot (bzw. Antrag) und Annahme zustandekommt. Daß dies so ist, setzt das Gesetz als gegeben voraus. Dies folgt aus der Formulierung des § 151 S. 1 – lesen!

Verständlicher wird diese Formulierung, wenn man aus diesem ersten Satz von § 151 zwei Sätze macht, nämlich:

1. »Der Vertrag kommt durch die Annahme des Antrages zustande.«
2. »Dabei ist es nicht erforderlich, daß die Annahme dem Antragenden gegenüber . . . usw.«

Der Allgemeine Teil des BGB enthält Begriffe und Regelungen, die für alle Arten von Rechtsgeschäften bzw. für alle Arten von Verträgen gleichermaßen gelten. Diese allgemeingültigen Begriffe und Regelungen wurden im Allgemeinen Teil des BGB sozusagen »vor die Klammer gezogen«, damit sie nicht jedesmal von neuem niedergeschrieben werden müßten. Optisch vereinfacht läßt sich das z. B. so ausdrücken:

BGB = AT (SchR + SaR + FamR + ErbR)

Diese Technik des »Vor-die-Klammer-Ziehens« von allgemeingültigen Grundsätzen war für den Gesetzgeber eine große Hilfe, da sie ihm dauernde Wiederholungen ersparte und er das ohnehin umfangreiche Gesetzeswerk nicht unnötig aufblähen mußte. Ohne diese Technik des Vor-die-Klammer-Ziehens hätte z. B. bei jedem im Gesetz beschriebenen Vertragstyp erwähnt werden müssen, daß auch dieser Vertrag durch Angebot und Annahme zustandekommt.

Die »Klammer-Technik« hat der Gesetzgeber nicht nur im Verhältnis vom Allgemeinen Teil zu den anderen vier Büchern des BGB gewählt, sondern bisweilen auch innerhalb der einzelnen Bücher, Abschnitte und Titel, ja sogar innerhalb der einzelnen Paragraphen, durchgeführt! Zur Verdeutlichung dieser Systematik einige *Beispiele:*

Schlagen Sie nochmals das Inhaltsverzeichnis des BGB auf und überfliegen Sie die Überschriften der sieben Abschnitte des zweiten Buches. Sie sehen, daß der siebte Abschnitt, der die einzelnen, bzw. besonderen Schuldverhältnisse regelt, mehr Platz einnimmt als die ersten sechs Abschnitte zusammen. Das wäre weitaus »schlimmer« geworden, wenn der Gesetzgeber nicht in den Abschnitten 1 bis 6 allgemeine Grundsätze vorangestellt hätte, die für alle im siebten Abschnitt geregelten Schuldverhältnisse gelten. Man bezeichnet diesen siebten Abschnitt des zweiten Buches, wie gesagt, als »Besonderes Schuldrecht«, während man die ersten sechs Abschnitte »Allgemeines Schuldrecht« nennt. Lesen Sie nun die erste Vorschrift des »Allgemeinen Schuldrechts«: § 241!

In dieser Vorschrift wird für alle Schuldverhältnisse bestimmt, daß der Gläubiger berechtigt ist, vom Schuldner eine Leistung zu fordern.

Worin diese Leistung genau besteht, wird im Besonderen Teil des Schuldrechts jeweils gesondert geregelt, so z. B. in § 433 BGB für den Kaufvertrag. Nach § 433 Abs. 2 (lesen!) kann der Verkäufer als Gläubiger von dem Käufer als Schuldner die Leistung »Zahlung des Kaufpreises« fordern.

Wenn wir uns den Aufbau des BGB und die Technik des Vor-die-Klammer-Ziehens von allgemeinen Begriffen anhand einer Grafik verdeutlichen, kann das aussehen, wie in Übersicht 9 auf der folgenden Seite dargestellt.

Exkurs: Arbeitsmittel und Arbeitsmethoden zum Erlernen des »Rechts«

Einiges über die Art und Weise, den geforderten »Stoff« des Faches »Recht« (im Sinne des Sprachgebrauchs der Studierenden der Wirtschaftswissenschaften) zu erlernen, wurde bereits im Vorwort gesagt, in dem auch schon verschiedene Arbeitsmittel erwähnt wurden, ohne als solche bezeichnet zu werden. Im einzelnen sind dies:

1. Das Gesetz

Das wichtigste Arbeitsmittel der Studierenden, die das »Recht« (gleich welchen Umfangs) erlernen wollen (daß Sie *wollen*, haben Sie durch die Wahl Ihres Studiums entschieden!) ist das Gesetz! Damit ist weder das »Gesetz im formellen Sinn« noch im »materiellen« Sinn gemeint (falls Sie nicht mehr wissen, was sich hinter diesen Begriffen verbirgt, sollten Sie das gleich oben – Übersicht 2, S. 11 – nachlesen!), sondern der Gesetzestext! Siehe Vorwort: »Die halbe Juristenwahrheit steht im Gesetz«! Insofern haben es Juristen bisweilen etwas leichter als Wirtschaftswissenschaftler, deren Wissenschaft nicht auf der Gesetzesanwendung beruht. Viele Theorienstreite erübri-

Übersicht 9:

Aufbau des Bürgerlichen Gesetzbuches

Erstes Buch
Allgemeiner Teil (§§ 1–240)
Inhalt: Allgemeingültige Vorschriften, die für alle folgenden vier Bücher des BGB gleichermaßen gelten

Zweites Buch
Schuldrecht
(§§ 241–853)

Allgemeines Schuldrecht (§§ 241–432)
Inhalt: Allgemeine Regelungen, die für alle Schuldverhältnisse gelten

Besonderes Schuldrecht (§§ 433–853)
Inhalt: Gesetzlich typisierte spezielle Schuldverhältnisse (Recht und Pflicht der Beteiligten)

Drittes Buch
Sachenrecht
(§§ 854–1296)

Inhalt:
Regelungen der rechtlichen Beziehungen von Personen zu Sachen, wie z. B. Besitz, Eigentum und anderer Rechte

Viertes Buch
Familienrecht
(§§ 1297–1921)

Inhalt:
Vorschriften über Ehe, Verwandschaft und Vormundschaft

Fünftes Buch
Erbrecht (§§ 1922–2385)

Inhalt:
Regelung des Schicksals des Vermögens einer verstorbenen Person

gen sich, da der Gesetzgeber bereits eindeutig entschieden hat! Natürlich hindert das nicht den freien Lauf der Rechtstheorien ... Doch um »Grundzüge« des Rechts zu erlernen, müssen Sie sich nur mit einem Minimum dieser Theorien beschäftigen.

Der gute Theoretiker ist im übrigen nicht unbedingt auch ein »guter Jurist«! Den guten Juristen macht u. a. aus, daß er das Gesetz kennt und anwenden kann. In diesem Sinne sollten auch Sie den Ehrgeiz haben, ein guter »Jurist« zu werden: Es kommt nicht darauf an, daß man gesetzliche Vorschriften ihrem Inhalt nach auswendig aufsagen kann (dafür eignen sich Gedichte besser!), sondern man muß Inhalt und Systematik des Gesetzes einmal verstanden haben.

Der »gute Jurist« kann nicht auf alle juristischen Fragen eine Antwort parat haben, aber er sollte wissen, wo die Antwort zu finden ist! Und das kann er (und Sie auch!), wenn er die Gesetzesparagraphen, die irgendwo (z. B. in diesem Buch) zitiert werden, immer und immer wieder im Gesetz aufsucht und (nach)liest![31] **Dabei ist es empfehlenswert, jede Vorschrift (z. B. mit einem Textmarker) beim ersten Lesen zu kennzeichnen, so daß man bei erneuter Lektüre immer daran erinnert wird, daß man sich mit dem dort geregelten »Problem« schon einmal befaßt hat.** Irgendwann werden Sie feststellen, daß aus dem »Aufsuchen« nur noch ein »Aufschlagen« geworden ist ...

Welchen Gesetzestext Sie beim Durcharbeiten dieses Buches benötigen, wissen Sie (hoffentlich noch) aus dem Vorwort (wenn Sie es nicht gelesen haben, sollten Sie nochmals »von vorne« anfangen!): Das Bürgerliche Gesetzbuch! Und falls Sie sich nach der Lektüre des ersten Kapitels dieses Buches nicht entschlossen haben, »umzusatteln« (d. h.: Jura statt Wirtschaftswissenschaften zu studieren ...), bleibt das »Recht« für Sie ein Fach unter vielen, so daß Sie sich mit einer handlichen gebundenen Textausgabe begnügen können. Völlig ausreichend ist die bereits im Vorwort erwähnte (jeweils neueste) Ausgabe der »Beck-Texte im dtv« Nr. 5001[32], zur Zeit: 34. Aufl. 1993 (DM 9,80). Neben dem BGB enthält sie (auszugsweise) das EinführungsG zum BGB, das BeurkundungsG, das Gesetz zur Regelung der Allgemeinen Geschäftsbedingungen (AGB-Gesetz), das VerbrKrG, das Gesetz über den Widerruf von Haustürgeschäften, das Gesetz zur Regelung der Miethöhe, das Wohnungseigentumsgesetz, das EheG mit dazugehörigen Verordnungen (= VO), die HausratsVO sowie das Gesetz zur Regelung von Härten im Versorgungsausgleich; von einigen (wenigen) dieser »Nebengesetze« zum BGB werden Sie hin und wieder eine oder mehrere Vorschriften lesen müssen.

Von der Anschaffung einer umfangreichen »Loseblatt-Sammlung«, wie etwa die im Beck-Verlag erschienene von *Schönfelder:* »Deutsche Gesetze«, die eine Vielzahl von Gesetzen zum Zivil-, Straf- und Verfahrensrecht enthält, möchte ich Ihnen abraten: mit der Anschaffung dieses »Ziegelsteins« (sieht ähnlich aus und ist ähnlich schwer) belasten Sie unnötigerweise Ihre Aktentasche und Ihr Finanzbudget! Wenn Sie sich später noch je eine gebundene Textausgabe zum Handelsrecht (dtv. Nr. 5002, DM 6,80) und zum Arbeitsrecht (dtv. Nr. 5006, DM 9,80) anschaffen, sind Sie ausreichend für Ihr Studium des Rechts, insbesondere für die Durcharbeitung dieser »Grundzüge« oder ähnlicher Bücher, gerüstet. Damit habe ich das nächste Arbeitsmittel angesprochen:

31 Dies galt ausnahmsweise nicht für die »§§«, die in Übersicht 8 genannt sind, sofern es sich nicht um §§ aus dem BGB handelt!

32 Dort zur Lektüre unbedingt empfehlenswert die »Einführung« von *Köhler!*

2. *Fachliteratur*

Da Sie Rechtswissenschaft nicht als Hauptfach studieren, werden Sie sich mit der juristischen Fachliteratur nur in begrenztem Maße auseinandersetzen müssen, sofern Sie nicht ein juristisches Thema für Ihre Diplomarbeit wählen. Dennoch sollten Sie zumindest einen groben Überblick darüber bekommen, welche Arten von Literatur zu unterscheiden sind:

a) Kommentare

... zu den verschiedensten Gesetzen enthalten zu jedem Paragraphen des bearbeiteten Gesetzes, der zunächst zitiert wird, eine mehr oder minder ausführliche Auseinandersetzung mit der in der jeweiligen Vorschrift angesprochenen Problematik. Die Kommentierung enthält Erläuterungen des Gesetzestextes, gibt Hinweise auf weiterführende Literatur und Gerichtsentscheidungen (z. B. Urteile), die dazu erlassen wurden. Kommentare dienen vor allem der raschen Orientierung desjenigen, der ständig mit dem Gesetz und seiner Anwendung arbeiten muß, oder sie dienen der Vertiefung von Einzelproblemen. In letzter Hinsicht könnte auch einmal für Sie ein Blick in einen sog. »Kurzkommentar«[33] hilfreich sein, sofern Sie ohnehin in die Bibliothek Ihrer Hochschule gehen wollten ...

Dort finden Sie dann auch:

b) Lehrbücher und Grundrisse

Je nach Umfang und Inhalt sind hier sog. klassische Lehrbücher und Grundrisse (»Grundzüge«) zu unterscheiden.

Lehrbücher wollen einen systematischen Überblick über ein Rechtsgebiet geben. Je nachdem, wie sehr der Verfasser ins Detail geht, können solche Werke zu »Handbüchern« ausufern, die eher als Nachschlagewerke denn als »Lehrbücher« geeignet sind. Ausführliche Lehrbücher zum BGB sind regelmäßig mit den Gebieten der fünf Bücher des BGB bezeichnet, wobei das Allgemeine Schuldrecht und das Besondere Schuldrecht jeweils noch gesondert aufbereitet werden. Sofern sich der Umfang in Grenzen hält, sind diese Lehrbücher auch ausgezeichnete »Lernbücher« für den Jurastudenten; für jemand, der Recht nur im Nebenfach studiert, können sie indessen nur zur vertiefenden Nacharbeitung von Einzelproblemen empfohlen werden.

Der Vermittlung des zu erlangenden Grundwissens dienen »Grundrisse«, wie die vorliegenden »Grundzüge ...«, in denen ggf. auf Literatur zur Vertiefung des erlangten Wissens verwiesen wird.

33 Wenn Sie sich jemals die Mühe machen sollten, den im Literaturverzeichnis zitierten »Palandt« zu Rate zu ziehen, werden Sie die Bezeichnung »Kurz-Kommentar« sicherlich als Scherz empfinden – aber zum BGB gibt es tatsächlich Großkommentare, die aus weit mehr als 10 Bänden im »Palandt-Format« bestehen!

c) *Fallsammlungen*

... sollen den Studierenden zeigen, wie man seine theoretischen Rechtskenntnisse auf einen konkreten Sachverhalt anwendet, um diesen Sachverhalt (»Fall«) praxisnah in Form eines juristischen Gutachtens zu lösen. Die Lektüre und Anschaffung einer solchen Fallsammlung ist nur sinnvoll und empfehlenswert, wenn man den Stoff, der in den jeweiligen Fällen und Lösungen behandelt wird, bereits materiell einigermaßen beherrscht. Dazu ist Voraussetzung, die entsprechenden Vorlesungen nicht nur »gehört«, sondern – anhand eines Grundrisses – nachgearbeitet zu haben! Durch die Lektüre von Fallsammlungen, selbst wenn sie nur die gutachtliche Lösung des Falles enthalten, ohne die Methodik der Fallbearbeitung zu erklären, wird man irgendwann in die Lage kommen, das Wesentliche vom Unwesentlichen zu trennen.

Fallsammlungen sind besonders geeignet, das aus Vorlesungen und Lehrbuch (Grundriß) erworbene Wissen zu »ordnen«, um es in Prüfungsklausuren zutreffend anzuwenden: Da, wie mehrfach angedeutet, in der Praxis nicht das reine Wissen, sondern die richtige Anwendung des Rechts maßgebend ist, werden auch Prüfungsklausuren regelmäßig in Form eines Falles gestellt, dessen rechtliche Problematik in Form eines Gutachtens zu lösen ist[34].

d) *Monographien*

... sind wissenschaftliche Darstellungen, die einem einzelnen Problem gewidmet sind. In rechtswissenschaftlichen Monographien werden ganz spezielle Fragen aus bestimmten Rechtsgebieten unter Berücksichtigung des neuesten Meinungsstandes (»Theorienstreit«) ausführlich erörtert. Damit werden Sie sich allerdings, um Ihr Studienziel zu erreichen, nicht befassen müssen, sofern Sie nicht eine juristisch ausgerichtete Diplomarbeit anfertigen wollen. Ähnliches gilt für:

3. *Entscheidungssammlungen*

Dabei handelt es sich um amtliche Sammelbände von Entscheidungen (Urteile, Beschlüsse) der oberen und obersten Gerichte aus den verschiedensten Gerichtsbarkeiten, so z. B. die Sammlungen der Entscheidungen des Reichsgerichts in Zivilsachen (RGZ), der Entscheidungen des Bundesgerichtshofs in Zivilsachen (BGHZ) oder der Oberlandesgerichte in Zivilsachen (OLGZ). Die aktuellsten Entscheidungen dieser (und anderer) Gerichte werden regelmäßig auch in

4. *Fachzeitschriften*

veröffentlicht. Die verbreitetste der juristischen Fachzeitschriften ist die »Neue Juristische Wochenschrift« (NJW). Wie die meisten praxisbezogenen Fachzeitschriften besteht sie etwa je zur Hälfte aus einem Aufsatz- und aus einem Rechtsprechungsteil. Liest man zum Beispiel ein Zitat wie »BGH NJW 1989, 328«, bedeutet das, daß sich

34 Einzelheiten dazu finden Sie in *meiner »Anleitung zur Lösung von Zivilrechtsfällen«*

eine Entscheidung des BGH in der 1989 erschienenen »NJW« auf Seite 328 befindet (die Seiten von Fachzeitschriften werden i. d. R. vom ersten bis letzten wöchentlich oder monatlich erscheinenden Heft des Jahres durchlaufend numeriert).

Neben der NJW und der Flut von Fachzeitschriften zu speziellen Rechtsbereichen gibt es sog. Ausbildungszeitschriften, z. B. die »JuS« (Juristische Schulung), »JA« (Juristische Arbeitsblätter) und die »Jura« (Juristische Ausbildung), die sich in erster Linie an den juristischen Nachwuchs (Studium; Referendariat) wenden. Von oft hoher didaktischer Qualität sind vor allem Einführungsaufsätze, deren Lektüre mitunter auch für Sie, die Sie »Recht« nicht im Hauptfach studieren, geeignet sein kann.

Letzteres gilt auch für manche schriftlich fixierte

5. Repetitorien

Man mag über die Notwendigkeit mündlicher Repetitor-Kurse, die auch den Wirtschaftswissenschaftlern nicht fremd sind, geteilter Meinung sein. Sie sind aber, wenn sie, wie z. B. das unter Juristen bekannteste (und nach meinem Dafürhalten auch beste) von *»Alpmann und Schmidt«*, in Buchform schriftlich niedergelegt sind, sehr gut geeignet, den Stoff eines theoretisch ausgelegten Lehrbuches (und den von Vorlesungen) praxis- und prüfungsbezogen nachzuarbeiten.

Für den Wirtschaftswissenschaftler sind sie indessen meist zu umfangreich, gibt es doch von Alpmann und Schmidt allein zum Bürgerlichen Recht 13 Bände mit durchschnittlich ca. 150 Seiten. Wegen ihrer Anschaulichkeit und eingängigen Darstellungsweise werden einzelne Abschnitte aus einigen dieser Bände in diesem Buch häufig als Lektüre »zur Vertiefung« zitiert (zumindest im juristischen Seminar Ihrer – oder der der Fachhochschule benachbarten – Universität werden Sie Exemplare davon finden). –

Welche Arbeitsmittel Sie letztlich benutzen und in welchem Umfang Sie das wollen, ist selbstverständlich Ihre eigene Entscheidung. An dieser Stelle sollten nur einige Informationen und Hinweise gegeben werden[35]. Dabei möchte ich mich nochmals wörtlich[36] dem »Studienhinweis« eines Kollegen anschließen: »Gerade dem ›Nebenfächler‹ möchte ich folgenden Vorschlag machen: Gehen Sie ». . .– baldmöglichst –. . .« in das juristische Seminar und informieren Sie sich anhand dieser Präsenzbibliothek[37]. Dasselbe kann man, namentlich zur Vorbereitung der eigenen Kaufentscheidung, in der juristischen Abteilung einer gut sortierten Fachbuchhandlung tun. Letztlich ist nicht so wichtig, mit welchem Buch Sie arbeiten – wichtiger ist, daß Sie dies überhaupt tun«!

Packen wir »es« also gleich an, und wenden wir uns dem »Zweiten Teil« dieser »Grundzüge« zu!

35 Auch wenn Sie nicht Jurist(in), sondern Wirtschaftswissenschaftler(in) werden wollen: Um einen Einstieg in das Studium »des Rechts« zu bekommen, können Sie wertvolle Hinweise finden im: *»JuS-Studienführer«*, den die *JuS-Redaktion* 1991 in 3. Aufl. vorgelegt hat.

36 *Klunzinger*, S. XLVII f.

37 Dort kann man Bücher nur lesen (und kopieren), aber nicht entleihen!

Zweiter Teil
Allgemeiner Teil des Bürgerlichen Gesetzbuches

Erster Abschnitt: Personen (Rechtssubjekte) und Gegenstände (Rechtsobjekte)

1. Kapitel: Personen (Rechtssubjekte)

Daß das BGB sich im »Ersten Abschnitt« des »Allgemeinen Teils« (= »Erstes Buch«) unter den ersten beiden Titeln (aufschlagen!) mit den natürlichen und juristischen Personen (= Rechtsubjekte) befaßt, haben Sie im Teil »Allgemeine Rechtslehre/Einführung in das Recht« bereits gelernt (prüfen Sie selbst anhand der Übersichten 6–8, was Sie davon behalten haben . . .!).

I. Natürliche Personen

Die wichtigsten Paragraphen über die Rechtsfähigkeit (§ 1) und die Volljährigkeit (§ 2) haben wir bereits behandelt. Sie sollten sich nun die Zeit nehmen, einmal alle Vorschriften des ersten Titels durchzulesen! Neben den §§ 1 und 2 sollten Sie sich auch noch § 12 (Namensrecht) mit einem Textmarker kennzeichnen, da Sie sich damit zu späteren Zeitpunkten nochmals kurz befassen müssen. Im übrigen brauchen Sie zu den natürlichen Personen nicht mehr als das zu wissen, was Sie in der »Einführung« erfahren haben. Das dort erlangte Wissen wird im Laufe der Lektüre dieses Buches immer wieder vertieft werden, so z. B. in dem Kapitel, in dem noch ausführlicher auf die mit der ›Geschäftsfähigkeit‹ verbundenen Probleme eingegangen wird.

Vertiefen wollen wir sofort unser Wissen über

II. Juristische Personen

Wir hatten die juristischen Personen bezeichnet als »von der Rechtsordnung zugelassene, mit Rechtsfähigkeit ausgestattete Vereinigungen mehrerer Personen«.

Wenn wir uns das Wesen der juristischen Person näher ansehen, müssen wir diese Definition noch ergänzen: nicht nur Personenvereinigungen können als juristische Personen mit eigener Rechtsfähigkeit ausgestattet sein, sondern auch sog. Sacheinrichtungen bzw. Vermögensmassen.

Wir müssen die Definition der juristischen Personen daher folgendermaßen ergänzen:

»Juristische Personen sind von der Rechtsordnung zugelassene, mit eigener Rechtsfähigkeit ausgestattete Personenvereinigungen oder Sacheinrichtungen (Vermögensmassen).«

1. Entstehung

Wie eine juristische Person entstehen kann, wie sie Rechtsfähigkeit erlangt und welche Rechte und Pflichten sie im einzelnen haben kann, wollen wir nun anhand einiger Fallbeispiele untersuchen.

Übungsfall 3

Zehn im Examen gescheiterte Soziologiestudenten gründen einen Verein, dessen Ziele sie in einer Satzung festlegen, in der es u. a. heißt:
1. Befreiung der Gesellschaft von Leistungszwängen jeder Art, insbesondere von akademischen Prüfungen.
2. Verteilung aller Ämter und Berufspositionen nicht nach Leistung, sondern nach fortschrittlicher sozialer Gesinnung.
3. Aktive Ausschaltung von Fortschrittsfeinden und Schädlingen, insbesondere von nicht-marxistischen Professoren ...
4. Sitz des Vereins ist Köln.

Die Zehn lassen sich als »Gruppe Fortschritt e. V.« ins Vereinsregister eintragen. Was liegt rechtlich gesehen vor?[1]

Die Antwort auf diese Frage gibt uns § 21 BGB = lesen!

Unsere zehn Pseudo-Soziologen haben einen sog. »Nichtwirtschaftlichen Verein« gegründet. Man nennt die nicht wirtschaftlichen Vereine auch »Idealvereine«, da der Vereinszweck ein ideeller, eben nicht ein wirtschaftlicher ist.[2] Während bei der natürlichen Person nur die Tatsache der Vollendung der Geburt ausreicht, um Rechtsfähigkeit zu erlangen, reicht allein der private Gründungsakt bei der juristischen Person zur Erlangung der Rechtsfähigkeit noch nicht aus.

1 aus: *Schwind/Hassenpflug/Nawratil*, S. 64 f.

2 Was ein wirtschaftlicher Verein ist, steht in § 22: Der »wirtschaftliche Verein« erlangt seine Rechtsfähigkeit durch staatliche Verleihung *(Konzession, Konzessionssystem)*, jedoch nur, falls die Rechtsfähigkeit nicht ohnehin aufgrund besonderer reichs- bzw. bundesrechtlicher Vorschriften erlangt wird: Die meisten »wirtschaftlichen« Zusammenschlüsse erhalten Rechtsfähigkeit dadurch, daß ihre Gründer eine der zugelassenen Gesellschaftsformen wählen (z. B. Aktiengesellschaft = Rechtsfähigkeit nach dem AktG, GmbH = GmbHG, Genossenschaft = GenG), so daß wirtschaftliche Vereine kaum noch vorkommen.
Daß das BGB in § 22 nur von *reichs*gesetzlichen Vorschriften spricht, liegt daran, daß es, wie wir zur Entstehungsgeschichte des BGB erfahren haben, in Kraft trat, als das ›Deutsche Reich‹ noch existierte. *Reichs*gesetze waren z. B. noch das

■ Was muß vielmehr noch hinzukommen?
▷ Sie haben es eben in § 21 selbst gelesen: Die Eintragung ins Vereinsregister![3]

Die Rechtsfähigkeit der juristischen Person beruht auf einem Staatsakt. Durch diesen Staatsakt, die Eintragung ins Vereinsregister, wird die Rechtsfähigkeit der juristischen Person »Verein« begründet.

Die Eintragung ins Vereinsregister hat, anders ausgedrückt, eine »rechtsbegründende« oder »konstitutive Wirkung«.

■ Überlegen Sie selbst, wie man demgegenüber die Wirkung von § 1 bezeichnet, der erklärt, daß die Rechtsfähigkeit des Menschen (= natürliche Person) mit der Vollendung der Geburt beginnt.
▷ Im Gegensatz dazu spricht man von einer »rechtserklärenden« oder »deklaratorischen Wirkung«, die sich aus § 1 für die Rechtsfähigkeit der natürlichen Personen ergibt. Es genügt bekanntlich als Voraussetzung der Rechtsfähigkeit allein das Menschsein; einer staatlichen Mitwirkung bedarf es nicht.

Um tatsächlich ins Vereinsregister, das beim Amtsgericht geführt wird, eingetragen zu werden, muß der gegründete Verein bestimmte formale Voraussetzungen erfüllen, die in den §§ 56–59 festgelegt sind (lesen Sie diese Vorschriften!).

Wir wollen anhand dieser Paragraphen prüfen, ob der Verein »Gruppe Fortschritt« diese Voraussetzungen erfüllt:
- § 56 Mindestmitgliederzahl: sieben – hier: zehn!
- § 57 Abs. 1: Satzung mit Zweck, Name und Sitz – hier: erfüllt
- § 57 Abs. 2: unterstellen wir.

Ebenso unterstellen wir, daß § 58 und § 59 eingehalten wurden.

Somit konnte das zuständige Amtsgericht die Eintragung unserer »Gruppe Fortschritt« nicht gem. § 60 (lesen!) zurückweisen, sondern der Verein hat durch die Eintragung gem. § 21 Rechtsfähigkeit erlangt.

GmbHG (1892) und das GenG (1889), während das eben angesprochene AktG (1969) ein *Bundes*gesetz ist. Da alle heute noch geltenden »Reichsgesetze« mit Gründung der BRD eigentlich »Bundesgesetze« geworden sind, erscheint es seltsam, warum anläßlich einer der vielen Gesetzesänderungen des BGB das *»reichs-«* nicht durch *»bundes-«* und der »Bundes*staat*« nicht durch »Bundes*land*" ersetzt wurden . . .

3 § 21 ist eine gesetzliche Vorschrift! Gesetzliche Vorschriften bezeichnet man, wie Sie wissen, auch als Rechtsnormen. Aufgrund der Bestimmungen dieser *Rechtsnorm,* kurz: »Norm«, und aufgrund der Normen §§ 55 ff., von denen Sie gleich noch einige wenige kennenlernen, erlangt der Verein seine Rechtsfähigkeit. Man spricht daher, im Gegensatz zum in Fn. 2 genannten Konzessionssystem vom *Normativsystem.*

Aus der »Gruppe Fortschritt« ist eine juristische Person geworden, die im Rechtsverkehr wie eine selbständige natürliche Person handeln kann. Die juristische Person »Gruppe Fortschritt« steht mit eigener Rechtsfähigkeit neben den einzelnen Vereinsmitgliedern. Daran ändert sich, solange die Eintragung im Vereinsregister besteht, nichts, wenn Mitglieder austreten oder neu aufgenommen werden.

Eigentümer des Vereinsvermögens ist nicht die Summe der Mitglieder mit Anteilen am Vermögen, sondern die juristische Person.

2. Handlungsfähigkeit

Aufgrund ihrer Rechtsfähigkeit kann die juristische Person grundsätzlich Rechte und Pflichten aller Art haben, abgesehen von solchen natürlich, die unmittelbar an das reine Menschsein geknüpft sind. Es wird jedem einleuchten, daß eine juristische Person z. B. nicht in der Lage sein kann, zu heiraten ... Wenn die juristische Person ihre Rechte und Pflichten ausüben will, muß sie zumindest handeln können.

■ Überlegen Sie selbst, in welcher Form die juristische Person durch Handlungen am Rechtsverkehr teilnehmen kann?

▷ Da die Handlungsfähigkeit naturgemäß nur den Menschen gegeben ist, können für das künstliche Gebilde »juristische Person« auch nur Menschen handeln. Wir nennen den für die juristische Person, nicht also für sich selbst, handelnden Menschen »Organ«. Ähnlich wie manche Organe im menschlichen Körper wichtige Funktionen erfüllen, um den Menschen am Leben zu erhalten, erfüllen die Organe der künstlichen juristischen Person Funktionen, die es ihr ermöglichen, am Rechtsleben teilzunehmen. Diese Organe haben ihrer Funktion entsprechend verschiedene Bezeichnungen.

■ Welches sind die Organe eines Vereins?

▷ (1) Vorstand = § 26 und
(2) Mitgliederversammlung = § 32
(also: nicht einzelne Mitglieder!).

Lesen Sie hierzu § 26 Abs. 2. Die Eigenart der Rechtsfähigkeit der juristischen Person läßt sich erneut durch einen Vergleich mit der natürlichen Person verdeutlichen: Auch das Kind, das über eigene Rechtsfähigkeit verfügt, ist für bestimmte Rechtshandlungen in seiner Handlungsfähigkeit eingeschränkt und benötigt einen gesetzlichen Vertreter (wie Sie schon wissen, sind das in der Regel die Eltern – §§ 1629, 1626 – oder ein Vormund – §§ 1773, 1793). Einzelheiten über die Aufgaben des Vorstandes und der Mitgliederversammlung wollen wir in diesem Rahmen nicht behandeln; Sie sollten sich zur Information die §§ 27–30 sowie §§ 32–39 durchlesen.

3. Haftung

Von besonderer Wichtigkeit ist die Frage nach der Haftung des Vereins bzw. jeder juristischen Person für Schäden, die ihre Organe in Ausführung ihrer Tätigkeit für die juristische Person verursachen.

Lesen Sie zur Haftung des Vereins für seine Organe nun

Übungsfall 4
Der liberale Professor Hörnlein (H) hat sich in seiner Vorlesung für das demokratische Selbstbestimmungsrecht und gegen eine Rätediktatur ausgesprochen. Durch einen Beschluß der Mitgliederversammlung der »Gruppe Fortschritt e. V.« wird der Vorstand des Vereins aufgefordert, »gegen diese unerträgliche Provokation die nötigen Maßnahmen zu ergreifen«. Daraufhin besprüht der Vorstandsvorsitzende V alle Fenster der Wohnung des H mit wasserfester Farbe. Damit H nicht im Dunkeln bleibt, muß er alle Fenster auswechseln lassen. Wer haftet für den Schaden?[1]

Bevor Sie weiterlesen, lassen Sie zunächst Ihr gesundes Rechtsgefühl entscheiden, und vergessen Sie einen Moment, daß wir uns mit dem »Vereinsrecht« beschäftigen! Also:

■ Wer muß vor allem für den Schaden haften?

▷ Zunächst haftet selbstverständlich V persönlich, und zwar nach einer Vorschrift, die wir schon im Fensterscheibenfall des kleinen Fritz angesprochen haben.

■ Erinnern Sie sich noch, welche Vorschrift (für H) als Anspruchsgrundlage für einen Schadensersatzanspruch (gegen V) in Betracht kommt?

▷ § 823 Abs. 1: lesen!

V hat widerrechtlich und vorsätzlich das Eigentum des H verletzt und muß deshalb für diese unerlaubte Handlung persönlich Schadensersatz leisten.

■ Stellen Sie sich vor, daß V über keine Geldmittel verfügt; an wen wird sich H wenden wollen?

▷ An den Verein! Da V aufgrund eines Beschlusses der Mitgliederversammlung als Organ seines Vereins tätig wurde, um dessen satzungsmäßige Ziele zu verwirklichen, muß auch der Verein haften!

Lesen Sie hierzu § 31.

H hat gegen den Verein einen Schadensersatzanspruch gem. § 31 i. V. m. § 823 Abs. 1.

§ 823 Abs. 1 muß man mitzitieren, weil sich aus dieser Vorschrift die in § 31 angesprochene »zum Schadenersatz verpflichtende Handlung« ergibt, für die der Verein haften muß. –

Was wir in diesem Kapitel über die juristischen Personen gelernt haben, ist in Übersicht 10 zusammengefaßt:

Übersicht 10:

Juristische Personen

»Juristische Personen (j. P.) sind von der Rechtsordnung zugelassene, mit eigener Rechtsfähigkeit ausgestattete Personenvereinigungen oder Vermögensmassen.«

Typisches Beispiel für die j. P. des Privatrechts ist der *rechtsfähige* (nichtwirtschaftliche) Verein → *§§ 21 ff. BGB* = Personenvereinigung – Beispiel für eine Vermögensmasse (= Zweckvermögen) mit eigener Rechtsfähigkeit ist die *Stiftung* → §§ 80 ff. (vgl. Übersicht 11)

1. Erlangung der Rechtsfähigkeit	*2. Formale Voraussetzungen für Eintragung ins VR*	*3. Organe des Vereins*	*4. Haftung des Vereins für Organe*
– § 21 –	– §§ 56–59 –	– §§ 26–30 –	– § 31 –
– durch Eintragung ins Vereinsregister bei zuständigem AG (§ 55) – Rechtsfähigkeit durch *Staatsakt* ... ... mit »rechtsbegründender *(konstitutiver)* Wirkung – (Gegensatz: § 1: rechtserklärende = *deklaratorische* Wirkung: Rechtsfähigkeit natürlicher Person durch ›Menschsein‹)	– Mindestmitgliederzahl: 7 (§ 56) – Satzung: mindestens Zweck, Name u. Sitz des Vereins (§ 57); – weitere Erfordernisse: §§ 58, 59	a) Vorstand mit Vorsitzendem – Vorstand = *gesetzlicher Vertreter* des Vereins *(§ 26 Abs. 2)* – §§ 30–39 – b) Mitgliederversammlung – faßt Beschlüsse (§ 32)	– gilt nicht nur für j. P. des Privatrechts, sondern auch für j. P. des öffentlichen Rechts = § 89

Die Haftungsvorschrift des § 31 BGB gilt nicht nur für den eingetragenen Verein, sondern für juristische Personen jeder Art, wie sich aus § 89 Abs. 1 ergibt – lesen!

4. Arten (Einteilung) der juristischen Personen

Zu diesem Thema betrachten Sie sogleich Übersicht 11 auf der nächsten Seite!

Erläuterungen zu Übersicht 11:

Stiftung – Bei der Stiftung wird eine bestimmte Vermögensmasse (Zweckvermögen) rechtlich verselbständigt, um für eine gewisse Dauer einen bestimmten Zweck nach dem Willen des Stifters zu erreichen. Zur Entstehung der Stiftung bzw. zur Erlangung der Rechtsfähigkeit ist neben der Gründung, dem sogenannten Stiftungsgeschäft, wie es in § 80 heißt, eine staatliche Genehmigung – in NRW regelmäßig durch den Innenminister – erforderlich (letztlich handelt es sich um eine Verleihung = Konzessionssystem). Um das Stiftungsvermögen dem vorgesehenen Zweck zuzuführen und es zu verwalten, erhält die Stiftung Verwaltungsorgane, für die gem. § 86 das Vereinsrecht gilt.

Mit der Stiftung brauchen Sie sich in Zukunft aber nicht näher zu befassen.

Im Rahmen dieser »Grundzüge« können wir (hier)nicht auf die einzelnen *handelsrechtlichen* juristischen Personen eingehen. Sie sollten anhand von Übersicht 11 nur erst einmal erfahren, welche es gibt. (Näheres dazu in einem Band über das Handelsrecht!).[4] Merken Sie sich bitte jetzt schon (vgl. Übersicht 11), daß die OHG, die KG und die BGB-Gesellschaft *keine* juristischen Personen sind. Dies sind Personengesellschaften ohne eigene Rechtsfähigkeit, so daß im Falle der Haftung nicht etwa »*die* Gesellschaft«, sondern die einzelnen Gesellschafter persönlich einstehen müssen.

4 Hinweis für künftige *Versicherungs*-Betriebswirte: Die meisten VU sind j. P., und zwar sowohl des Privatrechts (häufig: AG, VVaG) als auch des öffentlichen Rechts (Körperschaften, Anstalten). Als VN treten sowohl natürliche als auch juristische Personen aller Art auf.

Übersicht 11:

Einteilung der juristischen Personen

I. Juristische Personen des Privatrechts

- Bürgerliches Recht
  - Personenvereinigung
    - rechtsfähiger Verein
      - nichtwirtschaftlicher (ideeller) Verein (§ 21)
    - wirtschaftlicher Verein (§ 22)
  - Vermögensmasse
    - Stiftung (§ 80)
      - wirtschaftlicher Verein (§ 22)
        – Konzession = Genehmigung –
- Handels- und Gesellschaftsrecht
  - Kapitalgesellschaften
    - AG
    - GmbH
      - Bergrechtliche Gewerkschaft
    - KGaA
  - körperschaftliche Organisationen
    - Genossenschaft
      - Versicherungsverein auf Gegenseitigkeit (VVaG)

II. Juristische Personen des öffentlichen Rechts

- Personenvereinigungen
  - Staaten
  - Gebietskörperschaften (z. B. Stadt, Gemeinde)
  - Körperschaften (Mitglieder)
  - Personalkörperschaften (z. B. Uni, FH)
- Vermögensmasse
  - Anstalten (Sachvermögen, Benutzer)
  - Stiftungen (Finanzvermögen, Nutznießer) – z. B. Naturschutzstiftungen –

Merke schon jetzt:
BGB-Gesellschaft und OHG und KG

= keine juristische Personen, sondern »Personengesellschaften«

= keine eigene Rechtsfähigkeit der Gesellschaft

2. Kapitel: Gegenstände des Rechts (Rechtsobjekte)

Bisher haben wir uns – teilweise recht ausführlich – mit den sogenannten Rechtssubjekten, den Personen, beschäftigt, bei denen wir die natürlichen Personen von den juristischen Personen unterschieden haben. Andere Rechtssubjekte als diese beiden genannten gibt es nicht. Nur Rechtssubjekte können Träger von Rechten und Pflichten sein, nicht aber z. B. unser Dakkel Dagobert, wie wir erfahren haben. Tiere sind zwar grundsätzlich keine Sachen bzw. Rechtsobjekte, werden aber mit Einschränkungen gem. § 90 a S. 3 diesen weitgehend gleichgestellt.

I. Sachen und Rechte

Für Rechtsobjekte wird vom Gesetz häufig der Oberbegriff »Gegenstände« verwendet. Die Gegenstände des Rechtsverkehrs werden in zwei große Gruppen unterteilt. Um welche beiden Gruppen es sich dabei handelt, können Sie vielleicht selbst beantworten, wenn Sie einmal § 433 Abs. 1 ganz durchlesen.

■ Was kann Gegenstand eines Kaufvertrages sein?

▷ Nach § 433 Abs. 1 S. 1 Sachen und nach S. 2 Rechte!
Daß man Sachen jeder Art kaufen und verkaufen kann, kann sich sicher jeder vorstellen[5].

■ Überlegen Sie sich selbst Beispiele für den Verkauf eines Rechtes!

▷ Ein Patentrecht zum Beispiel! Auch Urheberrechte, Verlagsrechte oder Namensrechte.

II. Sachen und Sachgesamtheiten

Sachen im Sinne des BGB sind nur körperliche Gegenstände. So wörtlich § 90 (lesen!).

■ Was heißt »körperlich?«

▷ Körperlich ist eine Sache, wenn sie sinnlich wahrnehmbar und beherrschbar ist. Keine Sachen sind deshalb Luft, Meerwasser oder Gas.

5 Hinweis wie bei Fn. 4: Was man kaufen kann, kann man i. d. R. auch versichern! Auch Versicherungen können sich somit auf Sachen oder Rechte erstrecken.

Bei Gas und auch Wasser ändert sich das allerdings, wenn es in Flaschen abgefüllt ist; dann ist es zweifellos beherrschbar.

So betrachtet wird es jedem einleuchten, daß Tiere im rechtlichen Sinne vornehmlich als Sachen zu betrachten sind. Man kann sie kaufen und Eigentum daran erwerben. Bei Menschen geht das in unserer heutigen zivilisierten Welt nicht mehr (früher: Sklaven!).

Sog. Sachgesamtheiten[6], wie etwa ein Warenlager, bilden keine »Sache« im Rechtssinn, sondern bleiben eine Vielzahl von einzelnen selbständigen Sachen – lesen Sie hierzu § 92 Abs. 2. Diese Unterscheidung ist z. B. wichtig für die Übertragung des Eigentums an einer Sache. Dazu mehr im »Sachenrecht«.

Die Überschrift von § 92 lautet »Verbrauchbare Sachen«; § 91 ist überschrieben mit »Vertretbare Sachen«.

Dies führt uns zu der Einteilung der Sachen schlechthin, die wir uns sofort innerhalb der schematischen Grobübersicht (12) über die Rechtsobjekte (Gegenstände) auf der gegenüberliegenden Seite verdeutlichen.

III. Einteilung der Sachen

In Übersicht 12 tauchten einige begriffliche Unterscheidungen der »Sachen« auf, die es noch zu erläutern gilt, währenddessen Ihnen der Unterschied zwischen absoluten und relativen Rechten noch geläufig sein müßte (falls nicht: oben S. 33, Übersicht 6 nachlesen!).

1. Bewegliche und unbewegliche Sachen

Die wichtigste Unterscheidung bei den Sachen ist die der beweglichen Sachen von den unbeweglichen Sachen.

Diese Unterscheidung ist besonders im Sachenrecht[7] von Bedeutung,

6 ***Ebenso gibt es* Rechtsgesamtheiten! *Hierzu zählt namentlich das Vermögen. Unter Vermögen versteht man im bürgerlichen Recht gemeinhin die Gesamtheit aller geldwerten Rechte bzw. »Aktiva«, die einer (natürlichen oder juristischen) Person zustehen. Im einzelnen sind dies alle Rechte (absolute Rechte wie das Eigentum, Anwartschaftsrechte, Erbrechte sowie relative Rechte wie Forderungen) und Rechtsverhältnisse, die einen in Geld schätzbaren bzw. meßbaren Wert haben.***
Korrekter wäre es allerdings, das Vermögen als Sach- und Rechtsgesamtheit zu bezeichnen, da dazu auch viele Sachen gehören, die im Eigentum – s. o. – der betreffenden Person stehen.

7 Auch versicherungsrechtlich ist es erheblich, ob eine Sache unter die Mobiliar- oder Gebäudeversicherung fällt, für die verschiedene Sondervorschriften nach Bundes- und Landesrecht gelten.

Übersicht 12:

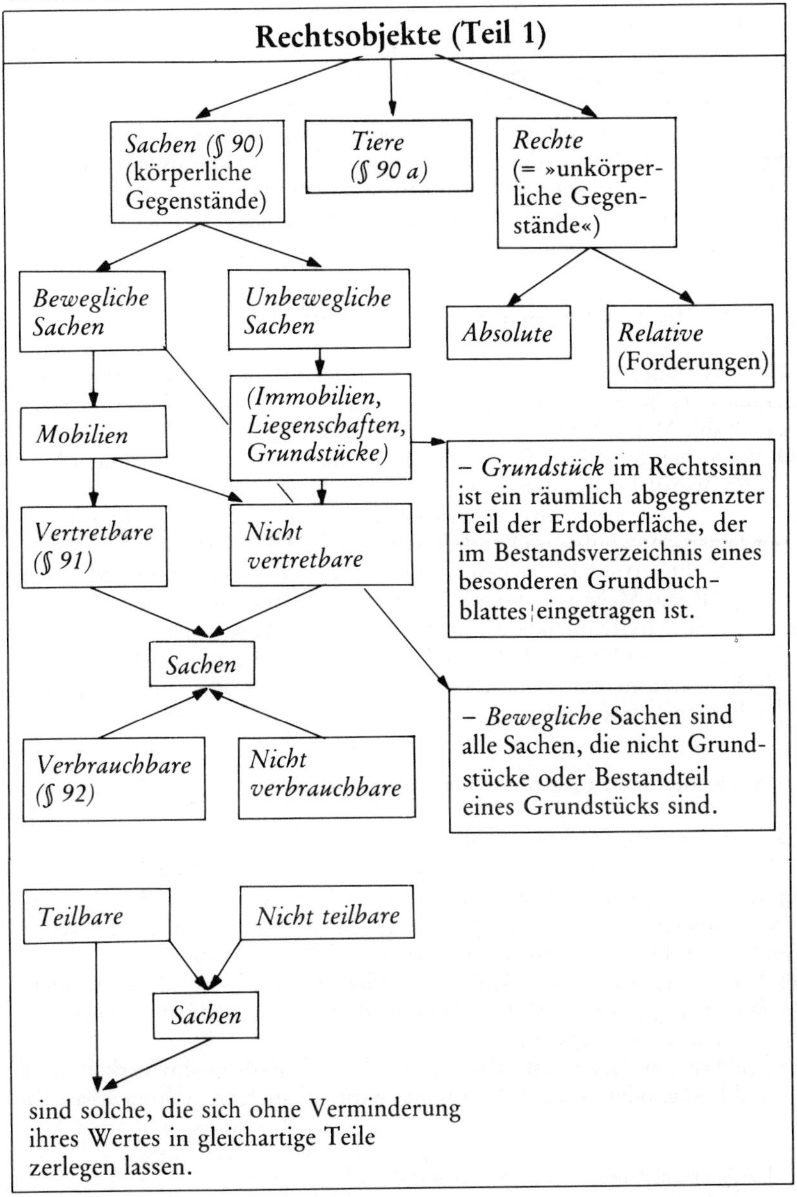

weil das BGB dort bewegliche Sachen und unbewegliche Sachen, vor allem bezüglich der Eigentumsübertragung, verschiedenen Regeln unterwirft.

Unbewegliche Sachen sind alle Grundstücke. Eine Definition des »Grundstücks« enthält das BGB ebensowenig wie die Grundbuchordnung[8], in der das formelle Grundstücksrecht geregelt ist. Nach Rechtsprechung und Lehre ist unter einem Grundstück im Rechtssinne ein räumlich abgegrenzter Teil der Erdoberfläche zu verstehen, der im Bestandsverzeichnis eines besonderen Grundbuchblattes aufgeführt ist. Dementsprechend sind bewegliche Sachen alle Sachen, die nicht Grundstücke oder Bestandteil eines Grundstücks sind.

2. Vertretbare und nicht vertretbare Sachen

Was »vertretbare Sachen« sind, regelt § 91 (lesen!). Vertretbare Sachen sind demnach zugleich bewegliche Sachen, und zwar solche, »die im Verkehr nach Zahl, Maß oder Gewicht bestimmt« werden.

■ Versuchen Sie selbst, Beispiele für »vertretbare Sachen« zu finden!

▷ Die Begriffsbeschreibung in § 91 paßt z. B. auf Geld, Wertpapiere, gewöhnliche Lebensmittel, serienmäßig hergestellte neue Kraftfahrzeuge, Kleider, Maschinen und andere serienmäßig fabrizierte Massenprodukte. Nicht vertretbare Sachen sind alle Sachen, die nicht unter § 91 fallen, so z. B. ein Maßanzug vom Schneider, ein bestimmter Gebrauchtwagen oder ein – individuell bestimmtes, von einem Maler angefertigtes – Portrait. Im Hinblick auf das »Allgemeine Schuldrecht« sollten Sie sich schon jetzt merken, daß vertretbare Sachen regelmäßig sog. »Gattungsschulden« darstellen!

3. Verbrauchbare und nicht verbrauchbare Sachen

Was verbrauchbare Sachen sind entnehmen Sie§ 92 Abs. 1.

Was sind »Sachen, deren bestimmungsgemäßer *Ge*brauch in dem *Ver*brauch oder in der Veräußerung besteht«? Wenn wir hierfür Beispiele suchen, können wir feststellen, daß verbrauchbare Sachen mit den vertretbaren Sachen durchaus identisch sein können, aber nicht müssen:

■ Unter welchen dieser Begriffe würden Sie z. B. »Geld« einordnen? Wenn Sie § 91 und § 92 Abs. 2 nochmals genau lesen, dürfte die Antwort nicht so schwierig sein.

▷ Geld ist sowohl als vertretbare Sache anzusehen, da es »im Verkehr nach Zahl, Maß oder Gewicht bestimmt« wird, als auch als verbrauchbare Sa-

8 dazu mehr in Band III (»Sachenrecht«)

che, da sein »bestimmungsgemäßer Gebrauch in der Veräußerung besteht«! Dasselbe gilt z. B. für Lebensmittel.

■ Unter welchen Begriff würden Sie Kleider oder auch Teppiche einstufen?

▷ Zwar werden Kleider und Teppiche durch ihren Gebrauch abgenutzt[9] oder gar verschlissen, doch ist das nicht ihr »bestimmungsmäßiger Gebrauch«; diese Sachen werden nicht hergestellt, damit sie verschlissen (= verbraucht) werden, sondern damit sie benutzt werden, um den Benutzer, bzw. seine Wohnung zu zieren ... Kleider und Teppiche (das gleiche gilt für neue serienmäßig hergestellte Maschinen, Autos, Bücher usw.) sind keine »verbrauchbaren«, wohl aber »vertretbare« Sachen, da sie im Verkehr nach Zahl, Maß oder Gewicht bestimmt werden.

4. Teilbare und nicht teilbare Sachen

Die vom Gesetz selbst nicht ausdrücklich getroffene Unterscheidung von teilbaren und nicht teilbaren Sachen ist bedeutsam, wenn mehrere Eigentümer, etwa eine Erbengemeinschaft, eine Sache besitzen. Das geerbte Geld oder die geerbten Goldbarren können sich die Erben sicher teilen; auch ein unbebautes Grundstück kann man aufteilen. Bei einem Fernsehgerät, einem Klavier oder einem lebenden Tier sieht das anders aus. Nicht nur theoretisch, sondern auch praktisch ließe sich das Klavier (z. B. mit Hilfe einer Säge!) in mehrere Teile zerlegen. Die einzelnen Teile wären aber völlig wertlos.

Unter teilbaren Sachen versteht man deshalb Sachen, die sich ohne Verminderung ihres Wertes in gleichartige Teile zerlegen lassen. Die einzelnen Teile müssen bei Zusammenrechnung ihres Wertes objektiv dem Gesamtwert des ungeteilten Gegenstandes entsprechen.

(Blättern Sie zurück und lesen Sie Übersicht 12 noch einmal!)

Damit ist die Einteilung der Sachen im wesentlichen erschöpft, allerdings müssen wir uns noch mit den Sachteilen beschäftigen.

5. Teile von Sachen (Bestandteile)

Sachen bestehen häufig aus mehreren Teilen, sog. Bestandteilen, wobei es zweifelhaft sein kann, ob es sich bei diesen Teilen tatsächlich um einen »Bestandteil« oder um eine (rechtlich) selbständige Sache handelt. Die Frage ist dann, in welchem (rechtlichen) Verhältnis die Sache und ihre Teile zueinander stehen.

9 *Palandt/Heinrichs*, § 92, Rdnr. 1

Wir wollen uns dies anhand des nächsten Übungsfalles verdeutlichen:

Übungsfall 5

a) Bauer B hat einen seiner beiden Trecker seinem Nachbarn A für einige Tage ausgeliehen. Als er sich den Trecker zurückholen will, muß er feststellen, daß A den Motor ausgebaut und in seinen eigenen alten und defekten Trecker eingebaut hat. A verweigert die Herausgabe des Motors.
b) B ist Eigentümer eines landwirtschaftlichen Betriebes. Auf den Fundamenten einer alten Scheune baut er eine neue. Ein Gläubiger des B will die Scheune pfänden lassen.
c) Bei dem Bau der Scheune hat B versehentlich Steine des Nachbarn N, die an der Grundstücksgrenze lagerten, verwendet. N will seine Steine zurück.
d) Einen Teil seines Anwesens hat B an den Gärtner G für 9 Jahre verpachtet. G errichtet auf dem gepachteten Grundstück ein Gewächshaus, in dem er exotische Pflanzen züchtet. Wem gehören das Gewächshaus und die Pflanzen?

a) Wesentliche Bestandteile

Spätestens wenn Sie sich mit dem Begriff der »wesentlichen Bestandteile« beschäftigen, merken Sie, daß man ein Buch des BGB, insbesondere den »Allgemeinen Teil«, nicht isoliert von den anderen Büchern des BGB betrachten kann. Das BGB ist ein geschlossenes und einheitliches Gesetzeswerk, und für den »Allgemeinen Teil« gilt, daß seine Vorschriften (= »Klammertechnik«) gleichermaßen für die vier nachfolgenden Bücher von Bedeutung sind.

Wenn Sie in *Fall 5 a)* gelesen haben, daß A die Herausgabe verweigert, müssen Sie sich in die Lage des B versetzen und darüber nachdenken, wie Sie rechtlich gegen A vorgehen würden!

Was bedeutet es rechtlich, wenn Sie dem A sagen: »Ich will meinen Motor wiederhaben!«? »Der Motor gehört mir« bedeutet: »Der Motor ist mein Eigentum!« Gem. § 985 hat der Eigentümer gegen den Besitzer einen Herausgabeanspruch (§ 985 lesen!). Da A die tatsächliche Herrschaft über den in seinen Traktor eingebauten Motor hat, ist er Besitzer des Motors im Sinne von § 854 (Abs. 1 lesen!)[10].

Lesen Sie § 93! Danach wäre B nicht mehr Eigentümer des Motors, wenn dieser ein wesentlicher Bestandteil des Traktors von A geworden wäre, da der Motor dann nicht Gegenstand besonderer Rechte (hier: kein besonderes Eigentum an dem Motor möglich) sein könnte. Die Frage ist also:

■ Ist der Motor eines Kraftfahrzeuges wesentlicher Bestandteil oder nicht? (Überlegen Sie!)

10 Wir kommen auf den Unterschied zwischen Eigentum und Besitz später zurück

▷ Da ein Traktor ohne Motor nicht fahren kann, könnte man meinen, daß durch seinen Ausbau der Traktor »in seinem Wesen verändert wird« (vgl. § 93). Aus rechtlicher Sicht ist das indessen unzutreffend: Wesentlich (im Rechtssinne) ist ein Bestandteil nur, wenn – bei natürlicher und wirtschaftlicher Betrachtungsweise, unter Beachtung der Verkehrsanschauung – er oder die Restsache durch eine Trennung zerstört und insofern im Wesen verändert würde[11]. Das ist aber keineswegs der Fall: Nach Einbau eines neuen bzw. anderen Motors kann der Traktor »wesensmäßig« wieder benutzt werden![12]

Indem A den Motor in seinen Traktor eingebaut hat, hat sich an dem Eigentum des B nichts geändert. Sein Herausgabeanspruch nach § 985 ist daher begründet: Ebenso wie A den Motor aus dem Traktor des B aus- und in seinen Traktor eingebaut hat, kann (und muß) er dasselbe nun wieder umgekehrt tun! Auch die Räder eines Kraftfahrzeuges z. B. sind keine wesentlichen Bestandteile i. S. v. § 93 . . .

b) Wesentliche Bestandteile eines Grundstücks oder eines Gebäudes

Während § 93 von wesentlichen Bestandteilen an einer Sache handelt, womit sowohl bewegliche als auch unbewegliche Sachen angesprochen sind, präzisiert § 94 den Begriff der wesentlichen Bestandteile von Grundstücken oder Gebäuden (= unbewegliche Sachen). Lesen Sie zunächst § 94 ganz und dann nochmals Fall 5 b).

Um die Frage beantworten zu können, ob der Gläubiger die Scheune des B pfänden lassen kann, müssen Sie wissen, daß eine Pfändung nur an beweglichen Sachen möglich ist (das ergibt sich aus § 808 ZPO).

■ Ist die Scheune des B eine selbständige bewegliche Sache? (Überlegen Sie!).

▷ Die Antwort finden Sie, wenn Sie § 93 lesen!
Die Scheune kann nicht Gegenstand besonderer Rechte, auch nicht Gegenstand der Pfändung, sein, wenn sie wesentlicher Bestandteil einer anderen Sache ist.

■ Von welcher anderen Sache könnte die Scheune wesentlicher Bestandteil sein?

▷ Von dem Grundstück des B.

Grundstücke sind, wie wir wissen, unbewegliche Sachen. Was wesentliche Bestandteile eines Grundstücks sind, hat das BGB, wie gesagt, in § 94 ausdrücklich geregelt – Abs. 1 nochmals lesen!

■ Ist nun die Scheune wesentlicher Bestandteil oder selbständige Sache?

11 vgl. *Jauernig*, § 93, Anm. 3
12 vgl. BGHZ 61, 80 (81 f.)

▷ Wesentlicher Bestandteil des Grundstücks, da mit dem Grund und Boden (Fundament) fest verbunden.

■ Nochmals unsere Fallfrage: Kann der Gläubiger die Scheune pfänden?

▷ Die Scheune ist gem. § 94 Abs. 1 als wesentlicher Bestandteil des Grundstücks des B keine selbständige bewegliche Sache und unterliegt somit nicht den Pfändungsvorschriften.

Wie sieht es in Fall 5 c) aus? Welche Voraussetzung müßte erfüllt sein, damit N seine Steine zurückbekommt? Anders, nämlich juristisch, ausgedrückt:

■ Welche Voraussetzung muß erfüllt sein, damit N seinen Eigentumsherausgabeanspruch (vgl. § 985!) geltend machen kann?

▷ Die Antwort ist einfach: »Die Steine müßten im Eigentum des N stehen«; sie müßten Gegenstand des Eigentumsrechtes des N sein.

■ Die Antwort auf die Frage, ob dies in unserem Fall noch zutrifft, müßten Sie nach dem eben Gelesenen eventuell selbst geben können?

▷ Da die Steine nicht ohne Beschädigung der Scheune von dieser getrennt werden können, sind sie gem. § 93 wesentlicher Bestandteil der Scheune geworden. Somit können sie nicht Gegenstand besonderer Rechte sein. Da die Scheune selbst, wie wir bereits festgestellt haben, wiederum wesentlicher Bestandteil des Grundstücks des B ist, sind auch die Steine wesentlicher Bestandteil des Grundstücks.

Die Rechtsfolgen bezüglich des Eigentums an den Steinen sind in den Vorschriften über das Eigentum im Sachenrecht geregelt. Wir wollen uns die entsprechende Vorschrift im Sachenrecht schon einmal kurz ansehen.

Lesen Sie § 946!

■ Wer ist in unserem Fall Eigentümer der Steine geworden?

▷ B! Da er Eigentümer des Grundstücks ist, dessen wesentlicher Bestandteil die Scheune mit den eingemauerten Steinen (vgl. § 94 Abs. 2) ist, erstreckt sich sein Eigentum an dem Grundstück auch auf die in die Scheunenwand eingemauerten Steine!

■ Erscheint Ihnen das »gerecht«: B nimmt – wenn auch versehentlich – die Steine des Nachbarn, und durch die Verbindung mit seinem Grundstück wird er über § 946 Eigentümer! Billiger kann man nicht bauen, oder?

▷ Daß das nicht so sein darf, hat natürlich auch der Gesetzgeber erkannt. Er hat allerdings dem Umstand Rechnung getragen, daß es unsinnig wäre, den B seine Scheune einreißen zu lassen, damit N das verlorene Eigentum an den Steinen zurückbekommt.

■ Was meinen Sie, wie der Gesetzgeber das Problem gelöst hat? (Suchen Sie selbst nach einer Lösungsmöglichkeit!).

▷ Dafür, daß N sein Eigentum an den Steinen verloren, also einen Rechtsverlust erlitten hat, muß B ihn entschädigen. Lesen Sie dazu § 951 Abs. 1, bevor wir das Sachenrecht wieder verlassen.

Was hier, teilweise mit Ihnen noch unbekannten Begriffen, geregelt ist, bedeutet, daß B den N entschädigen muß, indem er ihm den Wert der Steine in Geld ersetzt.

§ 946 verdeutlicht übrigens sehr anschaulich die mehrfach angesprochene Wirkung der Methode des »Vor-die-Klammer-Ziehens« der Vorschriften des Allgemeinen Teils: Diese sachenrechtliche Vorschrift verwendet den als bekannt vorausgesetzten Begriff »wesentliche Bestandteile« und regelt die Rechtsfolgen bezüglich des Eigentums, wenn eine Sache durch Verbindung mit einem Grundstück dessen wesentlicher Bestandteil wird. Was »wesentliche Bestandteile« sind, sagen uns die §§ 93 bzw. 94.

c) Scheinbestandteile

Wenden wir uns Fall 5 d) (nachlesen!) zu:

■ Was meinen Sie, wem hier das Gewächshaus und die Pflanzen gehören?

▷ Man könnte meinen, daß sowohl die Pflanzen als auch das Gewächshaus wesentliche Bestandteile des Grundstücks des B sind, da sie mit dem Grund und Boden verbunden sind. Dieser Gedanke liegt nahe, doch der Schein trügt!

Lesen Sie § 95!

Entscheidend dafür, ob eine Sache zum wesentlichen Bestandteil eines Grundstücks wird, ist, ob diese Verbindung für »ewig« oder nur zu einem vorübergehenden Zweck gewollt war. Es kommt darauf an, ob von Anfang an beabsichtigt oder normalerweise zu erwarten war, daß die Sachen wieder getrennt werden[13].

Maßgeblich ist nach der Verkehrsanschauung der nach objektiven Maßstäben zu ermittelnde Wille desjenigen, der die Verbindung der Sachen vorgenommen hat.

■ Was bedeutet das für die Lösung von Fall 5 d)? (Nachdenken!).

▷ In diesem Fall hat der Gärtner G als Pächter, da er keinen entgegenstehenden Willen zum Ausdruck gebracht hat, das Gewächshaus nur vorübergehend mit dem Grundstück verbunden. Es ist normalerweise davon auszugehen, daß ein Pächter bei Pachtende seine Sachen wieder mitnehmen will. Selbst wenn wegen des festen Fundamentes eine Trennung nicht ohne Zerstörung des Gewächshauses möglich sein sollte, ändert sich daran nichts[14]. Gem. § 95 ist das Gewächshaus nur ein Scheinbe-

13 Nach der Rechtsprechung des BGH reicht es nicht aus, daß nach den Vorstellungen der Beteiligten eine Trennung nicht ausgeschlossen ist; vielmehr kommt es auf den von dem Einfügenden erwarteten normalen Lauf der Dinge an (BGH NJW 1970, 896) – vgl. *Palandt/Heinrichs* § 95, Rdnr. 2

14 vgl. *Palandt/Heinrichs,* a. a. O. unter Hinweis auf BGH NJW 1959, 1488

standteil, d. h. eine rechtlich selbständige bewegliche Sache. Das gleiche gilt auch für die Pflanzen. Eigentümer bleibt G; § 946, den wir soeben kennengelernt haben, greift hier nicht ein.

6. Zubehör; Früchte; Nutzungen; Lasten

a) Zubehör

Der von B in Fall 5 a) an A verliehene Traktor (ob mit oder ohne Motor) fällt übrigens, für sich betrachtet, unter den Begriff des Zubehörs i. S. v. § 97, das zum landwirtschaftlichen Betrieb des B gehört – lesen Sie § 97 ganz! Der Traktor dient dem wirtschaftlichen Zweck der Hauptsache, eben dem landwirtschaftlichen Betrieb des B. Gerade für die landwirtschaftlichen (und gewerblichen) Betriebe hat das Gesetz dies in § 98 (lesen!) ausdrücklich klargestellt: Der Traktor fällt unter Ziffer 2).

Eine Sache, die als Zubehör einzustufen ist, ist zwar eine selbständige bewegliche Sache, doch da sie als Zubehör zur Hauptsache angesehen wird, besteht i. d. R. für Zubehör und Hauptsache die gleiche Rechtslage (z. B. einheitliches Eigentum)[15]. Dies hat beispielsweise besondere Bedeutung beim Verkauf oder bei der Belastung der Hauptsache: Hat sich der Verkäufer gem. § 433 Abs. 1 S. 1 (nachlesen!) verpflichtet, dem Käufer ein Grundstück zu überlassen und ihm das Eigentum daran zu übertragen, so erstreckt sich diese Verpflichtung im Zweifel (= wenn nichts Gegenteiliges vereinbart wurde) auch auf das Zubehör (vgl. § 314 – lesen!). Erfolgt dann die Eigentumsübertragung an dem Grundstück nach den sachenrechtlichen Vorschriften (dazu im einzelnen mehr in »Sachenrecht«), so wird der Erwerber des Grundstücks auch Eigentümer des Zubehörs (vgl. § 926, von dem Sie zur kurzen Information Abs. 1 lesen sollten).

b) Früchte, Nutzungen, Lasten

Was sich hinter diesen Begriffen verbirgt, entnehmen Sie am besten gleich den §§ 99 (Früchte), 100 (Nutzungen) und 103 (Lasten[16]) – §§ lesen! – und der zusammenfassenden Übersicht 13.

15 *Jauernig,* §§ 97/98, Anm. 2

16 § 103 enthält keine Definition, sondern regelt nur die Verteilung der Lasten. Lasten sind nach der Rechtsprechung die auf einer Sache oder einem Recht liegenden Verpflichtungen zu Leistungen, die aus der Sache oder dem Recht zu entrichten sind und den Nutzungswert mindern [vgl. *Palandt/Heinrichs,* § 103, Rdnr. 1 mit Hinweis auf RGZ 66, 316 (318)]

Übersicht 13:

Rechtsobjekte (Teil 2)

Sachteile

- **Wesentliche Bestandteile**
  - **§ 93** → von beweglichen Sachen: Trennung darf nicht zur Vernichtung wirtschaftlicher Werte führen
  - **§ 94** → von unbeweglichen Sachen: Gebäude und Erzeugnisse von Grundstücken, Abs. 1; z. B. Mauersteine Abs. 2 → (§ 96: »Rechte« gelten als wesentl. Bestandteile = »Fiktion«)
- **Einfache Bestandteile** → alle Teile einer Sache, die nicht wesentl. Best.-Teil sind (z. B. Motor, Reifen)= können leicht durch andere Serienstücke ersetzt werden.

Scheinbestandteile → **§ 95** → bezieht sich auf Grundstücke u. Gebäude; entscheidend für »vorübergehenden Zweck« ist Wille des Einfügenden: Spätere Wiederbeseitigung gewollt (selbständige bewegliche Sache)

Zubehör → **§§ 97, 98** → <u>Merkmale:</u> 1. Bewegliche Sache 2. Keine Teile der Hauptsache 3. Dem wirtschaftlichen Zweck der Hauptsache dienend 4. Räumliches Verhältnis zur Hauptsache (selbständige bewegliche Sache, die an Rechten an der Hauptsache im Zweifel teilnimmt: vgl. z. B. §§ 314 u. 926)

Früchte → **§ 99**
- Abs. 1 → unmittelbare Erzeugnisse → z. B.:
  - Obst
  - Hühnerei
- Abs. 2 → mittelbare Erzeugnisse → z. B.:
  - Mietzins
  - Pachtzins

Nutzungen → **§ 100** → Früchte und andere Gebrauchsvorteile → z. B.:
- Wohnungsnutzung durch Mieter

Lasten — **§ 103** → auf einer Sache oder einem Recht liegende Verpflichtungen zu Leistungen, die aus Sache oder Recht zu entrichten sind, z. B.:
- Verpflichtungen des Eigentümers einer Sache wie Hypotheken- und Grundschuldzinsen (vgl. dazu Band III »Sachenrecht«)

Damit haben Sie die wichtigsten Begriffe der ersten beiden Abschnitte des Allgemeinen Teils des BGB kennengelernt. Sofern Sie das in den beiden vorstehenden Kapiteln erlangte Wissen durch Lektüre zusammenhängender Darstellungen gleichen oder größeren Umfangs vertiefen wollen, empfehle ich Ihnen – alternativ – folgende im Schrifttumsverzeichnis genau bezeichnete

Literatur zur Vertiefung (Erster Abschnitt):

Bähr	§§ 3, 4
Brox	§§ 35, 36
Klunzinger	§§ 4, 6
Thoma	Teil 2 und 3
Westermann	Kapitel 3 und 4

Zweiter Abschnitt: Recht der Willenserklärungen/ Das Rechtsgeschäft

1. Kapitel: Voraussetzungen und Wirkungen von Willenserklärungen

Unter der Überschrift »Rechtsgeschäfte« bildet der »Dritte Abschnitt« den Schwerpunkt (= §§ 104–185) des »Allgemeinen Teils« des BGB. Das ist leicht erklärlich, da die aktive Teilnahme von Personen am Wirtschaftsleben in Form von Rechtsgeschäften erfolgt. Rechtsgeschäfte gibt es in allen Bereichen des BGB, nicht nur im zweiten Buch, das in seinem siebten Abschnitt eine Vielzahl von typischen rechtsgeschäftlichen Schuldverhältnissen beschreibt, sondern auch im dritten, vierten und fünften Buch, also im Sachenrecht, Familienrecht und Erbrecht.

Der Begriff des Rechtsgeschäfts wird vom Gesetz nicht definiert; das Gesetz enthält »nur« Regelungen über Wirksamkeitsvoraussetzungen für Rechtsgeschäfte sowie für die Folgen wirksam abgeschlossener Rechtsgeschäfte. Diese Regelungen besitzen Gültigkeit für alle Rechtsgeschäfte des Bürgerlichen Rechts und sind daher im »Allgemeinen Teil« des BGB angesiedelt.

■ Was versteht man unter einem »Rechtsgeschäft«?

▷ Unter einem Rechtsgeschäft versteht man allgemein: Jede auf Herbeiführung einer bestimmten von der Rechtsordnung gebilligten Privatrechtsfolge gerichtete Willenserklärung einer oder mehrerer Personen.

Ein Rechtsgeschäft besteht aus einer oder mehreren Willenserklärungen (falls Ihnen die Definition der »Willenserklärung« nicht mehr geläufig ist, sollten Sie sich flugs auf Übersicht 7 informieren!) sowie sonstigen Wirksamkeitsvoraussetzungen, die erforderlich sind, um den mit der Willenserklärung bewirkten rechtlichen Erfolg herbeizuführen[17].

Wenn Sie diese Definition kennen, wird Ihnen z. B. auch der Unterschied zwischen einem Vertrag und einem einseitigen Rechtsgeschäft klarer. Ein Vertrag bedarf zu seiner Wirksamkeit immer sich entsprechender (kongruenter) Willenserklärungen von mindestens zwei Personen. Das einseitige Rechtsgeschäft, wie etwa eine Kündigung oder ein Testament, ist schon wirksam, wenn nur eine Person eine gültige Willenserklärung abgibt, wobei

17 vgl. *Creifelds*, S. 933

die Kündigung allerdings empfangsbedürftig ist. Einer Mitwirkung der Person, die durch diese Willenserklärung angesprochen wird, bedarf es nicht!

Zentraler Bestandteil eines Rechtsgeschäfts, gleich welcher Form, ist stets (mindestens) eine Willenserklärung. Wie Sie bereits wissen, kann eine Willenserklärung die mit ihr beabsichtigten Rechtsfolgen nur herbeiführen, wenn die Person, die sie äußert, geschäftsfähig ist. Wir müssen uns daher nochmals mit der Geschäftsfähigkeit beschäftigen, über die Sie bereits einiges gelesen haben.

I. Geschäftsfähigkeit

Wenn im folgenden Wiederholungen vorkommen, kann das nur von Nutzen sein!

■ Bevor Sie weiterlesen, überlegen Sie, wie wir die Geschäftsfähigkeit definiert hatten!?

▷ Geschäftsfähigkeit ist die Fähigkeit, rechtswirksame Willenserklärungen abzugeben (vgl. Übersicht 7!).

Dazu noch einmal die Definition des Begriffs der Willenserklärung:

Unter einer Willenserklärung versteht man eine auf einen rechtlichen Erfolg gerichtete menschliche Willensäußerung. Ein rechtlicher Erfolg kann z. B. ein Vertragsschluß sein, der, wie Sie wissen, durch Angebot und Annahme (vgl. § 151 S. 1) zustandekommt. Beide, sowohl das Angebot als auch die Annahme, sind Willenserklärungen, die auf einen rechtlichen Erfolg, eben den Abschluß des Vertrages, gerichtet sind. Da der Vertragsschluß in der Regel für die Beteiligten nicht nur Rechte bzw. Vorteile, sondern auch Nachteile, nämlich Verpflichtungen nach sich zieht, verlangt das Gesetz zum Schutze der Minderjährigen für die volle Wirksamkeit einer Willenserklärung grundsätzlich auch volle Geschäftsfähigkeit.

1. Einteilung (Arten) der Geschäftsfähigkeit

Das BGB differenziert zwischen Geschäftsunfähigkeit (= § 104), beschränkter Geschäftsfähigkeit (§§ 106–113) und voller Geschäftsfähigkeit (arg. aus § 106 i. V. m. § 2) – lesen Sie zunächst die §§ 104, 106 und 2!

2. Geschäftsunfähigkeit

Lesen Sie nochmals § 104 ganz durch!
Geschäftsunfähig sind demnach:
(1) Kinder unter 7 Jahren.
(2) Jemand, der sich in einem dauernden Zustand krankhafter Störung der Geistestätigkeit befindet und dadurch zur freien Willensbestimmung nicht in der Lage ist, falls dieser Zustand nicht nur ein vorrübergehender ist.

■ Was bedeutet übrigens die Einschränkung in § 104 Nr. 2 (»Sofern nicht der Zustand ... nur ein vorübergehender ist«)?

▷ Geschäftsunfähigkeit liegt nur während des (festzustellenden und zu beweisenden) Zustandes der krankhaften Geistesstörung vor, nicht aber in sog. (schwieriger zu beweisenden!) »lichten Augenblicken«!

Willenserklärungen Geschäftsunfähiger i. S. v. § 104 Ziff. 1 u. 2 sind gem. § 105 Abs. 1, wie gesehen, nichtig. Zu § 105 Abs. 2 (lesen!) eine weitere

■ Verständnisfrage[18]: Worin liegt der Unterschied zwischen § 105 Abs. 2 und § 104 Ziff. 2 BGB?

▷ ›Wer unter § 104 Ziff. 2 BGB fällt, ist (von den »lichten Augenblicken« abgesehen) dauernd geschäftsunfähig. § 105 Abs. 2 BGB betrifft hingegen solche Situationen, bei denen die betreffende Person volljährig und geschäftsfähig ist, sich jedoch vorübergehend (z. B. wegen Volltrunkenheit, Drogenrausch, Epilepsie und dgl.) im Zustand der Bewußtlosigkeit oder Störung der Geistestätigkeit befindet‹[18].

3. Beschränkte Geschäftsfähigkeit

Gem. § 106 ist ein Minderjähriger, der das siebte Lebensjahr vollendet hat (nur von *diesen* Minderjährigen handeln die nachfolgend genannten Vorschriften!), nach Maßgabe der §§ 107–113 in der Geschäftsfähigkeit beschränkt.
Lesen Sie § 107 und beantworten Sie folgende Frage:

■ Wovon hängt es ab, ob die Willenserklärung des beschränkt Geschäftsfähigen wirksam ist oder nicht?

18 so wörtlich: *Klunzinger*, S. 90

▷ Sofern ihm seine Willenserklärung lediglich einen rechtlichen Vorteil bringt, ist sie voll wirksam, andernfalls ist gem. § 107 die Einwilligung des gesetzlichen Vertreters notwendig, deren Fehlen, wie beim Fußballkauf des achtjährigen Fritz gelernt, gem. § 108 Abs. 1 noch durch die Genehmigung geheilt werden kann.

Nochmals: Wenn ein Vertrag von einem beschränkt Geschäftsfähigen ohne Einwilligung geschlossen wurde, ist er nicht sofort unwirksam. Sonst wäre die Möglichkeit der Genehmigung sinnlos. Ein solcher Vertrag befindet sich bis zum Zeitpunkt der Erteilung oder der Verweigerung der Genehmigung vielmehr in einem Schwebezustand. Man bezeichnet den Vertrag in diesem Zustand deshalb als »schwebend unwirksam«.

In § 107 sollten Sie sich übrigens das Wort »rechtlichen« vor »Vorteil« unterstreichen. Ein häufiger Fehler von Anfängern ist es, »rechtlich« mit »wirtschaftlich« zu verwechseln! Wenn z. B. in unserem »Fritzchen-Fall« der Verkäufer dem Jungen aus reiner Großherzigkeit einen »Klasse-Fußball« im Werte von 150,– DM für 10,– DM verkauft, bringt dieser Vertrag für Fritzchen (F) trotzdem nicht lediglich einen rechtlichen Vorteil; denn die *Verpflichtung* zur Zahlung des Kaufpreises von 10,– DM bleibt rechtlich gesehen immer noch ein Nachteil, auch wenn wirtschaftlich gesehen ein ungeheuer günstiges Geschäft für F vorliegt! Grundsätzlich müßte dieser für F so günstige Vertrag noch genehmigt werden, sofern die Genehmigung (ebenso wie eine Einwilligung) nicht ausnahmsweise aufgrund einer Sonderregelung überflüssig ist, die Sie bereits kennen: § 110 – sog. »Taschengeldparagraph« – lesen!

Danach gilt ein von dem beschränkt geschäftsfähigen Minderjährigen ohne Zustimmung[19] des gesetzlichen Vertreters geschlossener Vertrag als von Anfang an wirksam, wenn er die vertragsgemäße Leistung mit Mitteln bewirkt, die ihm zu diesem Zweck oder zu freier Verfügung von dem ge-

19 ***vgl. nochmals Übersicht 7 sowie §§ 183, 184** (lesen!): **Oberbegriff = Zustimmung (Z.), vorherige Z. = Einwilligung (§ 183), nachträgliche Z. = Genehmigung (§ 184). Das ist so klar und eindeutig im Gesetz formuliert, daß es fast »weh tut«, wenn man in einer Klausur etwas von »vorheriger« Einwilligung oder »nachträglicher« Genehmigung liest! Das sind völlig überflüssige und (leider) von Verständnislosigkeit für die deutsche Sprache zeugende »Pleonasmen« (vgl. dazu** Duden, **S. 611) wie der weiße Schimmel und der schwarze*** **Rappe (vgl. auch »Tautologie«, a. a. O., S. 768).**

setzlichen Vertreter oder mit dessen Zustimmung[20] von einem Dritten (z. B. der Oma!) überlassen worden sind.

Die Betonung der Vorschrift liegt auf dem Wort »bewirkt«, das Sie im Gesetz unterstreichen sollten: Der Vertrag wird nicht bereits mit seinem Abschluß wirksam, weil man je nach Lebenszuschnitt der Familie das »Taschengeld« als ausreichend ansieht, sondern er wird erst dann wirksam, wenn der Minderjährige tatsächlich erfüllt (= bezahlt!) hat![21] Zum Schutze des Minderjährigen kann ein Ratenzahlungsgeschäft, selbst wenn die Rate nur 1,– DM pro Monat beträgt und vom monatlichen Taschengeld gedeckt sein könnte, niemals ohne Zustimmung (!) des gesetzlichen Vertreters wirksam sein! Verpflichtungen für die Zukunft fallen niemals unter § 110, da sie noch nicht erfüllt sind, d. h. die Leistung noch nicht bewirkt ist – auch wenn sie mit den zur Verfügung gestellten Mitteln bewirkt werden *könnten!*

Sie müssen sich nach alledem merken:

Wenn ein beschränkt geschäftsfähiger Minderjähriger einen Vertrag schließt, bringt ihm das einen rechtlichen Nachteil, da er eine rechtliche Verpflichtung eingeht. Erfüllt er diesen Vertrag mit Mitteln, die sein Taschengeld ausmachen (§ 110), war der Vertrag ohne Einwilligung wirksam. Es bedarf und bedurfte keinerlei Zustimmung! Hat der Minderjährige die – grundsätzlich von seinem »Taschengeld« bezahlbare – Leistung noch nicht erfüllt (bewirkt), hätte er zum Vertragsschluß der Einwilligung bedurft, und wenn diese fehlt, kann der gesetzliche Vertreter diesen »schwebend unwirksamen« Vertrag (s. o.) noch nach § 108 Abs. 1 (lesen!) genehmigen!

Erteilt der gesetzliche Vertreter bei einem schwebend unwirksamen Vertrag die Genehmigung, ist der Vertrag wirksam; verweigert er sie, ist der Vertrag endgültig unwirksam.

Wichtig ist in diesem Zusammenhang § 108 Abs. 2 – lesen!

Zum Schutze des Minderjährigen arbeitet das Gesetz wieder mit einer Fiktion[22]. Die Genehmigung »gilt« als verweigert, wenn der gesetzliche Vertreter sich zu der Aufforderung des Vertragspartners des Minderjährigen zwei Wochen lang nicht äußert. Die Vorschriften des BGB über die Ge-

20 Leider verwendet auch der Gesetzgeber seine gut definierten Begriffe bisweilen inkonsequent: Wenn, wie in § 110 am Ende formuliert, die Mittel dem Minderjährigen mit der »Zustimmung« des gesetzlichen Vertreters von einem Dritten zur freien Verfügung überlassen worden *sind,* dann kann dies nur mit »Einwilligung« (= vorherige Zustimmung) geschehen sein . . .

21 Gutes Beispiel bei *Hirsch,* Rdn. 180, 181

22 ***Falls Sie nicht mehr wissen, was das bedeutet: vgl. oben Übersicht 6!***

schäftsfähigkeit sind besonders gute Beispiele dafür, wie wichtig es ist, die Terminologie des Gesetzes einigermaßen zu beherrschen und vor allem, das Gesetz immer sehr genau zu lesen: Einwilligung ist nicht das gleiche wie Genehmigung!

Ein weiteres Beispiel dafür, wie wichtig es ist, das Gesetz sorgfältig zu lesen, gibt folgender Fall:

Übungsfall 6
Der 16jährige A hat eine verzinsliche Darlehensforderung in Höhe von 1 000,– DM gegen B. Laut Vertrag kann das Darlehen zum 1. jeden Monats mit einmonatiger Kündigungsfrist gekündigt werden. A kündigt ohne Wissen seiner Eltern am 30. 10. zum nächsten Termin; am 1. 12. verlangt er von B Zahlung. B verweigert die Zahlung, da er die Kündigung für unwirksam hält. Ist die Kündigung des Darlehens durch A – wirksam – schwebend unwirksam oder – unwirksam?

Überlegen Sie einige Zeit, lesen Sie das Gesetz, notieren Sie Ihre Antworten und lesen Sie erst dann weiter!

Gefragt ist zunächst nach der Wirksamkeit der Kündigung, also:

»Die Kündigung des Darlehens durch den minderjährigen A könnte wirksam sein, wenn es sich dabei um eine Willenserklärung handeln würde, die dem A lediglich einen rechtlichen Vorteil bringt (§ 107 BGB)«.[23]

■ Was meinen Sie, trifft das zu?

▷ Da es sich um ein verzinsliches Darlehen[24] handelt, bedeutet die Kündigung Verzicht auf die Zinsen. Darin liegt nicht nur ein wirtschaftlicher, sondern zugleich auch ein rechtlicher Nachteil[25].

■ Was wäre gem. § 107 erforderlich gewesen, damit die Willenserklärung, die Kündigung, des A wirksam sein kann?

▷ Die Einwilligung des gesetzlichen Vertreters, die aber nicht vorlag.

■ Ist die Kündigung damit unwirksam oder schwebend unwirksam? – Überlegen Sie! Lesen Sie § 107 (»Willenserklärung«) und § 108 Abs. 1 (= »Vertrag«).

▷ Unwirksam! § 108 Abs. 1 greift nicht ein, denn er gilt nur für Verträge (§ 108 Abs. 1 lesen!)! Die Kündigung aber ist kein Vertrag, sondern ein sogenanntes einseitiges (empfangsbedürftiges) Rechtsgeschäft!

23 ***Die Anführungsstriche kennzeichnen den sog. »Gutachtenstil«, den ich Ihnen wenig später in einem »Exkurs« vorstellen werde!***

24 ***Lesen Sie zur ersten Information § 607 und auch § 608, aus dem sich ergibt, daß verzinsliche Darlehen zulässig sind.***

25 ***Der rechtliche Nachteil liegt in dem Verzicht auf den rechtlichen Anspruch!***

Ein Vertrag ist ein zwei- oder mehrseitiges Rechtsgeschäft; er setzt mindestens zwei sich deckende (kongruente) Willenserklärungen voraus, nämlich Angebot und Annahme! Eine Kündigung ist dagegen normalerweise wirksam, wenn sie ausgesprochen und von dem, an den sie gerichtet ist, vernommen wird. Eine Annahme des von der Kündigung Betroffenen ist nicht erforderlich. Er muß sich damit abfinden (sofern ein Kündigungsgrund vorliegt)! Somit kann die Kündigung des A nicht schwebend unwirksam sein, da gem. § 108 nur Verträge des beschränkt Geschäftsfähigen vom gesetzlichen Vertreter genehmigt werden können. Für einseitige Rechtsgeschäfte gilt § 111 – lesen Sie § 111 S. 1! Gem. § 111 S. 1 ist die Kündigung (einseitiges Rechtsgeschäft!) des Darlehens durch A unwirksam[26]!

4. Partielle Geschäftsfähigkeit

Die partielle Geschäftsfähigkeit (auch: Teilgeschäftsfähigkeit) beinhaltet, daß der beschränkt geschäftsfähige Minderjährige in bestimmten Bereichen des Geschäfts- und Rechtslebens aufgrund einer generellen Ermächtigung (»Generalkonsens«) des gesetzlichen Vertreters unbeschränkt geschäftsfähig ist. Lesen Sie § 112 ganz durch. Im Rahmen des »selbständigen Betriebes eines Erwerbsgeschäftes« erhält der Minderjährige gem. § 112 Abs. 1 S. 1 die bisweilen sog. »Handelsmündigkeit«. Für ein »Dienst- oder Arbeitsverhältnis«, zu dessen Aufnahme der Minderjährige durch den gesetzlichen Vertreter ermächtigt wurde, verleiht § 113 Abs. 1 S. 1 ihm die (früher) sog. »Arbeitsmündigkeit« – § 113 ganz lesen!

Während § 112 in der Praxis seit Herabsetzung des Volljährigkeitsalters von 21 auf 18 Jahre[27] nicht mehr von allzu großer Bedeutung ist[28], sind die praktischen Auswirkungen von § 113 durchaus erheblich: Die partielle Geschäftsfähigkeit erstreckt sich auf den gesamten Bereich des Arbeitsverhältnisses, sie berechtigt zum Lohnempfang und Errichtung eines Gehaltskontos (aber nicht zur generellen freien Verfügung darüber), weiterhin zur Kündigung bzw. zum Widerspruch gegen die Kündigung durch den Arbeitgeber sowie zum Beitritt zu einer Gewerkschaft[29].

26 ***Am Beispiel der §§ 107, 108, 111 Abs. 1 können Sie erneut sehen, wie wichtig die sorgfältige Gesetzeslektüre ist: § 107 spricht von einer »Willenserklärung«, § 108 von einem »Vertrag«, § 111 von einem »einseitigen Rechtsgeschäft«!***

27 Durch das Gesetz zur Neuregelung des Volljährigkeitsalters« vom 31. 7. 1974 (BGBl. I 1713)

28 Im Bereich der Landwirtschaft z. B. kommt es allerdings hin und wieder vor, daß der alternde Landwirt zu Lebzeiten seinem noch nicht volljährigen Nachfolger die Leitung des Hofes übergibt und somit von der Möglichkeit des § 112 Gebrauch macht.

29 vgl. *Klunzinger*, S. 95

Übersicht 14:

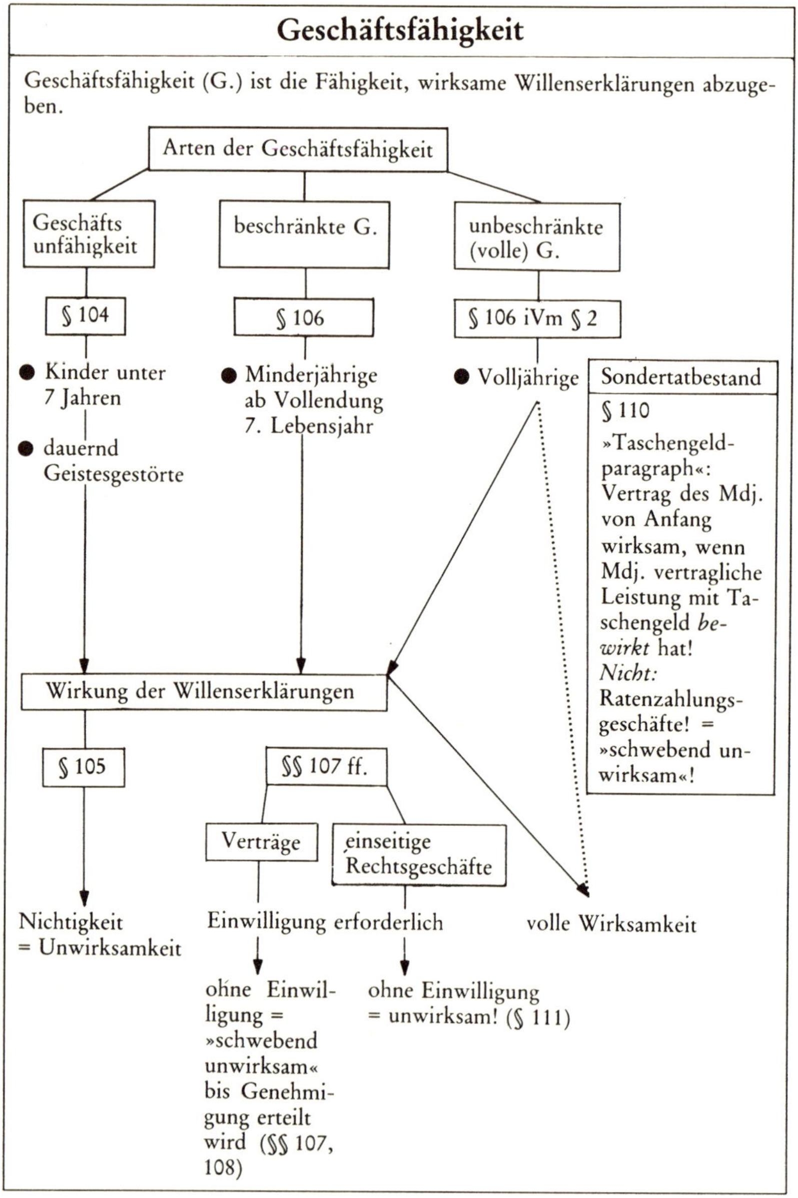

Partielle Geschäftsfähigkeit:

§ 112	§ 113
Mdj., der Erwerbsgeschäft führt, kann wirksam Rechtsgeschäfte im Rahmen des Geschäftsbetriebes abschließen (»Handelsmündigkeit«) *Ausnahmen:* Rechtsgeschäfte, für die gesetzlicher Vertreter Genehmigung des Vormundschaftsgerichts benötigt (§§ 1819–1823)	Unbeschränkte Geschäftsfähigkeit des Mdj. bezüglich seines Arbeitsverhältnisses, z. B.: Kündigung ohne Einwilligung des gesetzlichen Vertreters (»Arbeitsmündigkeit«)

Prägen Sie sich zum Thema »Geschäftsfähigkeit« die wichtigsten Vorschriften und ihren Inhalt nochmals anhand der Zusammenfassung auf Übersicht 14 ein.

II. Inhalt und Bedeutung von Willenserklärungen

»Eine Willenserklärung ist eine auf einen rechtlichen Erfolg gerichtete menschliche Willensäußerung« (vgl. Übersicht 7). Wirksame Willenserklärungen sind tatsächlich erforderlich, um Rechtsgeschäfte abzuschließen. Wirksame Willenserklärungen kann grundsätzlich[30] nur ein unbeschränkt (voll) Geschäftsfähiger abgeben. Um Rechtswirksamkeit zu entfalten, müssen Willenserklärungen bestimmte Voraussetzungen erfüllen. Ohne die Definition der Willenserklärung in Zweifel zu ziehen, müssen wir uns daher erst einmal klar machen, welchen Inhalt eine menschliche Willensäußerung haben muß und auf welche Art und Weise sie geäußert werden muß, um rechtserheblich als »Willenserklärung« im Sinne der Vorschriften des BGB zu gelten!

1. Bestandteile einer Willenserklärung (allgemeine Wirksamkeitsvoraussetzungen)

Daß die genaue Kenntnis der Analyse einer Willenserklärung nicht etwa nur graue Theorie ist – wie es bisweilen scheinen mag –, sondern auch praktische Bedeutung hat, zeigt uns u. a. Fall 7:

30 ***Wenn der Jurist das Wort »grundsätzlich« gebraucht, heißt das grundsätzlich (!): »Ausnahmen bestätigen die Regel...«***

Übungsfall 7

Der Gast G hat im Lokal ein Glas Wein bestellt und trinkt davon, während er sich in die Lektüre eines Buches von einem Autor namens Larenz vertieft.

Nachdem er das Glas geleert hat, stellt ihm der Wirt W wortlos ein zweites Glas Wein hin, was G, gefesselt von seiner Lektüre, nicht bemerkt. Auch dieses Glas leert G, ohne von seinem spannenden Buch abzulassen.

Als G seine Zeche bezahlen will und W den Preis für zwei Glas Wein verlangt, meint G, nach dem, was er soeben im »Larenz« gelesen habe, brauche er nur ein Glas zu bezahlen, denn das zweite Glas habe er nicht bestellt.

Wer hat recht?

Ich möchte diesen Fall nicht nur dazu benutzen, Sie in die »Rechtsgeschäftslehre« und vor allem das Recht der Willenserklärungen einzuführen, sondern auch, um Ihnen einige Grundregeln der Methodik der juristischen Fallbearbeitung zu vermitteln. Sie sollen ganz allmählich lernen, wie man so einen Fall »klausurmäßig« lösen kann.

Dazu dient folgender

Exkurs: Methodik der Fallbearbeitung I (Gutachten und Urteil)

In einer juristischen Klausur ist regelmäßig ein sogenannter Fall zu lösen. Sie haben bisher schon eine Reihe solcher »Fälle« kennengelernt, ohne daß Sie sich Gedanken darüber machen mußten, was eigentlich der Begriff »Fall« im juristischen Sprachgebrauch bedeutet. Unter einem Fall versteht man einen tatsächlichen oder erdachten Geschehensablauf, der rechtlich beurteilt werden soll. Dieser Fall heißt in der juristischen Fachsprache auch »Sachverhalt«.

Für Klausuren ist ein solcher Geschehensablauf als rechtlich zu beurteilender Sachverhalt regelmäßig so formuliert und vereinfacht, daß nur ganz bestimmte rechtliche Fragen zu prüfen sind.

Bei der rechtlichen Prüfung und Lösung eines Falles gibt es zwei grundlegende Arten der Darstellung, und zwar zum einen aus der Sicht des Richters und zum anderen aus der Sicht eines Anwaltes.

Die schriftliche Lösung eines Rechtsfalles durch einen Richter nennt man »Urteil«.

Ein Rechtsanwalt dagegen erarbeitet die Lösung eines Falles in Form eines »Gutachtens«! Der Unterschied dieser beiden Darstellungsarten liegt einerseits im Aufbau und andererseits im Stil.

Das Urteil ist dadurch gekennzeichnet, daß es das Ergebnis der rechtlichen Prüfung eines Falles voranstellt und die Begründung nachliefert, aus der hervorgeht, warum das Ergebnis richtig ist. Das Urteil teilt grundsätzlich zwei Denkschritte mit:

(1) Feststellung eines Ergebnisses bzw. eine Aussage,

(2) Begründung für die Richtigkeit dieser Aussage.

Diese Denkweise findet auch ihren Niederschlag im Stil des Urteils:

Jeder Satz des Urteils enthält eine definitive Aussage, die dann kurz begründet wird. Ein Urteil könnte folgendermaßen lauten:

»A hat gegen B einen Anspruch auf Bezahlung des Kaufpreises gem. § 433 Abs. 2. Denn zwischen A und B ist ein Kaufvertrag i. S. d. § 433 zustandegekommen. A hat das erforderliche Angebot abgegeben, indem er . . . B hat dieses Angebot dadurch angenommen, daß er . . . usw.«

Im Gutachten ist die Denk- und Darstellungsweise anders, man könnte sagen, umgekehrt. Das Gutachten teilt nämlich das Ergebnis der rechtlichen Würdigung des Falles nicht sofort als definitive Feststellung mit, sondern stellt im ersten Denkschritt zunächst das Ergebnis, das es in dem zu prüfenden Fall für möglich hält, als Hypothese voran. Der erste Satz, der bei dem Urteilsbeispiel eben hieß: »A hat gegen B einen Anspruch auf Bezahlung des Kaufpreises gem. § 433 Abs. 2«, würde deshalb im Gutachten so formuliert:

»A könnte gegen B einen Anspruch auf Bezahlung des Kaufpreises gem. § 433 Abs. 2 haben.« Im zweiten Denkschritt des Gutachtens, der die Begründungen für dieses Ergebnis liefern muß, werden Schritt für Schritt die rechtlichen Voraussetzungen geprüft, die erfüllt sein müssen, damit das vermutete Ergebnis zutrifft.

Im Beispiel kann daher der zweite Satz des Gutachtens nicht so formuliert werden wie im Urteil. Statt: »denn zwischen A und B *ist* ein Kaufvertrag i. S. v. § 433 zustandegekommen« müßte der zweite Satz lauten: »Dann müßte zwischen A und B ein Kaufvertrag zustandegekommen sein«. Und weiter: »Voraussetzung dafür ist, daß einer der beiden ein wirksames Angebot gemacht hat, das der andere angenommen hat. Ein Angebot könnte hier in der Erklärung des A zu sehen sein, daß . . . usw. – Indem B mit dem Kopf nickte, hat er dieses Angebot angenommen. Somit ist zwischen A und B ein wirksamer Kaufvertrag zustandegekommen . . .« usw.

Das Stilmittel des Gutachtens ist der Konditionalsatz mit Konjunktiv. Es wird, wie gesagt, etwas als möglich bezeichnet, und dann wird der Sachverhalt Schritt für Schritt den rechtlichen Voraussetzungen, die die jeweils zu prüfende Rechtsvorschrift enthält, untergeordnet. Man nennt diese Unterordnung des Sachverhalts unter das Gesetz auch Subsumtion. Der Sachverhalt wird im Gutachten unter rechtliche Voraussetzungen subsumiert. Wenn man so festgestellt hat, wie in dem Beispiel eben, daß eine Voraussetzung erfüllt ist, prüft man die nächste Voraussetzung, die erfüllt sein muß, damit das vermutete Ergebnis stimmt.

Liegen alle Voraussetzungen vor, folgt als dritter Denkschritt die Feststellung des tatsächlichen Ergebnisses, das in diesem Fall mit dem vermuteten (hypothetischen) vorangestellten Ergebnis übereinstimmt. Der letzte Satz des Gutachtens in unserem Beispiel müßte dann lauten: »Somit hat A gegen B einen Anspruch auf Bezahlung des Kaufpreises gem. § 433 Abs. 2«.*

Das Gutachten zieht aus seinen Gedanken immer eine Schlußfolgerung, die stilistisch mit sinngleichen Worten wie »somit«, »also«, »folglich«, »mithin« usw. beginnt.

* Den Vorgang der Subsumation verdeutlicht sehr anschaulich folgendes Beispiel, das Sie in zahlreichen Lehrbüchern zur juristischen Methodenlehre in unterschiedlichen Varianten finden können:
Die **Norm** (»§ 1«) soll lauten: »Alle Professoren sind zerstreut«.
Der **Sachverhalt** sagt aus: »*Wörlen* ist ein Professor«.
Die **Subsumtion** (Schlußfolgerung) ergibt: »Somit ist *Wörlen* gem. § 1 zerstreut«!

Im Urteil steht an dieser Stelle immer ein »denn«. Dieses »denn« ist im Gutachten völlig fehl am Platze und deswegen falsch!

Wenn sich im Gutachten im zweiten Denkschritt, also bei der Subsumtion des Sachverhaltes unter die rechtlichen Voraussetzungen ergibt, daß eine Voraussetzung *nicht* erfüllt ist, kann man die Prüfung abbrechen und stellt fest, daß das anfangs vermutete mögliche Ergebnis nicht zutrifft. Der letzte Satz des schriftlichen Gutachtens würde in diesem Fall heißen:

»Somit hat A gegen B keinen Anspruch auf Bezahlung des Kaufpreises gem. § 433 Abs. 2«. Für den Anfang soll dieser Einstieg in die juristische Fallbearbeitung genügen. Wir werden uns auch in den nächsten Kapiteln immer wieder einmal mit den Methoden der Fallbearbeitung befassen, zu der noch etwas mehr gehört als nur die Beherrschung des Gutachtenstils. Mein Ziel dabei ist, daß Sie sich schon bei der Erarbeitung des materiellen Wissens über das Bürgerliche Recht ganz allmählich an die gutachtliche Denkweise gewöhnen. So werden Sie im Anschluß an die Lektüre dieser »Grundzüge« eine »Anleitung zur Lösung von Zivilrechtsfällen« gewinnbringender, weil mit größerem Verständnis, durcharbeiten können! Merken Sie sich das hierzu bisher Gesagte nochmals anhand von Übersicht 15 (S. 83 = gegenüber).

Lesen Sie sich nun noch einmal Übungsfall 7, dessen Lösung Ihnen u. a. die Bestandteile einer Willenserklärung verdeutlicht. –
Ordnen Sie nun das Verlangen des Wirtes W rechtlich ein.

■ Was will W von dem Gast G, was verlangt er?

▷ W verlangt Bezahlung des Preises für zwei Glas Wein! Genauer ausgedrückt: W verlangt von G Bezahlung des Kaufpreises für zwei Glas Wein.

■ Erinnern Sie sich, aufgrund welcher Vorschrift des BGB der Verkäufer einer Sache vom Käufer Bezahlung des Kaufpreises verlangen kann?

▷ § 433 Abs. 2 – lesen!

Diese Vorschrift gibt dem W unter bestimmten Voraussetzungen einen Anspruch auf Bezahlung des Kaufpreises gegen G. Mit dem Begriff des Anspruches werden wir uns noch ausführlicher befassen, wenn wir die Einführung in die Methodik der Fallbearbeitung fortsetzen.

■ Nehmen Sie an, Sie müßten Fall 7 in Form eines schriftlichen Gutachtens (vgl. Übersicht 15) lösen. Wie müßte der erste Satz dieses Gutachtens lauten? (Versuchen Sie, den Satz aufzuschreiben, *bevor* Sie weiterlesen!).

▷ »W könnte gegen G einen Anspruch auf Bezahlung des zweiten Glases Wein aus § 433 Abs. 2 haben.«

■ Welche Voraussetzungen müssen dafür erfüllt sein?

▷ Zwischen V und G müßte über dieses zweite Glas Wein ein gültiger Kaufvertrag zustandegekommen sein; mit anderen Worten: W müßte dem G ein Verkaufsangebot bezüglich des zweiten Glases Wein gemacht haben, und G müßte dieses Angebot angenommen haben.

■ Worin könnte hier das Angebot des Wirtes gelegen haben?

▷ Im Servieren des Glases!

Übersicht 15:

Methodik der juristischen Fallbearbeitung

I. Gutachten und Urteil

Jede wissenschaftliche Untersuchung bezieht sich auf eine Aufgaben- bzw. *Fragestellung* und hat ein *Ergebnis*, das auf einer *Begründung* beruht. Dabei gibt es verschiedene Methoden, Ergebnisse und Begründung einander zuzuordnen.

Gutachten/Gutachtenstil	*Urteil/Urteilsstil*
Im Gutachten wird von der Fragestellung ausgegangen und Schritt für Schritt zum Ergebnis hin gefolgert. Grobeinteilung des G. in 3 Denkschritte: 1. Ein Ergebnis, daß die Fragestellung des Sachverhalts (»Fallfrage«) beantwortet, wird als *möglich* vorangestellt (sog. *hypothetisches Ergebnis).* 2. Begründung dieses Ergebnisses durch Prüfung seiner einzelnen *Voraussetzungen* (Subsumption)*. 3. Feststellung des tatsächlichen Ergebnisses.	Im Urteil werden diese Denkschritte nicht schriftlich nachvollzogen. Es tauchen nur noch die Denkschritte 2 und 3 in umgekehrter Reihenfolge auf: 1. Mitteilung des tatsächlichen Ergebnisses. 2. Begründung der Richtigkeit des Ergebnisses durch Darlegung der Voraussetzungen.

Denkschritt	*Beispiele:* Gutachtensstil	Urteilsstil
1	»A könnte gegen B einen Anspruch auf Übergabe des Autos gegen Zahlung von DM 2.800,– gem. § 433 Abs. 1 S. 1 haben.	»B hat keinen Anspruch gegen A gem. § 433 Abs. 1 S. 1 auf Übergabe des Autos gegen Zahlung von 2.800,– DM.
2	Voraussetzung ist, daß zwischen A und B ein Kaufvertrag zustande gekommen ist. Dann müßten ein wirksames Angebot und seine Annahme vorliegen. Ein Angebot könnte . . .	Denn zwischen A und B ist kein gültiger Kaufvertrag zustande gekommen. Keiner der beiden hat dem anderen ein Angebot gemacht, das von diesem angenommen worden ist.«
3	Somit hat A keinen Anspruch gegen B gem. . . .«	

*auch ohne »p« richtig!

Bei einem Vertragsangebot handelt es sich, wie wir wissen, um eine Willenserklärung. Eine Willenserklärung erfolgt – nomen est omen[31] – dadurch, daß jemand seinen *Willen* gegenüber einem anderen erklärt. Eine Willenserklärung hat somit zwei wichtige Bestandteile: Wille und Erklärung!

a) Wille

Derjenige, dem eine Willenserklärung zugerechnet werden soll, muß zunächst den Willen haben, eine Handlung vorzunehmen, in der eine Erklärung zum Ausdruck kommt. Man nennt diesen Willen den Handlungswillen. Das, was geäußert wird, muß auch gewollt werden.

Fehlt dieser Handlungswille, liegt überhaupt keine Willenserklärung vor, die dem Handelnden zugerechnet werden könnte.

Beispiele:

- Ungewolltes, nervöses Zucken wird als zustimmendes Nicken aufgefaßt.
- Gewaltsames Handführen bei der Unterschrift.
- Jemand tut unter Hypnose bestimmte Dinge . . .

In allen diesen Beispielsfällen liegt zwar *äußerlich* eine Handlung vor, sie wird aber in keiner Weise vom Willen des Betreffenden getragen. Es liegt also gar keine (rechtlich erhebliche) Willenserklärung vor!

Vom Handlungswillen ist der sog. Geschäftswille zu unterscheiden! Darunter versteht man den Willen, mit der Erklärung eine *bestimmte* Rechtsfolge herbeizuführen. Der Geschäftswille ist aber im Gegensatz zum Handlungswillen nicht unabdingbare Voraussetzung für eine rechtswirksame Willenserklärung. Fehlte dem Erklärenden der Geschäftswille oder hatte er einen anderen Geschäftswillen als den, den er tatsächlich geäußert hat, so ist seine Willenserklärung grundsätzlich wirksam, er kann sie aber evtl. durch Anfechtung[32] wieder beseitigen.

Beispiel:

Jemand unterschreibt einen Mietvertrag im Glauben, es handele sich um einen Leihvertrag.

b) Erklärung

Da neben dem Willen auch die Erklärung Bestandteil der Willenserklärung ist, wird als Wirksamkeitsvoraussetzung für die Willenserklärung bisweilen das sogenannte Erklärungsbewußtsein gefordert.[33] Erklärungsbewußtsein ist das Bewußtsein, *(ir-*

31 lat. Redensart: »im Namen liegt eine Vorbedeutung«

32 mit der wir uns im nächsten Kapitel befassen

33 Wenn *Westermann* (S. 41; gleicher Fall dort auf S. 39) dies noch als h. M. bezeichnet, so ist das nicht ganz zutreffend, da die h. M. mittlerweile das Erklärungsbewußtsein für die Wirksamkeit der Willenserklärung (WE) ebensowenig voraussetzt wie den Geschäftswillen (vgl. BGH NJW 1984, 2279 mit kritischer Anm. von *Canaris*). Auch bei fehlendem Erklärungsbewußtsein soll die WE wirksam, aber anfechtbar sein. Da diese (herrschende) Meinung gerade in unserem Beispielsfall Einschränkungen machen muß, die letztlich doch auf die

*gend)*eine rechtsgeschäftliche Erklärung abzugeben. Was es damit auf sich hat, zeigt der berühmte Schulfall der »Trierer Weinversteigerung«, der in nahezu jedem Lehrbuch zum Allgemeinen Teil des BGB zitiert wird:

Die »Trierer Weinversteigerung« findet in einer Gastwirtschaft statt, und dabei ist es nach Absprache der Weinhändler des Ortes üblich, daß das Erheben der Hand jeweils ein Mehrgebot von 100,– DM bedeutet. Zu dieser Versteigerung kommt auch der ortsfremde A hinzu und winkt seinem dort sitzenden Freund zu. Der Versteigerer sieht darin ein Mehrgebot des A und erteilt ihm den Zuschlag für das gerade versteigerte Faß Wein.

Frage: Hat A eine rechtserhebliche Willenserklärung abgegeben, die ihn zur Abnahme des Fasses verpflichtet?

■ Die Frage müßten Sie nach dem bisher Gelesenen selbst beantworten können. Was ist zunächst Voraussetzung, damit eine rechtlich erhebliche Willenserklärung des A vorliegt?

▷ Handlungswille! Dieser lag beim Erheben der Hand zweifellos vor.

■ Wie aber sieht es mit dem Erklärungsbewußtsein aus?

▷ Das Bewußtsein, (irgend)eine rechtsgeschäftliche Erklärung abzugeben, lag bei A nicht vor! A wollte mit seinem Winken keine rechtserhebliche Erklärung abgeben. Ihm war überhaupt nicht bewußt, daß sein Verhalten am Versteigerungsort als rechtserhebliche Erklärung, nämlich als Kaufangebot, aufgefaßt werden könnte.

Es liegt allenfalls der Schein einer Willenserklärung, aber keine dem A zurechenbare Willenserklärung vor. A hat, indem er winkte, mangels Erklärungsbewußtsein gar keine Willenserklärung geäußert.[34]

Liegen aber einer Erklärung das Erklärungsbewußtsein und auch der Handlungswille zugrunde, wird diese zur rechtserheblichen Willenserklärung und als solche wirksam, wenn sie nach außen erkennbar gemacht wird.

Das ist nur dann der Fall, wenn man von dem erkennbaren Verhalten des Erklärenden auch tatsächlich auf einen dadurch ausgedrückten Geschäftswillen schließen kann. Dieses Verhalten ist am einfachsten zu erkennen, wenn der Erklärende seinen Geschäftswillen durch ausdrückliche Formulierung unmittelbar zum Ausdruck bringt, indem er z. B. sagt oder schreibt, »Ich nehme Ihr Angebot an« oder auf die direkte Frage, ob er das Angebot annimmt, mit dem Kopf nickt. Möglich ist aber auch, daß jemand seinen Willen dadurch äußert, daß er einfach etwas tut, was der andere als

Notwendigkeit eines Erklärungsbewußtseins hinauslaufen (dazu sogleich in Fn. 34), wird hier mit einem Teil der (subjektiven) Lehre (Nachweise bei *Palandt/Heinrichs,* Einf. vor § 116, Rdnr. 17) das Erklärungsbewußtsein weiterhin für eine wirksame WE vorausgesetzt.

34 Zu diesem Ergebnis müßte in diesem Fall auch der zur h. M. (vgl. dazu auch *Brox,* AT, Rdnr. 135, S. 71 f.) tendierende BGH entsprechend seiner eben zitierten Entscheidung (identisch: BGHZ 91, 324 ff.) kommen, da er ausführt (330): »Eine Willenserklärung liegt bei fehlendem Erklärungsbewußtsein allerdings nur dann vor, wenn sie als solche dem Erklärenden zugerechnet werden kann. Das setzt voraus, daß dieser bei Anwendung der im Verkehr erforderlichen Sorgfalt hätte erkennen und vermeiden können, daß seine Erklärung oder sein Verhalten vom Empfänger nach Treu und Glauben und mit Rücksicht auf die Verkehrssitte als Willenserklärung aufgefaßt werden durfte.«

Willenserklärung verstehen muß. Ein solches Beispiel hatten wir schon mit dem Brötchenkauf beim Bäcker kennengelernt. Wenn Sie im Laden Ihr Kaufangebot abgeben, indem Sie sagen: »Ich möchte gerne drei Brötchen«, dann ist es nicht erforderlich, daß der Bäcker antwortet: »Ich nehme Ihr Angebot an«, damit der Kaufvertrag zustandekommt. Es genügt, wenn er Ihnen die Brötchen wortlos einpackt und auf die Theke legt. Damit hat er Ihr Angebot durch schlüssiges bzw. konkludentes Verhalten, wie wir das genannt haben, angenommen. Umgekehrt geben Sie z. B. auch eine konkludente, wirksame Willenserklärung ab, wenn Sie dem Kassierer an der Kinokasse wortlos den abgezählten Kaufpreis für eine Kinokarte hinlegen. Der Kassierer kann dies nicht anders verstehen, und darauf kommt es an, als daß Sie ihm ein Angebot machen, eine Karte zu kaufen.

Nicht verwechseln darf man dieses konkludente Verhalten, bei dem sowohl der Handlungs- und der Geschäftswille zum Ausdruck kommen, mit bloßem Nichtstun oder Schweigen. Nehmen Sie z. B. an, was ja leider häufig vorkommen soll, daß Ihnen ein Buchversand unaufgefordert ein Buch für 50,– DM ins Haus schickt. Wenn auf dem Begleitschreiben des Versenders steht: »Wenn ich nicht innerhalb von zwei Wochen eine Antwort von Ihnen bekomme, gehe ich davon aus, daß Sie mein Angebot angenommen haben«!, ist dadurch keinesfalls ein Kaufvertrag zustandegekommen. Sie haben keine Willenserklärung abgegeben, die als Annahme aufgefaßt werden durfte! Schweigen gilt nur in ganz wenigen Fällen als Willenserklärung, in denen das Gesetz das ausdrücklich bestimmt. Einen Fall davon haben wir im Zusammenhang mit der Geschäftsfähigkeit bereits kennengelernt: § 108 Abs. 2 S. 2 – nochmals lesen![35]

Das konkludente Verhalten, d. h. ein Verhalten, das nach der Verkehrsanschauung typischerweise auf einen bestimmten Rechtsbindungswillen schließen läßt, setzt im Gegensatz zum bloßen Nichtstun oder Schweigen immer einen Handlungswillen sowie Erklärungsbewußtsein und Geschäftswillen voraus.

Damit können wir wieder zu unserem Gasthaus-Fall zurückkehren.

Wir hatten festgestellt, daß der Wirt W dem G dadurch ein Angebot gemacht haben könnte, daß er ihm das zweite Glas Wein wortlos auf den Tisch gestellt hat.

■ Die Frage, ob W das Angebot tatsächlich gemacht hat, müßten Sie nun leicht beantworten können.

▷ Es liegt eine konkludente Willenserklärung des W, nämlich ein Angebot zum Abschluß eines Kaufvertrages über das zweite Glas Wein, vor. Durch das Servieren eines Getränkes gibt ein Wirt grundsätzlich kund, daß er dieses Getränk unmittelbar verkaufen will. Entscheidend dafür, ob eine konkludente Willenserklärung vorliegt, ist dabei allein der sogenannte Empfängerhorizont, und zwar der objektive Empfängerhorizont. Das heißt: vom Standpunkt eines objektiven Beobachters kann das Servieren eines Getränkes im Lokal nach der Verkehrsanschauung nicht anders gedeutet werden, als daß ein – konkludentes – Angebot gemacht

35 Weitere Beispiele aus dem BGB sind: §§ 496 S. 2, 516 Abs. 2 S. 2, 568 S. 1, 625

wird. (Daß W dabei Handlungswillen, Erklärungsbewußtsein und auch Geschäftswillen hatte, ist so selbstverständlich, daß man darauf z. B. in Klausuren mit keinem Wort eingehen müßte.)

■ Hat G dieses Angebot angenommen?

▷ Da auch die Annahme eine Willenserklärung ist, kann natürlich auch die Annahme konkludent erfolgen.

■ Ist dies geschehen? Wie würden Sie das Verhalten des G als Wirt verstehen?

▷ Nach der Verkehrsanschauung wird man vom Standpunkt eines objektiven Beobachters das Austrinken eines vom Wirt servierten Glases Wein vernünftigerweise wohl so verstehen müssen, daß G das Angebot des W konkludent angenommen hat.

■ Was aber fehlte dem G, um eine wirksame Willenserklärung bezüglich des zweiten Glases Wein abgeben zu können?

▷ Das Erklärungsbewußtsein!

Seine Bestellung hatte sich nur auf das erste Glas Wein gerichtet. Nur bei dieser Bestellung hatte er das Bewußtsein, rechtserheblich zu handeln. Bezüglich des zweiten Glases Wein hat G deshalb überhaupt keine Willenserklärung abgegeben, so daß mangels einer Annahme des Angebots des W kein Kaufvertrag zustandegekommen ist.

Das Ergebnis zu Übungsfall 7 lautet deshalb: W hat gegen G keinen Anspruch auf Bezahlung des Kaufpreises gem. § 433 Abs. 2!

Die Fallfrage »Wer hat recht?« war also zugunsten des G zu beantworten. Die Frage (die im Fall nicht mehr gestellt ist, die aber naheliegt) ist nun: Welchen rechtlichen Schutz kann der Wirt beanspruchen? Nach früher h. M., die den Fall wegen des fehlenden Erklärungsbewußtseins genauso gelöst hatte wie hier geschehen[36], wäre der Wirt als Erklärungsempfänger schutzlos geblieben. Daß dies – die Redlichkeit des Wirtes unterstellt – nicht richtig sein kann, liegt nahe. Richtig ist deshalb[37], § 122 (Abs. 1 lesen)[38] entsprechend[39] anzuwenden, d. h., G muß den Wert des Weines, der nicht mit dem vom Wirt verlangten Kaufpreis identisch sein muß, ersetzen.

Was Sie bisher über Bestandteile und Rechtswirksamkeit von Willenserklärungen gelernt haben, prägen Sie sich anhand von Übersicht 16 (Teil 1 und 2) auf den folgenden Seiten nochmals ein.

36 **Auch die vom BGH (oben Fn. 34) vertretene Meinung kann hier zu keinem anderen Ergebnis kommen: Dafür, daß G die im Verkehr erforderliche Sorgfalt außer acht gelassen hat, indem er sich in sein Buch vertiefte, spricht nichts.**

37 **vgl.** *Westermann*, S. 41

38 mehr dazu später (unten S. 138)

39 ***Was »entsprechende Anwendung« eines Gesetzes bedeutet, lernen Sie im nächsten »Exkurs«***

Übersicht 16 (Teil 1):

Willenserklärungen

I. Bestandteile einer Willenserklärung (WE)

WE ist jede auf einen rechtlichen Erfolg gerichtete menschliche Willensäußerung.

Von einem *Rechtsgeschäft* spricht man (vgl. oben S. 39), *wenn WEen* einer oder mehrerer Personen *vorliegen, die auf die Herbeiführung einer bestimmten, von der Rechtsordnung gebilligten Rechtsfolge gerichtet sind* (z. B. Vertragsabschluß).

Eine *wirksame WE* liegt vor, wenn folgende *zwei Voraussetzungen* gegeben sind:

1. *Handlungswille*
   Derjenige, der etwas äußert, muß den Willen haben, eine Handlung vorzunehmen, die als WE verstanden wird. = Das, was geäußert wird muß (rechtlich) auch gewollt sein!

   Beispiele:
   - Ungewolltes, nervöses Zucken = *keine* WE, da anders als bei bewußtem Nicken kein Handlungswille.
   - Handlungswille fehlt ebenfalls bei gewaltsamem Handführen zur Unterschrift oder bei Äußerung unter Hypnose = *keine* WE

2. *Erklärungsbewußtsein**
   Derjenige, der etwas (mit Handlungwillen) äußert, muß sich bewußt sein, daß darin irgendeine rechtserhebliche Erklärung liegt, die auch als solche verstanden wird.

   Beispiele:
   - »Trierer Weinversteigerung«: Winken, obwohl Armheben Kaufgebot bedeutet . . .
   - Gast im Lokal trinkt zweites Glas im Glauben, es sei das bestellte erste . . . = *keine* WE!

Durch eine Willenserklärung gibt der Erklärende regelmäßig einen bestimmten *Geschäftswillen* kund. Darunter versteht man den Willen, eine konkrete Rechtsfolge (z. B. Kaufvertragsschluß) herbeizuführen. Fehlt dieser objektiv geäußerte Geschäftswille oder stimmt der geäußerte Geschäftswille mit dem ›inneren Willen‹ des Erklärenden nicht überein, liegt wirksame WE vor (Beispiel: Unterschrift unter Mietvertrag im Glauben, es handele sich um Leihvertrag). WE kann aber durch Anfechtung (§ 119 Abs. 1 beseitigt werden.

* anders die h. M. = vgl. oben Fußnoten 33, 34 und 36

Übersicht 16 (Teil 2):

Willenserklärungen

II. Kundgebung der Willenserklärung (WE)

Möglichkeiten:

→ *Ausdrückliche Formulierung:* »Ich nehme Ihr Angebot an!«
oder
Kopfnicken auf Frage

→ *Konkludentes Verhalten* ...
... ist ein Verhalten, das nach der Verkehrsanschauung typischerweise auf einen bestimmten Rechtsbindungswillen schließen läßt.
Beispiele: Brötchenkauf und Kinokarte »ohne Worte«

Nicht: Bloßes Schweigen oder Nichtstun → *keine* WE!
Außer: Wenn vom Gesetz ausdrücklich bestimmt, z. B. § 108 Abs. 2 Satz 2 (»gilt« = »Fiktion«!)

Entscheidend ist der sog. »objektive Empfängerhorizont«:
Vom Standpunkt eines objektiven Erklärungsempfängers muß das Verhalten nach der Verkehrsanschauung als WE aufgefaßt werden können. WE ist dann aber nur wirksam = rechtserheblich, wenn Voraussetzungen von I. (s. o.) gegeben sind!

2. Besondere Wirksamkeitsvoraussetzungen für Willenserklärungen

a) Abgrenzung von Willenserklärungen zu ähnlichen Erklärungen

Die auf die Herbeiführung eines rechtlichen Erfolges gerichtete Willenserklärung ist zunächst abzugrenzen von sog. »Realakten« und »geschäftsähnlichen Handlungen«. Realakte sind reine Tathandlungen, die eine Rechtsfolge herbeiführen, ohne daß es dabei auf den Willen des Handelnden ankommt. Begeht z. B. jemand eine »unerlaubte Handlung« i. S. v. § 823 Abs. 1, so ist die Rechtsfolge, daß er – ob er es will oder nicht – zum Schadenersatz verpflichtet ist[40].

40 weitere Beispiele: §§ 854 Abs. 1, 946 (vgl. oben S. 64 und 66 – Übungsfall 5 c), 950, 965, 984

(Rechts)geschäftsähnliche Handlungen sind – im Gegensatz zu Realakten – Willens*äußerungen,* die aber – im Gegensatz zu rechtsgeschäftlichen »Willens*erklärungen*« – nicht unbedingt auf den rechtlichen Erfolg abzielen, den sie tatsächlich herbeiführen. Die Rechtsfolge kann, muß aber nicht, gewollt sein. Unabhängig vom Willen tritt sie kraft Gesetzes ein*. Ein Beispiel dafür ist die Mahnung, die nach § 284 zum Schuldnerverzug führen kann[41].

Gar keine »Willenserklärungen« liegen vor bei sog. Erklärungen im gesellschaftlichen Bereich, da der Erklärende weder irgendeine noch eine konkrete Rechtsfolge herbeiführen will. Diese Erklärungen sind rechtlich unerheblich, können also keinen Rechtsanspruch des Empfängers oder eine Rechtspflicht des Erklärenden bewirken. Man bezeichnet das, was sie bewirken, in Abgrenzung zu Rechtsgeschäften auch als »Gefälligkeitsverhältnisse«. Der Erklärende hat allenfalls eine moralische Pflicht oder eine Anstandspflicht, das Erklärte durchzuführen; so z. B., wenn jemand einer anderen Person verspricht, sie am Abend zu der gemeinsamen Einladung oder morgens zur Arbeit mit dem Auto abzuholen. Läßt der Erklärende seine Freundin oder den Arbeitskollegen dann »im Regen stehen«, ist das sicherlich nicht »die feine Art«, doch zieht es keine Rechtsfolgen nach sich . . .

Während die Abgrenzung der Erklärung im gesellschaftlichen Bereich zu rechtsgeschäftlichen Willenserklärungen kaum Schwierigkeiten bereitet, ist es bisweilen nicht ganz leicht zu erkennen, ob die Äußerung eines Teilnehmers am Rechtsverkehr nur eine rechtsunerhebliche Erklärung oder schon eine rechtsgeschäftliche Willenserklärung darstellt.

Hiervon handelt der folgende Fall:

Übungsfall 8

V, Inhaber eines Sportbekleidungsgeschäfts, setzt ein Inserat in eine Lokalzeitung, in dem er mehrere Kleidungsstücke, u. a. auch einen Jogginganzug für 69,– DM anpreist. K ruft daraufhin bei V an und erklärt diesem, daß er den Anzug kaufe. V erklärt, daß K den Anzug haben könne, allerdings koste er 99,– DM, da sich ein Druckfehler eingeschlichen habe. K ist empört und droht, den V zu verklagen, wenn er nicht zu seinem Angebot, an das er schließlich gem. § 145 gebunden sei, stehe. Wird K mit seiner Klage Erfolg haben?

* *Da die geschäftsähnlichen Handlungen den Willenserklärungen nahekommen, ist jeweils zu prüfen, ob die Vorschriften über die Willenserklärungen auf sie entsprechend anzuwenden sind (Brox, Rdnr. 93, S. 52)*

41 weitere Beispiele: §§ 108 Abs. 2 S. 1, 171 Abs. 1, 177 Abs. 2 S. 1, 326 Abs. 1, 409, 677, 678

Bevor Sie die Lösung des Falles lesen, überlegen Sie zunächst selbst, zu welchem Ergebnis Sie kommen!

Damit K mit seiner Klage Erfolg haben kann, muß er gegen V einen Anspruch auf Lieferung des Jogginganzuges zu 69,– DM haben.

■ Aus welcher Vorschrift, d. h., aus welcher »Anspruchsgrundlage« sich ein derartiger Anspruch ergeben könnte, müßten Sie eigentlich schon (noch) wissen . . .

▷ § 433 Abs. 1 S. 1 (lesen)!

■ Was ist Voraussetzung dafür, daß ein solcher Anspruch besteht?

▷ Ein wirksamer Kaufvertrag zwischen V und K über den Jogginganzug zum Preise von 69,– DM.

■ Wie kommt ein Kaufvertrag zustande?

▷ Wie jeder Vertrag durch Angebot und Annahme!

■ Liegt in unserem Falle ein Angebot des V vor?
Überlegen Sie!

▷ Die Antwort ist »nein«! Ein Angebot kann sich regelmäßig nur an eine bestimmte Vertragspartei richten.

Das ist bei einer Zeitungsanzeige aber angesichts der Vielzahl der Leser schlecht möglich. Bei einer solchen Anzeige handelt es sich lediglich um eine Aufforderung oder Einladung an die bzw. irgendeinen Leser, ihrerseits oder seinerseits demjenigen, der in der Anzeige etwas zum Verkauf anpreist, ein Angebot zu machen.

Demnach hat in unserem Fall nicht V dem K ein Angebot gemacht, sondern K dem V, als er ihn anrief. K hat dem V angeboten, bei ihm den Jogginganzug für 69,– DM zu kaufen.

■ Wie hat V auf dieses Angebot reagiert?

▷ Er hat es abgelehnt! Und dies steht ihm auch zu; im Bürgerlichen Recht gilt, wie Sie bereits gelesen haben, die Vertragsfreiheit.[42] Das heißt unter anderem: niemand kann zu einem Vertragsabschluß gezwungen werden! Somit ist zwischen V und K kein Kaufvertrag über einen Jogginganzug für 69,– DM zustandegekommen, so daß K keinen Anspruch gegen V aus § 433 Abs. 1 S. 1 hat und deshalb mit seiner Klage keinen Erfolg haben würde.

■ Wie ist deshalb die Erklärung des V zu werten, daß K den Anzug nur für 99,– DM kaufen kann?

▷ Neues Angebot (vgl. auch § 150 Abs. 2 – Abs. 1 und 2 lesen!)!

Ebensowenig wie es sich bei der Zeitungsanzeige um ein Angebot handelt, handelt es sich übrigens bei Preisauszeichnungen im Schaufenster eines Ladens um rechtlich bindende Angebote. Auch wenn Sie in einem Sportbekleidungsgeschäft einen Jogginganzug für 69,– DM im Fenster sehen, können Sie nicht darauf bestehen, den Anzug zu diesem Preis zu bekom-

42 dazu mehr in Bd. II (»Allgemeines Schuldrecht«)

men, wenn Ihnen der Verkäufer sagt, das Preisschild sei verwechselt worden. Auch die Auslage in einem Schaufenster ist nur, und zwar an alle, die vorbeigehen, eine Aufforderung bzw. Einladung des Verkäufers, ihm ein Angebot zu machen. Man bezeichnet diese *Einladung, ein Angebot zu machen,* auch mit dem lateinischen Ausdruck *»invitatio ad offerendum«*[43]. Falls Ihnen dies »nicht einleuchtend« oder »konstruiert« oder gar »ungerecht« erscheinen sollte, vermag Sie das folgende »Argument« dafür, daß diese Auslegung[44] die einzig richtige ist, sicher zu überzeugen: Überlegen Sie einfach den umgekehrten Fall! Der Anzug ist versehentlich zu teuer ausgezeichnet! Sie werden kaum in den Laden gehen und behaupten, »die Auszeichnung zu 99,– DM im Schaufenster ist ein rechtlich bindendes Angebot i. S. v. § 145. Ich bin nicht bereit, 69,– DM zu zahlen!«, sondern Sie werden sich gerne damit abfinden, daß das (wirkliche) Angebot des Verkäufers »DM 69,–« heißt! Sie haben jederzeit die Möglichkeit, das neue tatsächliche Angebot des Verkäufers abzulehnen und den Vertrag nicht zu schließen. Kennzeichen dieser »invitatio ad offerendum« ist letztlich, daß es dem Erklärenden noch am konkreten Geschäftswillen fehlt, mit einem bestimmten Partner einen Vertrag zu schließen; er richtet diese Aufforderung, die »invitatio«, an die Allgemeinheit! Würde man in einer Schaufensterauslage oder in einer Anzeige schon ein Angebot sehen, könnte eine unbestimmte Vielzahl von Personen dieses eine Angebot annehmen . . . Daß dies nicht möglich ist, mag nun jedem einleuchten. Damit ein Vertrag zustandekommen kann, muß ein konkretes Angebot an einen bestimmten Vertragspartner da sein! –

Wiederholen Sie die Abgrenzung der Willenserklärung von anderen Erklärungen anhand von Übersicht 16 (Teil 3).

b) Inhaltliche Bedeutung von Willenserklärungen (Auslegung)

Sofern eine Äußerung nicht eindeutig erkennen läßt, ob darin nur eine rechtlich unbedeutende Erklärung oder eine rechtlich relevante Willenserklärung liegt, oder falls eine Willenserklärung mißverständlich oder mehrdeutig erscheint, muß ihre Bedeutung durch Auslegung ermittelt werden. Auslegung einer Erklärung bedeutet allgemein, unter Berücksichtigung bestimmter Kriterien und Regeln den Inhalt einer Äußerung durch Interpretation zu ermitteln.

Auslegungsregeln für Willenserklärungen enthält § 133 (lesen!).

Maßgebend ist danach nicht das buchstäblich Erklärte, also nicht unbedingt die gewählten Worte sind entscheidend, sondern der wirkliche Wille

43 woraus wir schließen können, daß dieses Rechtsinstitut bereits im römischen Recht bekannt war . . .

44 vgl. unten S. 97 ff.

Übersicht 16 (Teil 3):

Willenserklärungen

III. Abgrenzung von anderen Erklärungen

Wesentliches Merkmal einer rechtsgeschäftlichen Willenserklärung (WE) ist der *Wille* des Erklärenden, eine Rechtsfolge herbeizuführen.

Keine WEen sind daher:

1. *Realakte*
   Reine Tathandlungen, die eine Rechtsfolge herbeiführen, ohne daß es dabei auf den Willen des Handelnden ankommt.
   Bsp.: Verbindung (§ 946), Verarbeitung (§ 950), auch: unerlaubte Handlung (§ 823)

2. *Geschäftsähnliche Handlungen*
   (Rechts)geschäftsähnliche Handlungen sind zwar wie WE auch Willens*äußerungen,* die Rechtsfolge tritt aber nicht aufgrund des Willens des Erklärenden, sondern kraft gesetzlicher Anordnung ein.
   Bsp.: Mahnungen nach § 284 Abs. 1 führen zum Schuldnerverzug, auch wenn der Mahnende das nicht beabsichtigte.

3. *Erklärungen im gesellschaftlichen Bereich*
   Mangels Rechtsbindungswillen keine rechtliche, sondern nur ›moralische‹ Verpflichtung des Erklärenden.
   Bsp.: Versprechen, Arbeitskollegen abzuholen

4. *Aufforderung/Einladung, ein Angebot zu machen (»Invitatio ad offerendum«)*
   Für konkretes Angebot des Erklärenden fehlt der Geschäftswille – Aufforderung richtet sich an unbestimmte Vielzahl von Personen, nicht an einzelnen Vertragspartner.
   Bsp.: Verkaufs-Inserat Zeitung; Preisauszeichnung von Waren im Schaufenster

des Erklärenden. Dabei ist aber nicht auf seinen »inneren« Willen, sondern auf den objektiv erklärten Willen abzustellen, d. h., die Erklärung gilt so, wie sie vom Standpunkt eines objektiven Beobachters aus der Sicht des Erklärungsempfängers vernünftigerweise nur verstanden werden konnte und mußte. Die Auslegung einer Willenserklärung erfolgt vom objektiven

Empfängerhorizont her. Das erscheint schwieriger als es ist. Der folgende Beispielsfall macht m. E. sehr gut klar, was hiermit gemeint ist. Es handelt sich dabei um einen Schulfall, der auf einer Entscheidung des Reichsgerichts[45] basiert und den Sie nahezu in allen Lehrbüchern zum Allgemeinen Teil des BGB finden.

Übungsfall 9

A bietet dem B eine Dampferladung »Haakjöringsköd« (H) an. »H« ist norwegisch und bedeutet im Deutschen: »Haifischfleisch«. Sowohl A als auch B sind aber der Meinung, daß A dem B unter der Bezeichnung »H« Walfischfleisch angeboten hatte. Worüber wurde der Vertrag geschlossen?

■ Würde man in diesem Fall die Willenserklärung des A »H« entgegen § 133 buchstäblich nach der richtigen Übersetzung als »Haifischfleisch« verstehen, hätte das eine eigenartige Folge – nämlich welche? Überlegen Sie!

▷ Zwischen A und B wäre ein Kaufvertrag über einen Kaufgegenstand zustandegekommen, den weder A liefern noch B bekommen möchte.

Das Angebot des A »H« ist vom Standpunkt eines objektiven Erklärungsempfängers vernünftigerweise nur so auszulegen, daß tatsächlich Walfischfleisch zum Verkauf angeboten wurde und B dieses Angebot auch angenommen hat. Damit ist ein Kaufvertrag über Walfischfleisch zustandegekommen. Der wirkliche Wille des Erklärenden war auf Walfischfleisch gerichtet, und seine Erklärung wurde vom Empfänger auch so verstanden. Daß der wirkliche Wille von A und B in der buchstäblichen Erklärung »H« gar nicht zum Ausdruck kam und deshalb von einem mit den Verhältnissen nicht vertrauten Dritten nicht erkannt werden konnte, ist unschädlich. Maßgeblich ist nur, was beide Parteien in Wahrheit übereinstimmend gewollt haben. Entscheidend ist der objektive Maßstab. Eine *falsche Bezeichnung* des Vertragsgegenstandes *schadet nicht*, wenn beide Parteien die Erklärung nicht in ihrer wahren Bedeutung verstehen, sondern übereinstimmend in einem anderen Sinn begreifen. Auch für diese Konstellation wird in Lehrbüchern zumeist ein lateinischer Rechtsbegriff verwendet, nämlich *»falsa demonstratio non nocet«* (kurz: »falsa demonstratio«).

Entscheidend ist allein, daß der Empfänger der Willenserklärung erkennt oder nach *objektiven* Gesichtspunkten erkennen kann, was der Erklärende will.

Das wird aber nicht immer so einfach und eindeutig feststellbar sein wie in dem »Haakjöringsköd«-Fall.

Möglich ist auch, daß der Erklärungsempfänger zwar nicht erkennt, was mit der Erklärung gewollt ist, er dies aber bei Anwendung der ihm zumut-

45 RGZ 99, 148 ff.

baren Sorgfalt hätte erkennen können. Anwendung der zumutbaren Sorgfalt bedeutet, daß der Empfänger der Erklärung dies nach den Regeln des § 133 objektiv auslegen muß und sich nicht das für ihn Günstigste heraussuchen darf. Entscheidend ist, wie wir nun wissen, der objektiv zu ermittelnde wirkliche Wille des Erklärenden.

Zur Verdeutlichung noch drei *Beispiele:*

(1) Bietet A unter Übersendung einer Preisliste dem B an, von B bestimmte Waren zum Listenpreis zu »kaufen«, obwohl A in Wirklichkeit »verkaufen« wollte, dann kann und darf B nicht aus dem Wortlaut der Erklärung schließen, daß A kaufen will; wenn ihm zuvor von A eine Preisliste übersandt wurde, geht daraus klar hervor, daß A diese Waren *ver*kaufen wollte. Wenn in diesem Fall der B dem A schreibt, daß er dessen Angebot annehme, dann ergibt die Auslegung, daß ein Kaufvertrag zwischen A als Verkäufer und B als Käufer zustandegekommen ist!

(2) Wenn der Franzose A aus seiner Geschäftsfiliale in Straßburg dem Belgier B in Brüssel ein Sortiment von 50 Flaschen Wein für »1 000 Francs« anbietet, kann B dieses Angebot zu seinen Gunsten nicht dahingehend auslegen, daß A damit die für B günstigere Währung von belgischen Franken (= keine 50,– DM) meinte. Er mußte entweder nachfragen, welche Währung A meint, oder die Erklärung des A vom objektiven Empfängerhorizont nach dessen wirklichen Willen erforschen und hätte dann erkennen müssen, daß der in Frankreich lebende A im Normalfall nur zu französischen Franken (also zu einem Gegenwert von ca. 300,– DM) verkaufen wollte.

(3) Schreibt aber A an den B, daß er ihm Ware für 450,– DM verkaufen will, während er tatsächlich für 540,– DM verkaufen wollte, muß und kann B mangels weiterer Anhaltspunkte aus der Erklärung des A nur auf dessen (in Wirklichkeit nicht vorhandenen) Willen schließen, für 450,– DM verkaufen zu wollen. Der Vertrag kommt zunächst jedenfalls zu 450,– DM zustande. Allerdings hätte A die Möglichkeit, seine Willenserklärung wegen Irrtums anzufechten. Doch dazu erst später!

Zur Auslegung von Willenserklärungen können wir uns zusammenfassend folgendes merken:

(a) Ist der Inhalt einer Willenserklärung mehrdeutig oder weicht die konkret geäußerte Erklärung vom Willen des Erklärenden ab, so ist durch Auslegung zu klären, ob der wahre Geschäftswille beider Parteien übereinstimmt. In diesem Fall gilt das von beiden Parteien übereinstimmend Gewollte, unabhängig davon, was die Erklärung tatsächlich bedeutete.

(b) Fehlt es an einer Willensübereinstimmung der Parteien, so ist die Erklärung unter Berücksichtigung der Begleitumstände und der Verkehrssitte sowie unter Abwägung der Interessen des Erklärenden und des Erklärungsempfängers aus der Sicht eines objektiven Erklärungsempfängers auszulegen.

Wiederholen Sie die »Auslegung von Willenserklärungen« nun anhand der nachstehenden Übersicht 16 (Teil 4).

Übersicht 16 (Teil 4):

Willenserklärungen

IV. Auslegung von Willenserklärungen

§ 133

Auslegung: Ermittlung des Inhalts einer WE durch Interpretation unter Beachtung nachfolgender Kriterien

Nach § 133 ist nicht das buchstäblich Erklärte, sondern der wirkliche Wille maßgebend: → Nicht subjektiver »innerer Wille«, sondern objektiv erklärter Wille → aus der Sicht eines neutralen Empfängers der WE *(objektiver Empfängerhorizont)*, wie er vernünftigerweise nur verstanden werden kann.

Bsp.: »Haakjöringsköd«-Fall → Obwohl »Haifischfleisch« erklärt wurde, wollten beide Vertragsparteien »Walfischfleisch«. Auch von *objektivem* Empfänger konnte WE daher nur so »ausgelegt« werden, daß Vertrag von beiden Parteien über Walfischfleisch gewollt war *(»falsa demonstratio non nocet«)*

Grundsätze:

1. Geschäftswille beider Parteien stimmt trotz »falscher« WE überein → Es gilt das Gewollte!

2. Fehlt die Willensübereinstimmung beider Parteien, ist WE wie oben beschrieben, (objektiv!) auszulegen → *Beispiele:* Übersendung von *Verkaufspreisliste u. »Kaufangebot«* = Verkaufsangebot; Verkaufsangebot von Frankreich nach Belgien zu 1 000 Francs = im Zweifel *FF*, nicht bfrs.!
Schreibt Verkäufer *versehentlich* 450,– DM statt 540,– DM, gilt WE »450,– DM, da »innerer Wille« nicht maßgeblich (aber Anfechtung wegen Irrtums möglich)!

Exkurs: Auslegung und Analogie

I. Auslegung

Die Auslegung ist nicht nur im Zusammenhang mit Willenserklärungen, Verträgen oder Vertragsbedingungen von Bedeutung, sondern vor allem auch für Rechtsnormen (Gesetze, Satzungen). Zwar werden Sie in Ihrem Beruf kaum in die Verlegenheit kommen, schwierige Rechtsnormen auslegen zu müssen; dazu sind in erster Linie Richter, Rechtsanwälte oder vielleicht der Hausjurist Ihres Unternehmens berufen, doch sollten Sie im Rahmen einer Einführung in das Recht zumindest einmal erfahren haben, was sich hinter dem Begriff der Auslegung verbirgt und wie man bei der Auslegung vorgeht. In der Wirtschaftspraxis kann es durchaus vorkommen, daß Sie im Außendienst einem Kunden z. B. eine für diesen schwierige oder mehrdeutige Vertragsklausel erklären und dann auch in der Lage sein müssen, scheinbar – für den Laien – mißverständliche Formulierungen zu interpretieren.

Wie bei Willenserklärungen die Auslegung erforderlich wird, wenn der in der Erklärung ausgedrückte Wille mißverständlich oder mehrdeutig ist, so wird auch bei der Auslegung (Interpretation) von scheinbar klaren Begriffen und Ausdrücken, die das Gesetz verwendet, der Wille des Gesetzgebers erforscht.

Der Jurist kennt bei der Auslegung von Rechtsvorschriften vier Methoden:

1. Die *grammatikalische* oder *wörtliche Auslegung.*

Hierbei wird von der im Gesetz verwendeten Ausdrucksweise, vom reinen Wortsinn, ausgegangen; d. h. man versucht, den Inhalt einer Norm aus der sprachlichen Fassung zu erkennen. So verwendet das Gesetz z. B. häufig die Worte: »muß«, »soll« oder »kann«. Als Kenner der juristischen Fachsprache weiß man dann, daß eine sog. »Muß-Vorschrift« ein zwingendes Gebot enthält und daß ein Verstoß dagegen (durch eine Vertragsklausel z. B.) zur Nichtigkeit (dieser Klausel) führt. Eine »Soll-Vorschrift« ist zwar verbindlich weil sie beachtet werden soll, doch führt ein Verstoß dagegen nicht zur Nichtigkeit. Eine »Kann-Vorschrift« schließlich drückt aus, daß etwas zulässig ist oder getan werden darf, aber es ist nicht zwingend geboten. Die grammatikalische Auslegung kann vor allem helfen, sogenannte Redaktionsversehen[46] aufzuklären.

Hierzu ein recht amüsantes *Beispiel*[47], nämlich § 919 Abs. 1 BGB – ganz genau lesen!

■ Was fällt Ihnen hieran auf? (Haben Sie genau gelesen?).

▷ Das Gesetz handelt davon, daß »ein Grenzzeichen verrückt oder unkenntlich geworden ist«. Gemeint war natürlich: »verrückt worden oder unkenntlich geworden ist«. Die grammatikalische Auslegung ergibt unschwer, daß der Gesetzgeber

46 Sofern Sie wissen sollten, daß das BGB seit 1900 durch gut 80 Änderungsgesetze den Zeitveränderungen angepaßt wurde, werden Sie sich möglicherweise (zu Recht) fragen, warum der Gesetzgeber anläßlich dieser Gesetzesänderungen nicht auch solche »Redaktionsversehen«, auf die in der Literatur immer wieder hingewiesen wird, verbessert hat.
Antwort: Ich weiß es auch nicht!

47 u. a. auch bei *Brox,* Rdnr. 59

nicht ein »wahnsinniges« Grenzzeichen, sondern ein verschobenes Grenzzeichen meinte!

2. Eine andere Methode ist die *systematische Auslegung.*

Man versucht, eine Unklarheit der Formulierung durch die systematische Stellung der einzelnen Vorschriften im gesamten Gesetzeswerk zu klären, indem man den Zusammenhang dieser Vorschrift mit vorstehenden und/oder nachstehenden Vorschriften vergleicht. Lesen Sie hierzu noch einmal § 133. Daß mit dem Begriff »wirklicher Wille« nicht der subjektive, innere Wille des Erklärenden gemeint ist, sondern der durch die Erklärung ausgedrückte objektiv zu beurteilende Geschäftswille, ergibt ein Vergleich mit der Vorschrift des § 119 Abs. 1, den wir demnächst noch ausführlich untersuchen werden.

In § 119 Abs. 1 S. 1 (lesen!) heißt es, daß jemand eine Willenserklärung, die er eigentlich gar nicht abgeben wollte, unter bestimmten Voraussetzungen anfechten kann. Wir hatten dazu das Beispiel mit dem Kaufpreis von 150,– DM statt 540,– DM gebildet. § 119 Abs. 1 S. 1 wäre überflüssig, wenn schon die Interpretation des Begriffes »wirklicher Wille« in § 133 ergäbe, daß hiermit der innere Wille des Erklärenden gemeint ist und nicht der objektiv ausgedrückte Geschäftswille; dann bräuchte der Erklärende seine Willenserklärung gar nicht mehr gem. § 119 anzufechten[48]. Im genannten Beispiel würde der Vertrag, wie vom Anbietenden beabsichtigt, zu 540,– DM zustandekommen.

3. Die dritte Möglichkeit der Gesetzesauslegung ist die *historische Auslegung.*

Die Entstehungsgeschichte des Gesetzes kann helfen, den Sinn eines nicht ganz eindeutigen Begriffes zu ermitteln. Beim BGB kann man auf die Begründungen zu dem ersten und zweiten Entwurf zurückgreifen, den sogenannten »Motiven« und »Protokollen«, die, wie Sie wissen, mit den Entwürfen zum BGB geliefert wurden.

Lesen Sie § 644 Abs. 1 S. 1! Es geht um die »Abnahme« des Werkes bei einem Werkvertrag.

Umstritten ist, zu welchem Zeitpunkt diese Abnahme vorliegt. Eine Meinung will z. B. auf den Zeitpunkt der tatsächlichen Ablieferung des Werkes beim Besteller abstellen; andere fordern für die Abnahme zusätzlich eine gesonderte Annahmeerklärung des Bestellers.[49] Letzteres wird damit begründet, daß in den »Protokollen« von den Verfassern des zweiten Entwurfs eine Annahmeerklärung gefordert wurde, was dann allerdings nicht ausdrücklich ins Gesetz aufgenommen wurde.

Daß dieser Meinungsstreit zu § 644 nicht nur akademische, sondern ganz praktische Bedeutung hat, zeigt folgendes *Beispiel:*

Nehmen wir an, bei dem in § 644 Abs. 1 S. 1 angesprochenen »Werk« handelt es sich um die Reparatur eines Autos. Wenn der Unternehmer (Werkstatt), Ihnen das reparierte Auto in Ihrer Abwesenheit nach Hause bringt und den Schlüssel in Ihren Briefkasten steckt, wäre nach der ersten Meinung die Abnahme erfolgt, obwohl Sie gar nicht zu Hause waren.

48 vgl. *Alpmann und Schmidt/Thomas,* S. 44
49 Nachweise zum Meinungsstreit bei *Palandt/Thomas,* § 640, Rdnr. 2

Nach § 644 Abs. 1 S. 1 würde der Unternehmer nicht mehr die sog. Gefahr – gemeint ist die Gefahr des Unterganges des Werkes – tragen. D. h., wenn das Auto, aus welchem Grunde auch immer, auf der Straße verbrennt, oder z. B. durch einen Baum bei einem Unwetter zertrümmert würde, wäre das Ihr Pech!

Wenn man aber der zweiten (herrschenden) Meinung folgt (für die auch die wörtliche/grammatikalische Auslegung von § 644 Abs. 1 S. 2 spricht! – überlegen Sie selbst, warum!), nach der zur Abnahme die *Annahmeerklärung des Bestellers,* also *Ihre* Erklärung, erforderlich ist, läge die Gefahr des Unterganges bis zu dieser Erklärung noch beim Unternehmer. In diesem Falle müßte er für das zerstörte Auto Schadensersatz leisten: Er hätte es ohne Ihre Annahmeerklärung nicht einfach bei Ihnen stehen lassen dürfen, sondern wieder mit in die Werkstatt nehmen müssen!

4. Die vierte und wohl am schwierigsten zu vollziehende Methode der Gesetzesauslegung ist die *teleologische Auslegung.*

Man versucht zu ermitteln, welchen *Sinn und Zweck* der Gesetzgeber mit der jeweiligen Vorschrift verfolgte. Auf diese Weise kann z. B. festgestellt werden, ob ein Begriff eng oder weit auszulegen ist.

Dazu folgendes *Beispiel*[50]:

Frau A will ein halbes Jahr nach dem Tod ihres Mannes eine neue Ehe eingehen. Der Standesbeamte weist auf § 8 Abs. 1 EheG hin. Darin steht, daß eine Frau nicht vor Ablauf von zehn Monaten nach Auflösung ihrer früheren Ehe eine neue Ehe eingehen soll; es sei denn, daß sie inzwischen geboren hat. Frau A beruft sich darauf, daß sie nach dem Tode ihres Mannes eine Fehlgeburt gehabt habe. Der Standesbeamte meint, »Geburt« i. S. v. § 8 Abs. 1 sei die Geburt eines lebenden Kindes.

[Lesen Sie nun § 8 Abs. 1 EheG, das in dem dtv-Text Nr. 5001 (= BGB!) unter Nr. 8 zu finden ist!].

Um festzustellen, ob der Standesbeamte recht hat, muß § 8 Abs. 1 EheG nach seinem Sinn und Zweck ausgelegt werden. Dieser Zweck besteht sicherlich nicht darin, für die Witwe eine Art Trauerjahr von zehn Monaten einzuführen. Es wäre nicht einzusehen, warum nicht auch der Mann als Witwer trauern sollte. Außerdem braucht eine Ehe nicht unbedingt durch den Tod des Ehegatten aufgelöst werden, sondern sie kann auch durch Richterspruch geschieden sein; dann bestünde möglicherweise eher ein Grund zur Freude als zur Trauer ... Vor allem ließe es sich mit einem solchen Sinn – Trauerjahr der Witwe – nicht vereinbaren, daß die Frau diese Wartezeit nicht einzuhalten braucht, wenn sie inzwischen geboren hat[51]. Gerade dieser Nebensatz läßt Schlüsse auf den wirklichen Sinn dieser Vorschrift zu: Sie soll nämlich verhindern, daß ein Kind, das noch aus der aufgelösten ersten Ehe stammt und in der neuen Ehe geboren wird, als eheliches Kind der neuen Ehe angesehen wird. Das wäre nämlich gem. § 1600 Abs. 1 der Fall, wenn sich z. B. bei einem neun Monate nach der Auflösung der ersten Ehe geborenen Kind der Tag der Empfängnis nicht mehr exakt feststellen läßt[52]. Ohne Biologe oder Arzt sein zu müssen, weiß man, daß hier immer

50 vgl. *Brox,* Rdnr. 62

51 a. a. O.

52 ***§ 1600 Abs. 1 nachlesen! – zur ersten Information auch schon §§ 1591, 1592;*** siehe später Band III der »Grundzüge« (»Familienrecht«)

eine Differenz von einigen Tagen möglich sein kann. Zehn Monate nach Auflösung der ersten Ehe besteht diese Gefahr (Zuordnungsgefahr) nicht mehr. Und wenn die Frau nach Auflösung der ersten und vor Eingehung der zweiten Ehe geboren hat, besteht diese Gefahr selbstverständlich erst recht nicht! Das Kind ist dann zumindest rechnerisch mit Sicherheit aus der ersten Ehe, und zwar unabhängig davon, ob es sich um eine Lebendgeburt oder eine Fehlgeburt handelt. Damit ergibt die teleologische Auslegung von § 8 Abs. 1 EheG, die Auslegung nach dem Sinn und Zweck der Vorschrift, daß der Standesbeamte unrecht hat und daß unter »Geburt« i. S. v. § 8 Abs. 1 EheG auch eine Fehlgeburt zu verstehen ist![53]

II. Analogie

Analogie bedeutet, schlägt man das Wort im Fremdwörterlexikon nach, »Entsprechung, Ähnlichkeit« oder »Übereinstimmung«. In der Rechtswissenschaft versteht man unter Analogie die entsprechende (»analoge«) Anwendung eines für einen bestimmten Tatbestand erlassenen Gesetzes auf einen anderen ähnlichen, gesetzlich aber nicht geregelten Tatbestand. Dadurch wird eine *Gesetzeslücke* gefüllt; in diesem Fall spricht man von »Gesetzesanalogie«. Ein *Beispiel* dafür ist § 12 – lesen! Danach ist der Name von natürlichen Personen geschützt und der Berechtigte kann sich gegen den unbefugten Gebrauch seines Namens mit einer Unterlassungsklage wehren. Dagegen enthält das Vereinsrecht des BGB, das Sie auszugsweise kennengelernt haben, in den §§ 21 bis 79 keine Vorschrift über den Schutz des Vereinsnamens.

Da aber Vereine als juristische Personen ebenso Rechtssubjekte sind, wie die natürlichen Personen, hat das Reichsgericht einmal entschieden, daß sich ein Verein gegen den unbefugten Gebrauch seines Namens ebenfalls mit der Unterlassungsklage wehren kann und zwar »gem. § 12 *analog*«.

Möglich ist auch, einen aus mehreren Vorschriften hergeleiteten Rechtsgedanken auf *ähnliche vom Gesetz nicht geregelte Fälle* zu erstrecken. Dabei werden gleich mehrere Gesetzesbestimmungen analog angewandt. Man bezeichnet dies als »Rechtsanalogie«.

Auch dazu ein *Beispiel:* Im BGB gibt es eine Vielzahl von Vorschriften, die für den Fall, daß der Schuldner eines Schuldverhältnisses seine Leistung gar nicht oder zu spät erfüllt, dem Gläubiger einen Schadensersatzanspruch gewähren. Das sind z. B. die Vorschriften der §§ 280, 286, 325, 326, die Sie aber jetzt nicht lesen müssen. Nicht geregelt ist im BGB, was passiert, wenn der Schuldner seine Leistung zwar nicht zu spät, aber schlecht erfüllt. Diese Gesetzeslücke wurde von der Rechtslehre dadurch geschlossen, daß man dem Gläubiger in *analoger* Anwendung der §§ 280, 286, 325, 326 für den Fall der Schlechterfüllung ebenfalls einen Schadensersatzanspruch aus »positiver Vertragsverletzung«[54] zugesteht.

Mit der Lektüre von Übersicht 17 wollen wir diesen Exkurs in die Rechtstheorie beenden und uns wieder dem Recht der Willenserklärungen zuwenden.

53 vgl. *Brox,* a. a. O.
54 dazu später ausführlicher (Bd. II »Allgemeines Schuldrecht«)

Übersicht 17

Exkurs: Methoden der Rechtwissenschaft

I. Auslegung von Rechtsnormen

Unter *»Auslegung«* versteht man allgemein die *Interpretation von mehrdeutigen Begriffen oder Formulierungen.* Zur Auslegung von Rechtsnormen gibt es *vier Methoden:*

1. Grammatikalische (wörtliche) Auslegung
Der Inhalt einer Norm wird aus der *sprachlichen Fassung* gedeutet.

Beispiele: (1)	*»Muß«-,*	*»Soll«-*	und	*»Kann«-Vorschriften*
	↓	↓		↓
	zwingendes Gebot – Verstoß führt zur Nichtigkeit	Gebot, aber nicht zwingend – keine Nichtigkeit bei Verstoß		Bedeuten: Zulässigkeit, Erlaubnis

(2) § 919 Abs. 1:
Das »verrückt . . . gewordene Grenzzeichen« ist nicht »wahnsinnig geworden«, sondern »verschoben worden«!

2. Systematische Auslegung
Deutung der Norm anhand ihrer *systematischen Stellung* im Gesetz.
Vergleich mit vor- und nachstehenden Vorschriften.
Bsp.: »Wirklicher Wille« in § 133 bedeutet *nicht* »innerer Wille«, sondern äußerer, obj. Wille; andernfalls wäre § 119 Abs. 1 überflüssig!

3. Historische Auslegegung
Inhalt eines nicht ganz eindeutigen Begriffes wird *mit Hilfe der Entstehungsgeschichte* des Gesetzes unter Berücksichtigung der Gesetzes*begründungen* interpretiert:
Bsp.: »Abnahme« in § 644 Abs. 1 S. 1 → Möglichkeiten:
a) Zeitpunkt der Ablieferung des Werkes durch den Unternehmer
b) Zusätzliche Annahmeerklärung von Besteller nötig
Historische Auslegung spricht für Meinung b), da die *Begründungen (»Motive«) zum zweiten Entwurf des BGB* diese Annahmeerklärung vorsehen.

Übersicht 17 *(Fortsetzung):*

4. Teleologische Auslegung
Ermittlung von *Sinn und Zweck*, den der Gesetzgeber mit *der Norm* verfolgte.
Bsp.: § 8 Abs. 1 EheG → »Geburt« = sowohl Fehl- als auch Lebendgeburt.
Zweck dieser Vorschrift sind nicht »10 Trauermonate« für Witwe, sondern ist die Eröffnung der Möglichkeit zur eindeutigen Zuordnung eines Kindes zu erster oder zweiter Ehe . . .

II. Analogie

»Analogie« bedeutet

a) die entsprechende *(analoge)* Anwendung einer Rechtsnorm auf einen vom Gesetz nicht geregelten Tatbestand, der dem dort geregelten Tatbestand ähnlich ist *(= Gesetzesanalogie)*
b) die entsprechende Anwendung eines aus mehreren Vorschriften hergeleiteten Rechtsgedankens auf einen ähnlichen, gesetzlich nicht geregelten Fall *(Rechtsanalogie)*

Beispiele:

(1) *Gesetzesanalogie:*
§ 12 (Schutz des Namens *natürlicher* Personen) gilt *analog* auch für *juristische* Personen.
(2) *Rechtsanalogie:*
BGB regelt Rechtsfolge (= Schadensersatz) von *Spät*erfüllung (= »Verzug«) – §§ 286, 326 – und *Nicht*erfüllung (= »Unmöglichkeit«) – §§ 280, 325 – der Leistung des Schuldners, aber nicht *Schlecht*erfüllung (sog. »positive Vertragsverletzung«) → »Gesetzeslücke« – daher bei Schlechterfüllung Schadensersatz *»analog* §§ 280, 286, 325, 326«!

c) Empfangsbedürftige und nicht empfangsbedürftige Willenserklärungen

Ausgangspunkt für unseren Exkurs war die Auslegung von Willenserklärungen nach § 133 BGB. Zweck der Auslegung ist es, den nach objektiven Maßstäben zu beurteilenden wirklichen Willen des Erklärenden zu erforschen, um den Inhalt einer (scheinbar) mehrdeutigen Willenserklärung zu ermitteln. Hat man dies getan, oder ist der Inhalt einer Willenserklärung von vornherein eindeutig gewesen, so kann dennoch zweifelhaft sein, ob die Willenserklärung auch wirksam, d. h. vor allem: für den Erklärenden und/oder den Erklärungsempfänger bindend ist. Ob und wann dies der Fall ist, hängt u. a. davon ab, ob es sich um eine empfangsbedürftige oder eine nicht empfangsbedürftige Willenserklärung handelt.

Empfangsbedürftige Willenserklärungen sind solche, die an eine andere Person, den Erklärungsempfänger, gerichtet sein müssen, damit sie wirksam werden können. Empfangsbedürftige Willenserklärungen sind, mit anderen Worten, Willenserklärungen, die »einem anderen gegenüber abzugeben« sind, wie das Gesetz es in § 130 Abs. 1 formuliert, den Sie jetzt lesen sollen. Nicht empfangsbedürftige Willenserklärungen sind dementsprechend solche, die nicht an eine andere Person gerichtet sein müssen.

Typische Beispiele für empfangsbedürftige Willenserklärungen sind das Angebot zu einem Vertragsschluß und dessen Annahme. Beispiel für einc nicht empfangsbedürftige Willenserklärung ist das Testament. Derjenige, der ein Testament aufsetzt (= Erblasser)[55], hat keine Pflicht, die von ihm Bedachten schon zu seinen Lebzeiten darüber zu informieren. Das Testament wird wirksam, wenn es in rechtsgültiger Form errichtet wurde, ohne daß der dort niedergelegte (erklärte) Wille gegenüber einer anderen Person geäußert wird[56]. Die nicht empfangsbedürftige Willenserklärung ist demnach wirksam zu dem Zeitpunkt, in dem sie *abgegeben* wird.

■ Wenn Sie § 130 Abs. 1 eben aufmerksam gelesen haben (wenn nicht, lesen Sie ihn nochmals), konnten Sie feststellen, daß dort für empfangsbedürftige Willenserklärungen ein weiteres Wirksamkeitserfordernis enthalten ist. Welches?

▷ Sie muß dem Erklärungsempfänger *zugegangen* sein!

d) Abgabe und Zugang von empfangsbedürftigen Willenserklärungen

Für das Wirksamwerden einer empfangsbedürftigen Willenserklärung müssen gem. § 130 Abs. 1 zwei Voraussetzungen erfüllt sein:

Zum einen die Abgabe und zum anderen der Zugang[57].

55 hierzu ebenfalls später = Band III (»Erbrecht«)

56 weitere Beispiele für nicht empfangsbedürftige WEen: §§ 657, 959

57 ***Sie sollten sich in § 130 Abs. 1 S. 1 die Worte »abgegeben« und »zugeht« unterstreichen!***

Rechtlich bedeutsam wird eine Willenserklärung zunächst mit ihrer Abgabe. Wenn jemand nur die Absicht hat, einen Kaufvertrag zu schließen, dies aber noch nicht geäußert hat, liegt selbstverständlich noch keine Willenserklärung vor, da es an der Kundgebung seines Willens fehlt. Absichten und Pläne sind, juristisch gesehen, ohne Bedeutung. An der rechtswirksamen Abgabe einer Willenserklärung kann es auch fehlen, wenn diese Willenserklärung tatsächlich schon existiert, z. B., wenn jemand einen Bestellschein ausfüllt und unterschreibt, diesen aber noch nicht absendet, sondern liegen läßt. Wird dieser Bestellschein versehentlich durch einen Dritten, etwa die Putzfrau, abgesandt, so hat der Erklärende diese Willenserklärung tatsächlich nicht abgegeben. Es handelt sich um eine »abhanden gekommene Willenserklärung«. Nach dem sog. »Vertrauensschutzprinzip« ist diese Willenserklärung ihm nicht zuzurechnen, da er ihre Kundgabe nicht veranlaßt hat.

Dieses Prinzip darf natürlich nicht überdehnt werden. So liegt selbstverständlich eine Abgabe vor, wenn der Erklärende einen Brief mit seiner Willenserklärung selbst in den Briefkasten wirft. Er kann sich später nicht spitzfindig darauf berufen (schon vorgekommen!), die Erklärung sei noch nicht abgegeben, da er noch die Möglichkeit gehabt habe, sich den Brief bei Leerung des Kastens durch die Post zurückgeben zu lassen!

Abgegeben ist eine Willenserklärung immer dann, wenn der Erklärende von sich aus alles unternommen hat, damit sie erkennbar nach außen dringen kann.

Lesen Sie hierzu das nächste Fallbeispiel:

Übungsfall 10	
Der Kaufmann C. U. Later (C) in Köln beauftragt seinen Lehrling B. Havior (B), zwei Geschäftsbriefe zur Post zu bringen. Vom Fenster ruft er dem B nach, er solle nur den Stadtbrief einwerfen, den Brief nach Münster solle er wieder mitbringen. B versteht den C falsch und wirft den Brief nach Münster ein. Als C den Irrtum entdeckt, widerruft er sogleich telegrafisch das in dem Brief enthaltene Verkaufsangebot über 12 Flaschen Wein an Herrn Al. E. Gator (A). Das Telegramm kommt jedoch bei diesem (A) später an als das Angebot. A verlangt von C Lieferung des Weines. Zu Recht?	

■ Aus welcher Vorschrift ein Anspruch des A gegen C auf Lieferung des Weines folgen könnte, müßten Sie eigentlich beantworten können, da wir diese Vorschrift aus dem ›Besonderen Schuldrecht‹ schon mehrfach angesprochen haben?

▷ § 433 Abs. 1 S. 1 – lesen!

§ 433 Abs. 1 S. 1 ist in unserem Fall die mögliche Anspruchsgrundlage für A.

■ Welche Voraussetzung muß zunächst erfüllt sein, damit dieser Anspruch gegeben ist?

▷ Zwischen A und C müßte ein wirksamer Kaufvertrag i. S. d. § 433 BGB zustandegekommen sein!

■ Was ist wiederum Voraussetzung für einen wirksamen Kaufvertrag?

▷ Ein wirksames Angebot und dessen Annahme.

■ Wer hat in unserem Fall ein solches Angebot gemacht?

▷ Der C: in dem Brief an A befand sich ein Verkaufsangebot über 12 Flaschen Wein. Dieses Angebot ist dem A ganz offensichtlich auch zugegangen. Der fehlende Zugang des Angebots bei A kann der Wirksamkeit dieser Willenserklärung des C somit nicht entgegenstehen.

■ Um welche Art von Willenserklärungen handelt es sich bei einem Vertragsangebot?

▷ Um eine empfangsbedürftige Willenserklärung!

■ Was ist zur Wirksamkeit einer empfangsbedürftigen Willenserklärung außer dem Zugang noch erforderlich?

▷ Ihre wirksame Abgabe! Die wirksame Abgabe einer Willenserklärung liegt trotz Zugangs beim Empfänger, wie Sie gelernt haben, nicht vor, wenn es sich um eine abhanden gekommene Willenserklärung handelt.

Abhanden gekommene Willenserklärungen sind solche, die ohne Veranlassung des Erklärenden nach außen, insbesondere an den Empfänger gelangen.

■ Hat C veranlaßt, daß das Angebot an den A gelangt ist?

▷ Man könnte meinen, daß dies nicht so ist, da C seinem Lehrling ausdrücklich zugerufen hat, den Brief nach Münster nicht einzustecken.

Dabei ist jedoch zu berücksichtigen, daß der Lehrling B als Bote eingeschaltet wurde. Wird ein Bote zur Übermittlung einer Willenserklärung eingeschaltet, ist die Willenserklärung grundsätzlich nur abgegeben, wenn sie dem Boten mit dem Auftrag, sie zu überbringen, übergeben und der Bote abgesandt worden ist. Erst dann bestehen keine Zweifel mehr an der Endgültigkeit des Willens des Erklärenden[58]. Abgesandt ist ein Bote, wenn er sich zur Ausführung des Auftrages aus den Geschäftsräumen seines Geschäftsherrn entfernt hat. Maßgeblich ist der Zeitpunkt, zu dem der Geschäftsherr erkennbar zum Ausdruck gebracht hat, daß er sich endgültig entschieden hat. Solange sich der Bote und damit die ihm übergebene Willenserklärung noch im eigenen Bereich – im sog. »Herrschaftsbereich« – des Erklärenden befinden, kann jener sich noch anders entscheiden. Solange sich der Bote noch im räumlichen Herrschaftsbereich des Geschäftsherrn, befindet, ist dessen Willenserklärung noch nicht nach außen gedrungen und nicht abgegeben.

■ Wie sieht das in unserem Fall aus?

58 vgl. *Larenz*, § 21 II a)

▷ Da B sich mit dem Willen des C außerhalb der Geschäftsräume auf dem Weg zur Post befand, war die Willenserklärung zu diesem Zeitpunkt tatsächlich bereits abgegeben. Daran kann auch die durch das Fenster gerufene Mitteilung des C, B solle den Brief nach Münster nicht absenden, nichts ändern; das Risiko, daß B den C falsch verstanden hat, liegt allein bei C.

■ Erscheint Ihnen das »gerecht« oder nicht? (Meistens lautet die spontane Antwort: »Nein«!).

▷ Wem das nicht richtig oder gerecht erscheint, der möge sich vorstellen, daß C selbst versehentlich den Brief nach Münster statt den nach Köln in den Briefkasten gesteckt hätte ... Somit ist die Abgabe des Verkaufsangebotes hier erfolgt.

■ Konnte durch den Widerruf des C die Abgabe verhindert bzw. wieder rückgängig gemacht werden?

▷ Nein! Der Widerruf einer Willenserklärung kann deren Wirksamwerden nur dadurch verhindern, daß er ihr zweites Wirksamkeitserfordernis, den Zugang, verhindert.

■ Wann ist dies der Fall? Welche Vorschrift ist maßgebend?

▷ § 130, und zwar Abs. 1 S. 2 – lesen!

Danach wird die Willenserklärung nur dann nicht wirksam, wenn dem Empfänger ein Widerruf vorher oder gleichzeitig zugeht.

■ Ist diese Voraussetzung in unserem Fall erfüllt?

▷ Das Telegramm des C, das den Widerruf enthielt, ging dem A erst nach dem Angebot des C zu! Somit war das Angebot des C wirksam und C war daran gebunden.

■ Aus welcher Vorschrift ergibt sich die Bindung an ein Angebot?

▷ Aus § 145 BGB – lesen!
A konnte deshalb dieses Angebot annehmen. Dies hat er – und zwar konkludent[59] – getan.

■ Worin ist die konkludente Annahme durch A zu sehen?

▷ In dem Lieferungsverlangen!

■ Wie lautet das Endergebnis unseres Falles?

▷ Zwischen A und C ist ein Kaufvertrag über 12 Flaschen Wein zustandegekommen, so daß A gem. § 433 Abs. 1 S. 1 einen Anspruch auf Lieferung des Weines hat und diese zu Recht verlangt![60] –

Die empfangsbedürftige Willenerklärung bedarf zur Wirksamkeit außer der Abgabe gem. § 130 Abs. 1 S. 1 (lesen!) noch des Zugangs. Daß § 130 nur von der Willenserklärung unter Abwesenden spricht, bedeutet übrigens nicht, daß bei einer Willenserklärung unter Anwesenden kein Zugang erforderlich ist!

59 vgl. oben S. 86 f.
60 ähnlicher Fall bei *Alpmann und Schmidt,* AT 1, S. 33

■ Warum wurde das im Gesetz wohl nicht erwähnt?

▷ Weil der Zugang einer Willenserklärung unter Anwesenden normalerweise keine Probleme macht: Um den Zugang zu verhindern, müßte sich der anwesende Erklärungsempfänger schon die Ohren oder Augen zuhalten ... Unter Anwesenden ist eine Willenserklärung zugegangen, wenn sie vom Empfänger wahrgenommen oder verstanden werden konnte. Eine mündliche Willenserklärung hat selbstverständlich keine Wirksamkeit z. B. gegenüber Taubstummen und auch nicht gegenüber sprachunkundigen Ausländern. Handelt es sich aber um einen »normalen« anwesenden Erklärungsempfänger, so ist es regelmäßig sein Risiko, daß er die Willenserklärung auch richtig versteht. Gegebenenfalls kann er ja rückfragen! Er kann sich jedenfalls später nicht darauf berufen, daß er die Willenserklärung wegen eines Hörfehlers oder dergleichen nicht richtig verstanden habe.

■ Zwischenfrage: Ist eine Willenserklärung am Telefon eine Willenserklärung unter Anwesenden oder Abwesenden?

▷ Eine Willenserklärung unter Anwesenden!

Das wird häufig, obwohl es aus dem Gesetz ganz klar hervorgeht, noch von fortgeschrittenen Juristen mißverstanden. Lesen Sie hierzu § 147 Abs. 1 S. 1 und 2: Das Gesetz legt in § 147 Abs. 1 S. 2 ausdrücklich fest, daß die Fernsprechpartner den Anwesenden gleichgestellt sind (Fiktion! = Anwesenheit des Telefonpartners wird fingiert!).

Was bedeutet »Zugang« im Sinne von § 130 BGB? Da das Gesetz den Begriff des Zuganges nicht näher definiert, muß dieser Begriff ausgelegt werden. Obwohl wir inzwischen alle Methoden der Gesetzesauslegung perfekt beherrschen, wollen wir uns mit der Auslegung nicht aufhalten; dies wurde uns schon von Rechtsprechung und Lehre abgenommen. Nach h. M. liegt Zugang vor, wenn die Erklärung so in den Machtbereich des Empfängers gelangt ist, daß unter normalen Umständen damit zu rechnen ist, er könne davon Kenntnis nehmen (sog. »Empfangstheorie«)[61]. Abzustellen ist nicht auf die tatsächliche Kenntnisnahme durch den Empfänger (oder seinen Beauftragten), sondern auf die vom Absender zu veranlassende abstrakte Möglichkeit der Kenntnisnahme, wie sie unter normalen Umständen gegeben ist und mit deren Vorliegen der Empfänger rechnen konnte.

■ Die Überlegungen, die zu diesem Ergebnis der Auslegung des Zugangsbegriffes geführt haben, sind einleuchtend; was würde z. B. passieren können, wenn der »Zugang« nur die tatsächliche Kenntnisnahme voraussetzen würde?

61 vgl. BGHZ 67, 271, (275) sowie *Palandt/Heinrichs*, § 130, Rdnr. 5

▷ Der Empfänger hätte es in der Hand, durch bloße Nichtkenntnisnahme das Wirksamwerden der Willenserklärung zu verhindern.

■ Und was wäre, wenn man für den Zugang nur das tatsächliche Ankommen der Willenserklärung im Machtbereich des Empfängers ausreichen lassen würde?

▷ Dann hätte der Erklärende die Möglichkeit, dem Empfänger eine Willenserklärung zukommen zu lassen, ohne daß dieser unter normalen Umständen davon *Kenntnis* nehmen kann. Die h. M. berücksichtigt mit der Empfangstheorie zum Zugang der Willenserklärung unter Abwesenden gleichermaßen die Interessen des Erklärenden und des Erklärungsempfängers. Praktisch bedeutsam wird diese Theorie insbesondere, wenn es um das Wirksamwerden einer schriftlichen Willenserklärung unter Abwesenden geht, die meist durch Zusendung eines Briefes vorgenommen wird.

■ Zwischendurch eine nicht ganz einfache Verständnisfrage:
Bei schriftlichen Willenserklärungen spricht man ebenso wie z. B. bei Tonbandaufnahmen von »verkörperten Willenserklärungen«. Möglich ist durchaus, daß der Erklärende, ohne eine verkörperte Willenserklärung mündlich zu äußern, das Schriftstück oder das Tonband selbst beim Empfänger abgibt, so daß es sich eigentlich um eine Willenserklärung unter Anwesenden handelt. Die Frage dazu ist: Wovon hängt das Wirksamwerden dieser Willenserklärung unter Anwesenden ab, die von § 130 nicht direkt angesprochen wird?

▷ Ebenfalls von ihrem Zugang! § 130 Abs. 1 wird analog angewendet!

■ Warum?

▷ Der Fall ist im Gesetz nicht ausdrücklich geregelt ist, aber einem im Gesetz geregelten Fall sehr ähnlich. Und das ist, wie Sie erfahren haben, ein typischer Fall für die Gesetzesanalogie.

■ Zu welchem Zeitpunkt erfolgt, wenn der Erklärende dem Empfänger den Brief oder das Tonband mit einer Willenserklärung selbst übergibt, wohl der Zugang?

▷ Zum Zeitpunkt der Übergabe; von diesem Zeitpunkt an ist die Willenserklärung im Machtbereich des Empfängers und er hat auch die Möglichkeit der Kenntnisnahme.

Daß die Diskussion um den Zugang als Wirksamkeitsvoraussetzung einer Willenserklärung wiederum nicht nur theoretische oder akademische Bedeutung hat, zeigt sich vor allem, wenn man berücksichtigt, welche wichtigen Folgen eine wirksame Willenserklärung haben kann:

(1) Gem. § 145 ist der Erklärende an seine Willenserklärung (hier das Vertragsangebot) gebunden, sofern er die Gebundenheit nicht ausdrücklich ausgeschlossen hat (§ 145 nochmals lesen; unterstreichen Sie sich in § 145 die Worte »Gebundenheit ausgeschlossen« und notieren Sie sich am Rand »§ 130 Abs. 1 S. 2«, den Sie nochmals lesen sollten. Aus dieser Vorschrift hatten wir entnommen, daß ein Widerruf möglich ist, und wenn er rechtzeitig erfolgt, schließt er die Bindung des Erklärenden an die Willenserklärung aus.

(2) Mit dem wirksamen Zugang der Willenserklärung geht das Risiko, daß die Willenserklärung noch verloren geht (z. B. Verlust des Briefes, obwohl er nachweisbar in den Briefkasten des Empfängers geworfen wurde), auf den Empfänger über. Der Empfänger muß in diesem Fall die Willenserklärung, z. B. eine Kündigung, gegen sich gelten lassen.

(3) Muß eine Willenserklärung innerhalb einer bestimmten Frist erfolgen, wie das gerade bei Kündigungen häufig der Fall ist, entscheidet der Zugang darüber, ob die Frist eingehalten ist.

Das Problem des Zugangs von Willenserklärungen soll abschließend noch folgender Fall verdeutlichen:

Übungsfall 11

Kaufmann C. U. Later (C) handelt nicht nur mit Wein, er ist auch ein leidenschaftlicher Sammler antiker Möbel. Al. E. Gator (A), seinerseits Antiquitätenhändler, weiß dies und teilt dem C »unverbindlich« mit, er habe einen seltenen englischen Schreibsekretär zu 5 000,– DM in seinem Laden in Münster stehen. Obwohl C unlängst bei dem Weinverkauf an A dessen hartes Geschäftsgebaren zu spüren bekam, trägt er sich mit dem Gedanken, erneut mit A zu verhandeln, da er 5 000,– DM für einen besonders günstigen Preis hält. Am Samstagmorgen teilt er dem A brieflich mit, er wolle den Sekretär kaufen und wirft den Brief noch am selben Vormittag anläßlich eines Besuches in Münster in den Geschäftsbriefkasten des A. Als er abends im Bekanntenkreis von seinem »tollen Fang« berichtet, meint seine Freundin, Miss B. Havior (Schwester des Lehrlings . . .), Expertin in antiken englischen Möbeln, der Preis sei viel zu hoch.

Daraufhin verfaßt C eine Widerrufserklärung und steckt diese am Sonntagmorgen um 10.00 Uhr in den Briefkasten an der Tür von A's Privatvilla. Dort fiel der Brief auf den Boden im Flur und wurde nie mehr gesehen . . . A, der davon deshalb nichts weiß, liest am Montagmorgen das Angebot des C, nimmt es an und verlangt von C Abnahme und Bezahlung des Sekretärs. C meint, A könne ihn nicht – schon wieder – »festnageln« und weigert sich zu zahlen. A droht mit gerichtlichen Schritten.

Wird eine Klage des A gegen C auf Erfüllung des Kaufvertrages Erfolg haben?

■ Welche spontane Antwort gibt Ihnen Ihr Rechtsgefühl? (Überlegen Sie und notieren Sie sich Ihre Antwort, um sie dann mit den folgenden Ausführungen zu vergleichen).

▷ Eine Klage des A wird Erfolg haben, wenn A gegen C einen Anspruch auf Erfüllung des Kaufvertrages hat.

■ Welche Anspruchsgrundlage kommt in Betracht? Was verlangt A?

▷ Bezahlung des Kaufpreises gem. § 433 Abs. 2 sowie Abnahme der Kaufsache.

■ Was müssen wir wieder prüfen, um festzustellen, ob A diesen Anspruch geltend machen kann?

▷ Ob zwischen A und C ein wirksamer Kaufvertrag zustandegekommen ist.

■ Welche Voraussetzungen müssen dafür erfüllt sein?

▷ Wirksames Angebot und dessen Annahme!

■ Worin könnte das Angebot liegen?

▷ Nicht in der »unverbindlichen« Mitteilung des A, daß er einen wertvollen Sekretär in seinem Laden habe!

■ Wie ist diese Mitteilung vielmehr rechtlich zu qualifizieren?

▷ Als »invitatio ad offerendum«, da – obwohl direkt an C gerichtet – aus dieser Mitteilung des A noch kein konkreter Rechtsbindungswille ersichtlich ist!

■ Worin also liegt ein Angebot?

▷ In dem Schreiben des C, welches er am Samstagmorgen in den Geschäftsbriefkasten des A warf.

■ Was ist Voraussetzung, damit dieses Angebot wirksam wird?

▷ Abgabe und Zugang des Angebotes!

Die Abgabe erfolgte dadurch, daß C den Brief bei A eingeworfen hat. Fraglich könnte aber sein, ob die Willenserklärung dem A wirksam zugegangen ist!

Da C und A weder persönlich noch telefonisch Kontakt aufnahmen, handelt es sich bei dem Angebot des C um eine Willenserklärung unter Abwesenden. Für deren Wirksamwerden gilt wiederum § 130 Abs. 1, d. h., das Angebot müßte dem A zugegangen sein.

■ Wann ist eine Willenserklärung unter Abwesenden dem Empfänger nach h. M. zugegangen?

▷ Nach der Empfangstheorie ist eine Willenserklärung zugegangen, wenn sie dem Empfänger in der Art nahegebracht worden ist, daß er unter normalen Umständen von ihr Kenntnis nehmen konnte, und die Kenntnisnahme nach den von ihm getroffenen zumutbaren Vorkehrungen oder nach den Gepflogenheiten des Verkehrs auch erwartet werden konnte.

■ Wann wird dies bei einer Willenserklärung, die den Empfänger in seinen Geschäftsräumen erreicht, in der Regel der Fall sein?

▷ Wenn der Empfänger unter normalen Umständen dort verweilt und mit dem Empfang solcher Willenserklärungen rechnen muß; also während der täglichen üblichen Arbeitszeit. Im Regelfall ist dies (außer bei Studierenden und Dozenten sowie wenigen anderen Berufen) weder der Samstag noch der Sonntag!

■ Zu welchem Zeitpunkt könnte das Angebot des C dem A zugegangen und somit wirksam geworden sein?

▷ Am Montagmorgen!

■ Was könnte der Wirksamkeit aber entgegenstehen?

▷ Die Widerrufserklärung des C.

■ Was ist gem. § 130 Abs. 1 S. 2 Voraussetzung, damit ein Widerruf eine abgegebene Willenserklärung rückgängig machen kann?

▷ Der vorherige oder gleichzeitige Zugang des Widerrufs!

Zu prüfen ist, ob der von C am Sonntagmorgen in den Privatbriefkasten des A eingeworfene Widerrufsbrief dem A zu diesem Zeitpunkt auch zugegangen ist.

■ Was meinen Sie? (Erst überlegen, dann weiterlesen!).

▷ Durch den Einwurf in den Briefschlitz an der Haustür des A gelangte der Brief in privaten Herrschaftsbereich des A, so daß dieser grundsätzlich die Möglichkeit zur Kenntnisnahme hatte. Fraglich könnte sein, ob die Kenntnisnahme nach den Gepflogenheiten des Verkehrs objektiv auch erwartet werden konnte. Dies muß man angesichts der Tatsache, daß es für eine längerfristige Abwesenheit des A keine Anzeichen gab, bejahen. Da A auf das Angebot des C wartete, hätte er Vorkehrungen treffen müssen, aus denen C auf seine Abwesenheit hätte schließen können. Unerheblich ist, daß und auf welche Weise der vom C eingeworfene Brief verschwand[62]; denn dies fällt allein in die Risikosphäre des A, in dessen Herrschaftsbereich der Brief sich bereits befand. Somit ist der Widerruf dem A zugegangen, und zwar vor dem Angebot des C, so daß das Angebot gem. § 130 Abs. 1 S. 2 nicht wirksam war. Ein Kaufvertrag zwischen A und C kam nicht zustande.

■ Was ist das Endergebnis dieses Falles?

▷ C weigert sich zu Recht, den Sekretär abzunehmen und zu bezahlen. A hat keinen Anspruch auf Abnahme und Bezahlung des Sekretärs gegen C.

Anhand der beiden letzten Fälle haben Sie sicher gemerkt, wie wichtig es sein kann, genau zwischen Abgabe und Zugang von Willenserklärungen zu unterscheiden[63].

Das Wichtigste hierzu ist auf Übersicht 18 (S. 112) zusammengefaßt:

62 *Daß der Brief von C eingeworfen wurde und dann verschwunden ist, ist eine Tatsache, die Sie als bewiesen hinnehmen müssen und keineswegs in Zweifel ziehen dürfen – auch wenn das noch so unwahrscheinlich klingen mag!*

63 *In einer Klausur darf man dazu nur Stellung nehmen, wenn der Sachverhalt an der Wirksamkeit von Abgabe oder Zugang Zweifel läßt.*

Übersicht 18:

Recht der Willenserklärungen

Abgabe und Zugang von WEen

WEen können *empfangsbedürftig* (z. B. Angebot, Annahme, Kündigung) oder *nicht empfangsbedürftig* (z. B. Testament) sein. *Die meisten WEen sind empfangsbedürftig.*

1. *Jede* WE bedarf zu ihrer Wirksamkeit der Abgabe. *Vollzogen* ist die Abgabe, wenn der Erklärende von sich aus alles unternommen hat, damit die WE nach außen dringen konnte. Bei *nicht* empfangsbedürftigen WEen bedeutet die (durch Abgabe bewirkte) *Existenz* der WE gleichzeitig auch *Wirksamkeit* der WE (*keine* Abgabe von »abhanden gekommenen« WEen).

2. *Empfangsbedürftige* WEen bedürfen außer der Abgabe zur Wirksamkeit auch des *Zugangs.* Dabei *Unterschied* bei
   a) *WE unter Anwesenden* und
   b) *WE unter Abwesenden:*
   Zugang von a) → leicht festzustellen → Zugang ist nach h. M. erfolgt, wenn *mündl.* WE akustisch richtig vernommen (*inhaltliches* Verstehen nicht erforderlich) wurde, oder wenn bei *verkörperter* WE (= schriftlich; Tonträger) Möglichkeit zur Kenntnisnahme gegeben → idR genügt bloße Übergabe.
   – keine gesetzliche Regelung (= Rechtslehre)
   Zugang von b) → In *§ 130 Abs. 1 S. 1* normiert; Begriff aber nicht definiert. Nach h. M. ist eine WE unter Abwesenden zugegangen, »wenn sie dem Empfänger in der Art nahegebracht worden ist, daß er unter normalen Umständen von ihr Kenntnis nehmen konnte und die Kenntnis nach den von ihm selbst getroffenen Vorkehrungen oder den Gepflogenheiten des Verkehrs auch erwartet werden konnte« *(sog. »Empfangstheorie«).*

- Damit ist gleichzeitig der *Zeitpunkt des Zugangs* bestimmt. WE wird trotz Zugangs nicht wirksam, wenn vorher oder gleichzeitig *Widerrufserklärung* zugeht *(§ 130 I S. 2).*
- Kommt WE *nach* Zugang abhanden, trägt Empfänger Verlustrisiko.
- *Wichtige Bedeutung des Zugangs:* sofern eine WE innerhalb einer bestimmten *Frist* erfolgen muß, entscheidet Zugang über Einhaltung der Frist (z. B. Kündigung).
- *Zugangshindernisse:* Sind von dem zu vertreten, in dessen Risikobereich sie liegen.

Möglicherweise *haben* Sie gemerkt, daß wir die letzten beiden Übungsfälle, wenn auch im Frage- und Antwort-Verfahren, gutachtenähnlich gelöst haben, indem wir Schritt für Schritt den Sachverhalt unter die rechtlichen Voraussetzungen (= Vorschriften und dazu entwickelte Rechtstheorien – z. B. § 130: Zugang/Empfangstheorie) untergeordnet (subsumiert) haben.

Sie *werden* hoffentlich noch merken, daß Ihnen das immer leichter fällt, je öfter Sie solche Gutachten hören, lesen oder selbst erarbeiten. Wir wollen deshalb, bevor wir uns unserem nächsten Thema, dem Anfechtungsrecht, zuwenden, in einem weiteren Exkurs mit der Fortsetzung der »Einführung in die Methodik der Fallbearbeitung« fortfahren, nachdem wir bereits den Unterschied zwischen »Gutachten und Urteil« kennengelernt haben. (Lesen Sie dazu noch einmal Übersicht 15 auf S. 83!)

Exkurs: Methodik der Fallbearbeitung II (Allgemeine Vorüberlegungen zum Gutachten)

Ziel eines juristischen Gutachtens ist es (vgl. oben S. 78), einen bestimmten, tatsächlichen oder erdachten Lebensvorgang, einen sog. Sachverhalt, rechtlich einzuordnen, zu beurteilen und seine rechtlichen Probleme zu erkennen sowie zu lösen. Solche Lebensvorgänge nennt der Jurist, wie Sie inzwischen wissen, auch »Fälle«. Fälle, so hatten wir festgestellt, sind nichts anderes, als erdachte oder tatsächlich vorgekommene Geschehnisse des täglichen Lebens. Kommt es in einem Fall zu Streitigkeiten, wird daraus ein Rechtsfall. Ein solcher Fall ist auch Übungsfall 12.

Übungsfall 12

A sieht auf dem Gelände des Gebrauchtwagenhändlers B einen 78-er VW- »Käfer« ausgestellt, der mit »DM 300,–« ausgezeichnet ist, was A ungeheuer günstig erscheint. / Er geht sofort zu B und sagt, er wolle den Wagen zum angegebenen Preis kaufen. / B ist erstaunt und erklärt, es handele sich um einen Schreibfehler. Der Wagen koste in Wirklichkeit 3 000,– DM! / A bietet daraufhin 2 500,– DM; B will jedoch nur für 2 800,– DM verkaufen, was A sich aber erst überlegen will. / Zwei Tage später ruft er B an und erklärt, er sei mit 2 800,– DM einverstanden. / B erwidert jedoch, er habe es sich anders überlegt und verlange wieder 3 000,– DM. / A ist empört und verlangt den »Käfer« für 2 800,– DM.
Zu Recht?

Sie werden beim Lesen sicher gemerkt haben, daß dieser Fall nur rechtliche Probleme anspricht, die wir bereits behandelt haben. Das Lesen und Verstehen des Sachverhaltes bilden die erste Stufe der methodischen Vorbereitung eines juristischen Fallgutachtens, die wir deshalb

1. Erfassen des Sachverhaltes

nennen. Zum Erfassen des Sachverhaltes gehört zuerst einmal das Verständnis des tatsächlichen Geschehens. Auch wenn der Sachverhalt beim ersten Lesen noch so einfach erscheint, so sollten Sie sich für jede Klausurbearbeitung zum Grundsatz machen, den Sachverhalt immer – mindestens – zweimal zu lesen, bevor Sie sich Gedanken darüber machen, was rechtlich erheblich sein könnte. Wenn man juristisch schon etwas vorgebildet ist, besteht beim Lesen des Sachverhaltes häufig die Gefahr, daß man etwas hinzudichtet oder hineininterpretiert und so versucht ist, rechtlich etwas zu prüfen, das für die Lösung des Falles ohne Bedeutung bzw. falsch ist.

Dazu einige *Negativ-Beispiele* aus Klausuren:

(1) Wenn es wörtlich im Sachverhalt heißt, »A *leiht* sich am 27. 10. von B ein Buch« und dieses Buch wird dann bei B durch eine Nachlässigkeit des B zerstört (usw.), wäre es in einer Klausur überflüssig und deshalb falsch, zu prüfen, ob ein wirksamer Leihvertrag zustandegekommen ist und dann sein Wissen darüber auszubreiten, daß ein Vertrag durch Angebot und Annahme zustandekommt, daß Angebot und Annahme sich decken müssen, daß ein Angebot, wie überhaupt jede Willenserklärung, zur Wirksamkeit Abgabe und Zugang voraussetzt usw. usw. ... Denn in diesem angedeuteten Fallbeispiel kann das Wirksamwerden der Willenserklärung und das Zustandekommen des Leihvertrages kein Problem der Klausur sein! Das Problem liegt vielmehr bei der Frage, welche Folgen die Zerstörung des Buches bei B für dessen aus dem Leihvertrag folgende Rückgabepflicht[64] hatte. An der Wirksamkeit des Leihvertrages läßt dieser Sachverhalt keine Zweifel!

(2) »Schlimm« wird es, wenn man bei einer Klausur gar den Sachverhalt »verbessert«! Dann ist derjenige, der den Sachverhalt zur Lösung gestellt hat, möglicherweise »beleidigt«. Der Geschehensablauf in einem Klausur-Sachverhalt ist in der Regel so formuliert und vereinfacht, daß nur ganz bestimmte rechtliche Fragen angesprochen und zu prüfen sind[65]. Beispiel für einen Sachverhalt, der von einem besonders spitzfindigen Bearbeiter einmal »verbessert« wurde, ist folgendes: Im Sachverhalt hieß es »A bestellt beim Mercedeshändler B im Januar einen Mercedes, Typ 230 E. Die Lieferung wird im Februar desselben Jahres vereinbart. B liefert aber erst im April. A mußte sich deshalb einen Mietwagen nehmen usw. ...«

Das rechtliche Problem, das angesprochen werden sollte, war die Frage, ob B mit der verspäteten Lieferung des Autos »in Verzug« gekommen war, wie der Jurist das nennt, und ob A eventuell Ersatz eines Verzugsschadens verlangen konnte. Ein Bearbeiter hatte sich vor der Lösung dieser Rechtsfrage etwa mit folgenden »lebensnahen« Ausführungen gedrückt: »Daß B erst im April lieferte, ist unerheblich! Da ›Mercedes‹ normalerweise Lieferfristen von einem Jahr und mehr hat, konnte A noch froh sein, sein Auto so früh zu erhalten.«

Wenn man eine solche Klausur selbst gestellt hat, dann möchte man bei der Korrektur am liebsten den Griffel hinlegen ...! *Wenn* der Bearbeiter schon auf die normalen Lieferfristen von Mercedes, die der Sachverhalt gar nicht erwähnt, zu sprechen kommt, er zumindest merken müssen, daß die Vertragsfreiheit es den Parteien gestattet, frühere Lieferungen als sonst normalerweise üblich zu vereinbaren. Und *wenn* so

64 *Lesen* Sie zur ersten Information § 604!
65 *vgl. Fn. 63*

etwas vertraglich vereinbart wird, muß der Verkäufer auch pünktlich liefern. (»pacta sunt servanda«)[66]

(3) Weiteres Beispiel: Im Sachverhalt heißt es »A schickt dem B einen Brief«. Wenn weiter nichts dazu im Sachverhalt steht, dürfen Sie vom Normalfall ausgehen, d. h., davon, daß der Brief auch angekommen ist. Überflüssig und deswegen wiederum falsch wäre es zu schreiben: »Da der Sachverhalt nichts darüber aussagt, ob der Brief auch bei B angekommen ist, ist nicht sicher, ob der Brief dem B auch tatsächlich zugegangen ist. Nach der sog. Empfangstheorie liegt der Zugang einer Willenserklärung vor, wenn diese dergestalt in den Machtbereich des Empfängers gelangt ist, daß er die Möglichkeit der Kenntnisnahme hatte ... usw.«

Wenn der Verfasser dieser Worte dem Korrektor zeigt, daß er die Empfangstheorie über den Zugang von Willenserklärungen beherrscht, bringt das keine zusätzlichen Pluspunkte; diese Ausführungen haben mit der Lösung des konkreten Falles, den er leider miß- oder nicht verstanden hat, nichts zu tun.

(4) Letztes Beispiel für eine Überinterpretation des Sachverhaltes, die dabei gleichzeitig mit dem Mißverständnis des Gesetzestextes verbunden ist, stammt aus einer Strafrechtsübungsklausur für das erste juristische Staatsexamen:

Da ging es darum, daß jemand mit einem Nachschlüssel ein fremdes Schließfach auf dem Bahnhof öffnete und einen Koffer stahl. Der Bearbeiter der Klausur prüfte ernsthaft, ob der Dieb, der »mittels eines Nachschlüssels in das Schließfach *eingedrungen* war«, einen Hausfriedensbruch gem. § 123 StGB begangen habe! In § 123 StGB heißt es nämlich: »Wer in die Wohnung, in die Geschäftsräume oder in das befriedete Besitztum eines anderen, oder in abgeschlossene Räume, welche zum öffentlichen Dienst oder Verkehr bestimmt sind, widerrechtlich eindringt, wird » ...(wegen Hausfriedensbruchs) ...« bestraft«.

Als Korrekturbemerkung stand dort am Rand: »Meinen Sie, A sei so klein, daß er wirklich in das Schließfach eindringen konnte?« ...

Fazit dieser Beispiele soll sein: Der Sachverhalt muß auf jeden Fall immer sehr genau gelesen werden und zwar, wie gesagt, mindestens zweimal. Keinesfalls darf man ihn aber zu spitzfindig überinterpretieren oder sogar noch etwas hinzufügen. Beim zweiten Lesen empfiehlt sich übrigens, gleich einige Stichworte bzw. Rechtsbegriffe, die einem dazu einfallen, auf einem »Schmierzettel« zu notieren. Bei kompliziert erscheinenden Sachverhalten, vor allem, wenn mehrere Personen beteiligt oder viele Zeitangaben enthalten sind, kann es hilfreich sein, sich eine grafische Skizze anzufertigen und Zeitangaben auszusondern. Lesen Sie noch einmal Fall 12: Wenn Sie ihn beim ersten Mal aufmerksam gelesen haben, haben Sie vielleicht schon gemerkt, um welches rechtliche Problem es sich hauptsächlich handelt.

■ Worin sehen Sie in diesem Fall das Hauptproblem?

▷ In der Frage, in welcher Äußerung von A oder B ein Vertragsangebot und eine Annahme gelegen haben kann.

66 »Verträge müssen eingehalten werden« = römischer Rechtsgrundsatz, der auch heute noch im Bürgerlichen Recht gilt (vgl. *Liebs,* S. 150 Nr. 3)

Wenn man dieses Problem erkannt hat, dann könnte man sich bei der zweiten Lesung auf seinem Konzeptblatt[67] etwa folgende Notizen machen, um den Sachverhalt zu komprimieren:

Sachverhalt	**Entwurf Konzeptblatt**
Erster Satz	Käfer für 300,– DM = Angebot B oder »invitatio«?
Zweiter Satz	Annahme durch A?
Dritter u. vierter Satz	3 000,– DM = Angebot B?
Fünfter Satz	2 500,– DM = Angebot A? 2 800,– DM = Angebot B?
Sechster Satz	Zwei Tage später Annahme A?
Siebter Satz	Ablehnung durch B, neues Angebot: 3 000,– DM?
Achter Satz	A verlangt Käfer für 2 800,– DM/Frage: Angebot B 2 800,– DM verbindlich? = §§ 145 ff. prüfen!

Wenn wir das tatsächliche Geschehen auf diese Weise im Hinblick auf das zu erstellende Rechtsgutachten schon etwas geordnet haben, sind unsere »Vorüberlegungen«, die wir anstellen müssen, bevor wir mit der eigentlichen Ausarbeitung, der Formulierung des Gutachtens, beginnen, noch nicht beendet.

Nach der Erfassung des Sachverhaltes müssen wir uns noch etwas bei seinem letzten Satz aufhalten, aus dem regelmäßig die Fallfrage folgt. Der nächste Schritt der Vorüberlegungen ist daher:

2. *Die Qualifizierung der Fallfrage.*

■ Wie lautet diese Frage in unserem Fall? Versuchen Sie, aus den letzten beiden Sätzen des Sachverhaltes eine Frage zu formulieren!

▷ »Verlangt A von B den VW-Käfer zu Recht für 2 800,– DM?«

Anders ausgedrückt heißt das: »Hat A gegen B einen Anspruch auf Übergabe des VW-Käfers zum Preise von 2 800,– DM?«

Daß es bei Streitigkeiten im Bürgerlichen Recht regelmäßig um »Ansprüche« geht, wurde bereits angedeutet. Allerdings haben wir uns noch nicht damit befaßt, was eigentlich der Begriff »Anspruch« genau umschreibt. Versuchen Sie, mit eigenen Worten den Inhalt eines Anspruches zu formulieren!

■ Was tut jemand, der gegenüber einem anderen einen Anspruch geltend macht?

▷ Er *verlangt* etwas von dem anderen! A verlangt ausdrücklich den VW-Käfer für 2 800,– DM von B. Wenn ein solcher Anspruch begründet ist, hat derjenige, der etwas verlangt, – das ist der »Anspruchsteller«, im Gegensatz zum »Anspruchsgegner« – ein Recht, »etwas« zu verlangen.

67 ***Das darf allerdings nie zu einer Klausur mitabgegeben werden!***

Da dieses Recht, besser: dieses »etwas«, nicht bei jedem Anspruch dasselbe ist, hat der Gesetzgeber eine Definition des Anspruches gegeben, die hierzu eine allgemeine Aussage gibt.

■ Wenn Sie einen Blick in den Index (Sachverzeichnis) Ihres Gesetzestextes werfen, können Sie selbst feststellen, in welcher Vorschrift sich diese Definition des Anspruchs befinden könnte? (Suchen Sie im Index!).

▷ Im Index der dtv-Textsammlung finden Sie hinter dem Wort »Anspruch« die Worte »Begriff, Verjährung« und dann die Ziffer **1** 194; die fetten Zahlen bezeichnen die in dieser Sammlung abgedruckten Gesetze (**1** = BGB), die mageren deren Paragraphen (oder Artikel). Lesen Sie also § 194 Abs. 1, der die »Legaldefinition« des »Anspruchs« enthält. Da § 194 im Allgemeinen Teil des BGB angesiedelt ist, gilt diese Definition für alle Ansprüche aller vier nachfolgenden Bücher des BGB!

Nach einem Anspruch, dem Recht, ein Tun oder Unterlassen zu verlangen, wird regelmäßig in der Fallfrage eines Sachverhalts gefragt.

Allerdings sind diese Fallfragen nicht immer so gezielt formuliert, wie in dem vorliegenden Sachverhalt. Man unterscheidet deshalb konkrete und abstrakte Fallfragen. Noch konkreter als unsere Fallfrage wäre etwa die Frage: »Kann A von B Erfüllung des Kaufvertrages verlangen?« Oder: »Kann A von B den Kaufpreis verlangen«, da schon direkt der Vertrag angesprochen wird, aus dem der Anspruch folgen könnte!

■ Wie lautet eine abstrakte Fallfrage?

▷ »Welche Ansprüche hat A gegen B?« Oder: »Wie ist die Rechtslage?«

Diese Fragen sind noch konkretisierungsbedürftig, d. h., je nach Sachverhalt gegebenenfalls in mehrere konkrete Einzelfragen umzuformulieren. Je nach Sachverhalt könnten sie dann heißen »Hat A gegen B einen Anspruch auf . . .

. . . Kaufpreiszahlung?«

. . . Schadensersatz?«

. . . Herausgabe?« usw.

Wenn wir auf diese Weise ermittelt haben, wonach konkret gefragt ist, kommen wir der Fallösung immer näher; denn dann haben wir meist schon festgestellt, wer Anspruchsteller, wer Anspruchsgegner und welches das »Anspruchsbegehren« ist. Vereinfacht ausgedrückt haben wir uns nämlich gefragt:

»Wer will von **wem, was?«**

■ Versuchen Sie einmal, die Antwort auf diese einfache Frage auf unseren Fall umzuformulieren, ohne daß Sie dabei schon rechtliche Begriffe verwenden:

▷ »A will von B den VW-Käfer zum Preise von 2 800,– DM«.

Aus dem Sachverhalt ergibt sich regelmäßig eine Begründung, die dieses Verlangen, diesen Anspruch, stützen könnte.

Die nächste gedankliche Frage, die man sich in den Vorüberlegungen zur Fallösung zu stellen hat, lautet deshalb »**Warum** macht der Anspruchsteller diesen Anspruch geltend?«. Um diese Frage richtig beantworten zu können, muß man sich selbst in die Situation des Anspruchstellers hineindenken!

■ Warum glaubt A in unserem Fall, daß er den VW-Käfer zum Preise von 2 800,– DM verlangen kann?

▷ Weil seiner Meinung nach zwischen B und ihm ein Kaufvertrag über den VW-Käfer zum Preise von 2 800,– DM geschlossen wurde! –

Um seinen Anspruch rechtlich begründen zu können, braucht A eine gesetzliche

Vorschrift, aus deren Formulierung sich ein solcher Anspruch ergeben könnte. A braucht eine »Anspruchsgrundlage«. Eine Anspruchsgrundlage ist eine Vorschrift, aus deren Formulierung sich schließen läßt, daß jemand das Recht hat, von einem anderen etwas zu verlangen.

Hierzu einige *Beispiele:*

(1) § 535 – S. 1 lesen!

■ Wer hat nach dieser Vorschrift ein Recht, etwas von dem anderen zu verlangen, und was?

▷ Der Mieter hat das Recht, vom Vermieter den Gebrauch der gemieteten Sache zu verlangen. § 535 S. 1 ist eine typische Anspruchsgrundlage für den Mieter (die Verpflichtung des Vermieters entspricht dem Recht des Mieters).

■ Welchen Anspruch hat nach § 535 S. 2 (lesen!) der Vermieter gegen den Mieter?

▷ Anspruch auf Bezahlung des Mietzinses!
§ 535 S. 2 ist die entsprechende Anspruchsgrundlage für den Vermieter!

(2) Lesen Sie noch einmal § 145!

■ Wer kann nach dieser Vorschrift von wem etwas verlangen?

▷ Niemand! Was denn?
In § 145 wird lediglich geregelt, daß jemand, der ein Vertragsangebot macht, normalerweise daran gebunden ist. Aus dieser Formulierung geht nicht hervor, daß der andere von dem Anbietenden etwas Bestimmtes verlangen kann. § 145 kann also keine Anspruchsgrundlage sein! Es handelt sich vielmehr um eine »Rechtsfolgeregelung«.

(3) Wie sieht das z. B. mit § 130 Abs. 1 S. 1 aus (lesen!)?

■ Ist das eine Anspruchsgrundlage oder nicht? (Überlegen Sie!).

▷ Daraus folgt ebenfalls keine Verpflichtung bzw. umgekehrt kein Recht einer Person gegenüber einer anderen. Also: keine Anspruchsgrundlage!

(4) Letztes Beispiel: § 823 Abs. 1, den wir auch schon kennengelernt haben und noch einmal lesen müssen!

■ Anspruchsgrundlage oder nicht?

▷ Aus der Formulierung, daß jemand einem anderen zum Schadensersatz verpflichtet ist, folgt, daß der andere das Recht hat, Schadensersatz zu »verlangen«, d. h., er hat einen Schadensersatzanspruch! § 823 Abs. 1 ist eine typische Anspruchsgrundlage.

3. Die Suche nach der Anspruchsgrundlage

ist nach der (1.) Erfassung des Sachverhalts und der (2.) Qualifizierung der Fallfrage die dritte und wichtigste Stufe in den Vorüberlegungen zur Fallösung; denn die Anspruchsgrundlage enthält regelmäßig das mögliche (hypothetische) Ergebnis, das dem schriftlichen Gutachten vorangestellt wird.

Um die richtige Anspruchsgrundlage für den jeweiligen Fall zu finden, fragt man sich deshalb, **woraus** – nämlich aus welcher Vorschrift – kann der Anspruchsteller seinen Anspruch herleiten?

Um das mögliche Ergebnis eines Falles herauszuarbeiten, muß man sich also in den Vorüberlegungen Schritt für Schritt fragen:

Wer will von **wem, was, warum, woraus?**

Für unseren Fall hatten wir die Frage einschließlich des »warum?« bereits beantwortet.

■ Versuchen Sie selbst, die Antwort zu formulieren!

▷ A will von B den VW-Käfer, genauer: die Übergabe des VW-Käfers zum Preise von 2 800,– DM, weil er glaubt, daß B dazu aufgrund eines Kaufvertrages verpflichtet sei.

Die Teilfrage »woraus«, die unmittelbar auf die Anspruchsgrundlage gerichtet ist, läßt sich regelmäßig (das nötige Fachwissen selbstverständlich vorausgesetzt) ohne große Schwierigkeiten beantworten, wenn man die vorangegangenen Teilfragen sorgfältig beantwortet hat.

■ Woraus, aus welcher Vorschrift also, könnte A sein Verlangen herleiten? Diese Vorschrift ist Ihnen schon bekannt:

▷ § 433 Abs. 1 S. 1 – nochmals lesen!

Bei den Vorüberlegungen zur gutachtlichen Lösung eines Falles soll man sich dieses Schema tunlichst auf dem Konzeptblatt notieren und dann die einzelnen Antworten dazu schreiben. Das könnte in diesem Fall etwa so aussehen:

Wer	will von	**wem,**	**was,**	**warum,**	**woraus?**[68]
A	will von	B	Übergabe des VW-Käfers,	weil er glaubt, daß B dazu aufgrund eines Kaufvertrages verpflichtet ist.	§ 433 Abs. 1 S. 1

§ 433 Abs. 1 S. 1 ist also die mögliche Anspruchsgrundlage unseres Falles!

■ Wie müßte deshalb der erste Satz des schriftlichen Gutachtens lauten, den wir als mögliches Ergebnis an den Anfang des Gutachtens stellen?

▷ »A könnte gegen B einen Anspruch auf Übergabe des VW-Käfers (zum Preise von 2 800,– DM) gem. § 433 Abs. 1 S. 1 haben«.

Erst dieser Satz dürfte von alledem, was wir bis hierhin erwogen haben, in dem schriftlichen Gutachten stehen. Alles andere waren gedankliche Vorüberlegungen, die allenfalls auf dem Konzeptzettel, aber nicht in der endgültigen Klausurbearbeitung erscheinen dürfen! Bevor wir mit der gutachtlichen Lösung von Fall 12 beginnen, schauen Sie sich diese methodischen Vorüberlegungen noch einmal in einer Zusammenfassung an (Übersicht 19 auf der nächsten Seite).

■ Wenn Sie sich noch an Übersicht 15 über den Aufbau eines Gutachtens erinnern und den letzten Satz auf Übersicht 19 betrachten, müßten Sie eigentlich beantworten können, welches der nächste Schritt im Gutachten ist, nachdem wir das mögliche Ergebnis mit der entsprechenden Anspruchsgrundlage vorangestellt haben?

▷ Systematische und schrittweise Überprüfung der rechtlichen Voraussetzungen für den möglichen Anspruch durch Subsumtion (Unterordnen) des Sachverhaltes unter diese Voraussetzungen!

68 vgl. auch *meine* »Anleitung ...«, S. 3 mit Hinweis auf *Pieper*, a. a. O., S. 145

Übersicht 19:

Methodik der Fallbearbeitung

II. Allgemeine Vorüberlegungen zur Ausarbeitung einer Klausur (Gutachten)

1. Erfassen des Sachverhaltes
- Sachverhalt (SV) = »Fall« = tatsächlicher oder erdachter Geschehensablauf, der rechtlich beurteilt werden soll
- SV mehrmals (mind. zweimal) durchlesen!
- Ggf. graphische Skizze anfertigen und Zeitangaben aussondern
- Sorgfältig lesen, aber nichts zum SV »hinzudichten« oder gar SV verbessern (Bsp. »Lieferfristen Mercedes«, »A schickt Brief an B« = Brief ist im Normalfall angekommen!)

2. Qualifizierung der Fallfrage
- Im Bürgerlichen Recht ist regelmäßig nach »Ansprüchen« gefragt; Legaldefinition »Anspruch«: § 194
- *Möglichkeiten* der Fallfragen:
  a) *konkrete* und b) *abstrakte* Fallfragen

  Bsp. zu a): –»Kann A von B den Kaupreis verlangen?«

  zu b): –»Welche Ansprüche hat A gegen B?« = Frage ist noch konkretisierungsbedürfig, etwa: »Hat A gegen B einen Anspruch auf Kaufpreiszahlung? od. »... auf Schadensersatz?« oder »... auf Herausgabe der Sache?« etc. –

  –»Wie ist die Rechtslage?«
  = Alle für den speziellen Fall in Betracht kommenden Ansprüche sind zu prüfen!
- Bei mehreren konkreten Fragen: Reihenfolge einhalten!
- Bei abstrakter Fragestellung, aus der sich mehrere konkrete Fragen ergeben: möglichst logische Reihenfolge bilden!

3. Suche nach der Anspruchsgrundlage
- Anspruchsgrundlage = gesetzliche Vorschrift, aus der sich ergibt, daß jem. von einem anderen etwas (Tun oder Unterlassen, vgl. § 194!) *verlangen* kann!
- Mit der Suche nach der Anspruchsgrundlage beginnt die eigentliche juristische Arbeit = Gesetzesanwendung!
- Anspruchsgrundlage wird dem schriftlichen Gutachten (Klausur) als mögliches (»hypothetisches«) Ergebnis vorangestellt.
- Nächster Schritt: Voraussetzungen der Anspruchsgrundlage systematisch prüfen (= vgl. Übersicht 15: »Gutachten/Urteil« ...) = *Subsumtion*

■ Was ist zunächst Voraussetzung, damit A gegen B einen Anspruch auf Übergabe des VW-Käfers gem. § 433 Abs. 1 S. 1 hat?
▷ Zwischen A und B muß ein wirksamer Kaufvertrag zustande gekommen sein.
■ Welche Voraussetzungen müssen dafür wiederum erfüllt sein?
▷ Es müßten ein wirksames Angebot und dessen Annahme i. S. d. §§ 145 ff. BGB vorliegen.

Da bei diesem Punkt das Problem unseres Falle liegt, müssen wir jede Erklärung der Beteiligten daraufhin überprüfen.

■ Welches ist die erste Erklärung, die in unserem Sachverhalt geäußert wird?
▷ Das Ausstellen des Käfers auf dem Gelände des B zu 300,– DM.

Da wir ein Gutachten anfertigen wollen, wäre es z. B. falscher Stil, wenn man nach der Feststellung »Voraussetzung für diesen Anspruch ist ein wirksamer Kaufvertrag, der wiederum ein wirksames Angebot und dessen Annahme verlangt« z. B. folgendes schreiben würde: »Kein Angebot liegt in der Preisauszeichnung von 300,– DM, *denn* das ist nur eine sogenannte »invitatio ad offerendum«, die keine Rechtsbindung nach sich zieht.«

■ Was hätte man nämlich mit dieser Formulierung geschrieben?
▷ Ein Urteil! Und das gerade muß man vermeiden!

Im Gutachten müßte man die Erklärung des B etwa folgendermaßen prüfen:
»Ein Angebot des B könnte in der auf dem Preisschild enthaltenen Auszeichnung des VW-Käfers für 300,– DM liegen. Dann müßte diese Erklärung so gefaßt sein, daß sie sich direkt an A richtete und dieser daraus auf einen Willen des B schließen konnte, sich ihm – A – gegenüber rechtlich zu binden. Gerade dies ist aber bei einer solchen Preisauszeichnung nicht der Fall. Vielmehr will B mit der Ausstellung des Pkw auf seinem Gelände allen vorbeigehenden Interessenten anzeigen, daß er bereit ist, mit einem von ihnen einen Kaufvertrag über den VW-Käfer zu schließen. In der Preisauszeichnung liegt daher eine Aufforderung des B an diese Interessenten, ihm ein Angebot zu machen, eine sog. »invitatio ad offerendum«. Diese richtet sich an eine unbestimmte Vielzahl von Personen, so daß B dem A kein Angebot über 300,– DM gemacht hat.«

■ Worin lag in unserem Fall das erste Angebot?
▷ Erklärung des A, er wolle zu 300,– DM kaufen.
■ Hat B dieses Angebot angenommen?
▷ Nein!
■ Sondern?
▷ B hat ein neues Angebot zu 3 000,– DM gemacht.
■ Hat A dieses neue Angebot angenommen?
▷ Nein! A äußert zwar seinen Kaufwillen, aber nur zum Preise von 2 500,– DM.
■ Was bedeutet dies?
▷ Dieser Vorschlag des A ist gem. § 150 Abs. 2 als Ablehnung von B's Angebot und zugleich als neues Angebot des A anzusehen (§ 150 Abs. 2 lesen!). Auch die Erklärung des B, nur für 2 800,– DM verkaufen zu wollen, bildet nach § 150 Abs. 2 ein neues Angebot.
■ Hat A dieses Angebot des B (2 800,– DM) angenommen?
▷ Zunächst nicht; er wollte sich das ja erst einmal überlegen!
Eine wirksame Annahme des A könnte aber zwei Tage später telefonisch erfolgt sein. Dann müßte B gem. § 145 zu diesem Zeitpunkt noch an das Angebot gebunden gewesen sein. Ob das der Fall war, ergibt sich aus den §§ 146 bis 149, die Sie

nun durchlesen sollen. Nach § 146 muß die Annahme rechtzeitig erfolgt sein. Wann eine Annahme »rechtzeitig« ist, sagen uns die §§ 147 bis 149. Prüfen wir mal die Voraussetzungen dieser Vorschrift, indem wir von unten mit § 149 beginnen:

■ Paßt § 149 auf unseren Fall?

▷ § 149 bezieht sich auf zugesandte Willenserklärungen unter Abwesenden! Es liegt aber eine telefonische Willenserklärung d.h., eine Willenserklärung unter Anwesenden vor!

■ Paßt § 148?

▷ Es wurde keine Annahmefrist vereinbart!

■ Paßt § 147 Abs. 1?

▷ Gem. § 147 Abs. 1 S. 1 konnte A das Angebot des B über 2 800,– DM, das dieser ihm machte, als A bei ihm anwesend war, nur sofort annehmen.

■ Ist das geschehen?

▷ Zwei Tage später bedeutet nicht »sofort«!

■ Was ist demnach mit dem Angebot des B über 2 800,– DM geschehen?

▷ Mangels rechtzeitiger Annahme durch A ist es gem. § 146 erloschen!

■ Wie ist die verspätete Annahme durch A rechtlich zu werten?

▷ Wiederum als neues Angebot, und zwar folgt dies aus § 150 Abs. 1 – lesen!

Somit haben wir schließlich ein Angebot des A, den VW-Käfer für 2 800,– DM kaufen zu wollen, das B erneut ablehnt, indem er wieder den Verkauf zu 3 000,– DM anbietet. Dieses letzte Angebot hat A nicht angenommen.

■ Wie lautet daher das Ergebnis zu Fall 12?

▷ Da es an der Annahme des Verkaufsangebotes durch A fehlte, kam kein wirksamer Kaufvertrag zustande: »Somit hat A gegen B keinen Anspruch auf Übergabe des VW-Käfers gem. § 433 Abs. 1 S. 1!«

Das müßte auch der letzte Satz des schriftlichen Gutachtens sein, in welchem ausdrücklich festgestellt wird, ob das im ersten Satz vermutete Ergebnis zutrifft oder nicht[69].

Literatur zur Vertiefung (Zweiter Abschnitt, 1. Kapitel):

Alpmann und Schmidt	AT 1, S. 6–45; AT 2, S. 159–175
Bähr	§ 5 III
Brox	§§ 3, 4 u. 12
ders.	JA 1985, S. 441 ff.
Cordes	Jura 1992, S. 352 ff.
Jayme/von der Siepen	Jura 1988, S. 197 ff.
Klippel/Kröger-Schrader	Jura 1989, S. 537 ff.
Klunzinger	§§ 8, 11

69 Das ausformulierte Gutachten können Sie nachlesen in *meiner* soeben (Fn. 68) zitierten »Anleitung . . .« (= Fall 2) (ebenso: hier Fall 7, dort Fall 1)

Mehrings	JuS 1983, S. 451 ff.
ders.	JuS 1985, S. 632 ff.
Rüthers	§§ 18, 20
Schmitz	Jura 1983, S. 554 ff.
Schreiber	JuS 1984, S. 209 ff.
Thoma	4. Teil, 2. Abschn., 4. Abschn. I–III
Westermann	Kapitel 2, Kapitel 5 I, II 1
ders./Baltes	JuS 1983, S. 691 ff.

2. Kapitel: Anfechtung von Willenserklärungen und Rechtsgeschäften

I. Grundgedanken

Das allgemeine Anfechtungsrecht des BGB ist in den §§ 119–124 sowie in den §§ 142–144 geregelt. Es kommt zur Anwendung, wenn eine Willenserklärung Mängel des mit ihr erklärten Willens aufweist, ohne daß die zunächst existente Willenserklärung bereits nach anderen Vorschriften nichtig ist. Solche Vorschriften sind (z. B.) die §§ 116 S. 2 (»Geheimer Vorbehalt«)[70], 117 (»Scheingeschäft«) und 118 (»Mangel der Ernstlichkeit«, »Scherzgeschäft«), die Sie zur kurzen Information durchlesen sollten! Das Anfechtungsrecht berücksichtigt die Interessenlage zwischen dem Erklärenden und dem Erklärungsempfänger, d. h., es regelt den Interessenwiderstreit dieser beiden an einem Rechtsgeschäft Beteiligten für den Fall, daß die Willenserklärung irrtumsbedingt ist[71].

Begrifflich setzt die Anfechtung notwendigerweise voraus, daß die Willenserklärung nicht nur rechtlich existent ist, sondern daß sie auch wirksam nach außen getreten ist. Das wurde bereits mehrfach angedeutet, als wir uns mit der Auslegung und vor allem mit der Abgabe und dem Zugang von Willenserklärungen beschäftigt haben: Wenn sich ergibt, daß eine Willenserklärung wegen Fehlens der Abgabe oder des Zuganges gar nicht wirksam geworden ist, kann sich logischerweise die Frage der Anfechtbarkeit gar nicht erst stellen! Wenn sich allerdings herausstellt, daß eine wirksame Willenserklärung anfechtbar ist, weil tatsächlich ein »Anfechtungsgrund« – was das ist, werden Sie sogleich lesen – gegeben ist, dann hat das zur Folge, daß diese Willenserklärung durch die Anfechtung von Anfang an (»ex tunc«[72]) nichtig wird. Diese Rechtsfolge, die Wirkung der Anfechtung, wird vom Gesetz in § 142 Abs. 1 ausdrücklich angeordnet – lesen! (Hinweis: Unterstreichen Sie sich im Gesetzestext die Worte »von Anfang an«!).

Wie Sie sehen, spricht das BGB in § 142 Abs. 1 nicht ausdrücklich von einer Willenserklärung, die angefochten wird, sondern von einem Rechtsge-

70 »Geheim« ist der Vorbehalt, wenn er demjenigen verheimlicht wird, für den die WE bestimmt ist – vgl. *Jauernig,* § 116, Anm. 2 a)

71 vgl. *Alpmann und Schmidt,* AT 1, S. 104

72 ***Manche Lehrbücher setzen die Kenntnis des Lateinischen einfach voraus: »ex tunc« heißt wörtlich »von/aus damals«, freier übersetzt: »von Anfang an« …***

schäft. Da Sie bereits wissen, daß ein Rechtsgeschäft mindestens eine Willenserklärung (z. B. Kündigung), meistens aber zwei oder mehrere sich deckende wirksame Willenserklärungen voraussetzt (Vertrag), wissen Sie auch, daß die Anfechtung eines Rechtsgeschäfts automatisch die Anfechtung einer zugrundeliegenden Willenserklärung beinhaltet. Bevor wir die Wirkungen einer wirksamen Anfechtung genauer betrachten, müssen wir uns zunächst mit den Voraussetzungen dafür beschäftigen, daß eine Willenserklärung (bzw. das damit verbundene Rechtsgeschäft) wirksam angefochten werden kann!

II. Voraussetzungen der wirksamen Anfechtung

Voraussetzung jeder wirksamen Anfechtung ist zunächst ein »Anfechtungsgrund«!

1. Anfechtungsgründe

Zwei Anfechtungsgründe enthält § 119 Abs. 1, den Sie jetzt lesen müssen! Anfechten kann danach jemand, der sich bei der Abgabe seiner Willenserklärung über ihre Bedeutung geirrt hat, und zwar spricht § 119 Abs. 1 von zwei Arten des Irrtums.

■ Wie würden Sie diese Irrtumsarten jeweils mit einem Begriff kennzeichnen? (Lesen Sie die Vorschrift nochmals, bevor Sie weiterlesen und denken Sie erst nach!)

▷ Man nennt die beiden Irrtumsarten, die § 119 Abs. 1 regelt, »Inhaltsirrtum« und »Erklärungsirrtum«. Die Abgrenzung beider Irrtumsarten ist nicht immer ganz einfach, für das praktische Ergebnis eines Falles letztlich aber auch ohne große Bedeutung!

■ Warum ist diese Unterscheidung zwischen Inhaltsirrtum und Erklärungsirrtum für die Praxis ohne große Bedeutung?

▷ Weil die Rechtsfolge die gleiche ist: Wenn einer dieser Irrtümer vorliegt, kann der Erklärende anfechten und damit wird die Willenserklärung und das darauf beruhende Rechtsgeschäft jedenfalls gem. § 142 Abs. 1 von Anfang an nichtig!

Da das Gesetz die Unterscheidung zwischen Inhaltsirrtum und Erklärungsirrtum trifft, müssen wir uns den Unterschied kurz verdeutlichen:

a) Inhaltsirrtum

Bei der ersten Variante des § 119 Abs. 1, dem Inhaltsirrtum, benutzt der Erklärende zwar das richtige Erklärungszeichen, die richtige Bezeichnung für einen Gegenstand, doch bedeutet diese Bezeichnung etwas anderes, als er wirklich gemeint hat, und der Erklärungsempfänger hat auch die andere Bedeutung verstanden.

Ein typisches *Beispiel* hierzu haben Sie bei der Untersuchung der rechtlichen Erheblichkeit von Willenserklärungen bezüglich ihres Bestandteils »Geschäftswillen« bereits kennengelernt:

A unterschreibt einen Mietvertrag im Glauben, es sei ein Leihvertrag. A hat, wie wir damals festgestellt haben, eine rechtlich erhebliche Willenserklärung mit allen ihren Bestandteilen, nämlich Handlungswillen, Erklärungsbewußtsein und Geschäftswillen abgegeben. Auch die Auslegung kann nur ergeben, daß sich die Willenserklärung des A vom Standpunkt eines objektiven Erklärungsempfängers auf einen Mietvertrag bezog. Da A aber, als er tatsächlich mit seiner Unterschrift erklärte »Ich nehme den Mietvertrag an«, glaubte, seine Erklärung bedeute: »Ich nehme den Leihvertrag an«, irrte er sich über die Bedeutung des Inhaltes seiner Willenserklärung. Somit kann er diese Willenserklärung gem. § 119 Abs. 1, 1. Variante wegen Inhaltsirrtums anfechten.

b) Erklärungsirrtum

Die zweite Variante des § 119 Abs. 1 ist der Erklärungsirrtum. Der Erklärende irrt im Moment der Abgabe nicht über die Bedeutung des Inhaltes des benutzten Erklärungszeichens, sondern er benutzt versehentlich ein falsches Erklärungszeichen. Auch hierzu hatten wir schon ein *Beispiel* gebildet:

A will zu 540,– DM verkaufen und schreibt versehentlich 450,– DM. Wir hatten durch Auslegung festgestellt, daß A tatsächlich 450,– DM erklärt hat. Er wollte aber 540,– DM erklären! In diesem Fall kann er seine Willenserklärung gem. § 119 Abs. 1, 2. Variante wegen Erklärungsirrtums anfechten.

Sollte man sich in einer Klausur bei der Abgrenzung zwischen Inhalts- und Erklärungsirrtums nicht ganz sicher sein, welcher vorliegt, sollte man, wie gesagt, nicht allzuviel Zeit dabei verschwenden, sondern sich mit kurzer Begründung für einen dieser Irrtümer entscheiden; denn die Rechtsfolge bleibt (s. o.) gleich: A kann »so oder so« anfechten!

Wichtig ist vor allem, daß es sich um einen Irrtum handelt, der nur die Willens*äußerung* betrifft! Kein Irrtum i. S. v. § 119 Abs. 1 liegt vor, wenn sich der Irrtum im Bereich der Willens*bildung* befindet. Bis auf einen Ausnahmefall, den wir gleich kennenlernen werden, ist der Irrtum im Bereich der Willensbildung, der dann zur Äußerung einer bestimmten Willenserklärung führt, als »Motivirrtum« unbeachtlich![73]

73 *Larenz*, § 20 II b)

Beispiele für unbeachtliche, nicht anfechtbare[74] Motivirrtümer:

(1) A kauft ein wertvolles Buch mit der Absicht, es dem B und der C zu deren geplanter Hochzeit zu schenken! Da B und C sich zerstreiten, kommt diese Hochzeit nicht zustande[75]. A hat sich bezüglich des Motivs, des Beweggrundes, der ihn veranlaßte, eine Willenserklärung in Form eines Kaufangebotes abzugeben, geirrt. Es wird jedem einleuchten, daß A nicht wegen Irrtums nach § 119 Abs. 1 gegenüber dem Verkäufer anfechten kann: Er hat weder über den Inhalt seiner Willenserklärung geirrt noch hat er gegenüber dem Verkäufer etwas anderes erklärt, als er eigentlich meinte . . .

(2) Sie kaufen Reiseproviant für die geplante Urlaubsreise und diese findet unvorhergesehen nicht statt, weil Ihr Reisebegleiter oder Sie selbst plötzlich krank werden. Sie haben sich über das Stattfinden der Reise geirrt. Die geplante Reise war das *Motiv* für Ihren Irrtum. Es sollte klar sein, daß dieser Irrtum nicht zu einer Anfechtung des Kaufvertrages über den Reiseproviant führen kann.

Das Erkennen eines Motivirrtums fällt allerdings nicht immer so leicht, wie in diesen Beispielen, doch wollen und können wir nicht allzusehr ins Detail gehen[76].

Sie müssen in diesem Zusammenhang allerdings wissen, daß das Gesetz eine Art des Irrtums, die dem Motivirrtum sehr nahekommt, in § 119 Abs. 2 für anfechtbar erklärt – lesen!

c) Eigenschaftsirrtum

In § 119 Abs. 2 wird der »Eigenschaftsirrtum« dem Inhaltsirrtum durch eine Fiktion, die Sie inzwischen kennen, mit dem Wort »gilt« gleichgesetzt. Auch dieser Eigenschaftsirrtum gem. § 119 Abs. 2 ist damit ebenso ein »Anfechtungsgrund« wie der Inhalts- oder Erklärungsirrtum nach Abs. 1. Worin ist nun ein solcher Eigenschaftsirrtum zu sehen? Zur Erklärung gleich einige Beispiele. Zuvor streichen Sie in § 119 Abs. 2 aber das Wort »Sache« durch und schreiben statt dessen den Oberbegriff »Gegenstand« darunter.

■ (Oberbegriff wofür? Warum wohl durchstreichen und ändern?)[77].

▷ Seitens des Gesetzgebers liegt ein Redaktionsversehen[78] vor; denn selbstverständlich berechtigt auch der Irrtum über die Eigenschaft eines »Rechtes« zur Anfechtung!

74 ebenda

75 ähnliches Beispiel bei *Westermann*, S. 43

76 Dazu können Sie bei Interesse auf die folgende »Literatur zur Vertiefung« zurückgreifen.

77 ***vgl. oben Übersicht 12, S. 61***

78 s. o. Fn. 46

Beispiele zum Eigenschaftsirrtum:

Wenn Sie jemandem einen Kredit gewähren wollen, geschieht dies normalerweise nur, wenn diese Person zahlungsfähig ist. Die Kreditwürdigkeit des Kreditnehmers ist eine so wesentliche Eigenschaft, daß man ohne deren Vorliegen einen Darlehensvertrag nicht schließen würde. Ein Irrtum über das Vorhandensein der Zahlungsfähigkeit, obwohl man in gewisser Weise auch einen Motivirrtum sehen könnte, berechtigt gem. § 119 Abs. 2 zur Anfechtung!

Dies gilt allerdings nicht bei Bargeschäften des täglichen Lebens; denn über die Kreditunwürdigkeit bzw. die Zahlungsunfähigkeit des Käufers macht man sich in in der Regel keine Gedanken; »Hauptsache, er zahlt sofort«!

Eine verkehrswesentliche Eigenschaft einer *Person* liegt nur vor, wenn sie in unmittelbarer spezifischer Beziehung zum jeweiligen Inhalt des Rechtsgeschäftes steht.

■ Welche anderen Eigenschaften könnten dies sein? (Überlegen Sie!).

▷ Solche Eigenschaften können z. B. sein: Alter, Geschlecht, Konfession, politische Einstellung, Vorstrafen, berufliche Fähigkeiten, Schwangerschaft, aber eben nur, wenn sie in engem Zusammenhang mit dem jeweiligen Rechtsgeschäft stehen.

Die spezifische berufliche Fähigkeit, die z. B. der Arbeitgeber beim künftigen Arbeitnehmer irrtümlich annimmt, ist eine verkehrswesentliche Eigenschaft im Hinblick auf den Arbeitsvertrag[79].

Für einen Kaufvertrag dagegen wäre ein Irrtum über den Beruf des Vertragspartners in der Regel ein unbeachtlicher Motivirrtum.

Bei einer *Sache* bzw. besser: bei einem Gegenstand (!), ist nicht schon der Wert eine verkehrswesentliche Eigenschaft, sondern dies sind nur die sog. »wertbildenden Faktoren«.

Beispiele: Die Echtheit eines Bildes oder die Bebaubarkeit eines Grundstückes. Kauft man für einen hohen Preis ein gefälschtes Bild als Original, kann man den Kaufvertrag wegen Irrtums über eine verkehrswesentliche Eigenschaft des Bildes, nämlich die Echtheit, anfechten.

Dies soll zu den drei Anfechtungsgründen des § 119 Abs. 1 und 2 genügen. Bevor Sie weitere Anfechtungsgründe kennenlernen, sollen Sie im Rahmen eines weiteren Exkurses Ihr bisher erworbenes Wissen zum »Anfechtungsrecht« und zur »Methodik der Fallbearbeitung« anhand eines Übungsfalles vertiefen:

79 mehr dazu vgl. *meinen* Band V zum »Arbeitsrecht«

Übungsfall 13	
Ambrosius Hirnhuber (A) will im Mai Ferien machen, wobei er auf einen besonders ruhigen Ferienort Wert legt. Ende März fuhr er an einem Wochenende in den Schwarzwald und sah sich dort in Todtnau mehrere Pensionen an. Er begann bei den Häusern am Glotterweg mit der »Villa Schwarzwaldblick«, deren Lage ihm aber viel zu unruhig erschien. / Am besten gefiel ihm schließlich das »Haus Schwarzwaldglück« am Lotterpfad und auf der Heimfahrt beschloß er, dort ein Zimmer zu mieten. / Einige Tage später schrieb er eine Postkarte an »Villa Schwarzwaldblick, Glotterweg« und teilte mit, daß er dort ein Zimmer mieten wolle. / Alsbald erhielt er vom Besitzer Bertold Kadolsky (B) eine zustimmende Antwort. / Als A am 1. Mai in Todtnau eintrifft, stellt er seinen Irrtum fest. Da im »Haus Schwarzwaldglück« am Lotterpfad zufällig noch ein Zimmer frei ist, mietet er dieses und teilt dem B mit, daß er sich »vertan« habe und nie die Absicht gehabt habe, in dessen Villa zu wohnen. / B will sich darauf nicht einlassen, da er mit A einen gültigen Mietvertrag geschlossen habe. Ob A einziehe, sei ihm gleichgültig; jedenfalls müsse A zahlen. A weigert sich. Zu Recht?	

Exkurs: Methodik der Fallbearbeitung II (Wiederholung)

Lesen Sie den Sachverhalt noch ein zweites Mal, ordnen Sie die dort enthaltenen Mitteilungen auf Ihrem Konzeptzettel und vergleichen Sie Ihre Aufzeichnungen mit nachfolgender

(1) Sachverhaltserfassung

(Die einzelnen Stichpunkte entsprechen den im Falltext mit Schrägstrichen getrennten Sätzen bzw. Satzgruppen)

- Besichtigung mehrerer Pensionen durch A
- Entschluß, Schwarzwald*glück* zu mieten
- Verwechslung des Namens mit Schwarzwald*blick* und falsche Adressierung
- Dadurch falscher Vertragspartner B angesprochen; B nimmt an = Mietvertrag?
- Verwechslung = Irrtum am 1. 5. erkannt, sofort dem B mitgeteilt = Anfechtung?
- B besteht auf Zahlung!

Daraus ergibt sich die

(2) Fallfrage,

■ nämlich welche?

▷ »Hat B gegen A einen Anspruch auf Bezahlung des Zimmers«?

Um die Frage beantworten zu können, brauchen wir eine Anspruchsgrundlage. Bei der

(3) Suche nach der Anspruchsgrundlage

benutzen wir wieder unsere schematische Hilfsfrage:

Wer	will von	**wem,**	**was,**	**warum,**	**woraus?**
B	will von	A	Bezahlung des Zimmerpreises,	weil B glaubt, daß A aufgrund eines wirksamen Mietvertrages zur Zahlung verpflichtet sei.	(Suchen Sie selbst im Gesetz/Index unter »Mietvertrag«[80] bevor Sie Fn. 80 lesen!)

■ Wie könnte der erste Satz eines Gutachtens zu Fall 13 lauten?

▷ »B könnte gegen A einen Anspruch auf Bezahlung des Mietpreises für das Zimmer gem. § 535 S. 2 haben«.

■ Was ist Voraussetzung für diesen Anspruch?

▷ Zwischen A und B müßte ein wirksamer Mietvertrag zustandegekommen sein.

■ Was ist Voraussetzung dafür?

▷ Angebot und Annahme!

■ Wer hat ein Angebot gemacht?

▷ A, indem er sich brieflich an B wendete. Damit hat A objektiv ganz konkret erklärt, daß er bei B ein Zimmer mieten wolle.

■ Würden Sie in einem Gutachten prüfen, ob die Willenserklärung (Angebot) des A auch alle subjektiven Elemente einer Willenserklärung, also Handlungswille, Erklärungsbewußtsein und Geschäftswille enthielt?

▷ Der Handlungswille des A ist so wenig zweifelhaft, daß man sich in einem Gutachten darüber überhaupt nicht auszulassen braucht. Auch die Feststellung des Erklärungsbewußtseins und des Geschäftswillens macht keine Schwierigkeiten:

■ Welches Bewußtsein hatte A, als er an den B schrieb?

▷ Ganz sicher das Bewußtsein, eine rechtserhebliche Willenserklärung abzugeben.

■ Und worauf richtete sich der konkrete Geschäftswille des A?

▷ Auf den Abschluß eines Mietvertrages!
Unerheblich ist in diesem Zusammenhang, daß der Geschäftswille des A sich eigentlich auf die Miete eines anderen Zimmers in einer anderen Pension richtete.

■ Warum?

▷ Der Empfänger der Willenserklärung des A, nämlich B, hatte – vom Standpunkt eines objektiven Erklärungsempfängers betrachtet – keinen Anlaß, daran zu zweifeln, daß es sich um ein ernst gemeintes Angebot zum Abschluß eines Mietvertra-

80 ***Anspruchsgrundlage ist § 535 S. 2!***

ges mit ihm handelte. Somit ist in seiner Antwort an A eine wirksame Annahme zu sehen.

■ Zwischenergebnis?

▷ Zwischen A und B ist ein wirksamer Mietvertrag zustandegekommen.

■ Was ist nun zu prüfen, da der Sachverhalt dazu offensichtlich Anlaß gibt?

▷ Ob A den Mietvertrag gegebenenfalls anfechten kann – mit der Folge, daß der Vertrag gem. § 142 Abs. 1 von Anfang an nichtig war!

■ Welche Voraussetzung muß für eine wirksame Anfechtung zunächst erfüllt sein?

▷ A müßte einen Anfechtungsgrund haben.

■ Welcher Anfechtungsgrund kommt hier in Betracht?

▷ Ein Irrtum nach § 119 Abs. 1 S. 1 (lesen!) – entweder ein Inhalts- oder ein Erklärungsirrtum.

Gemeinsam ist diesen beiden Irrtumsarten das unbewußte Auseinanderfallen von dem inneren Willen des Erklärenden und der tatsächlich geäußerten Erklärung. Der in der Erklärung objektiv zum Ausdruck gekommene Geschäftswille stimmt dabei mit dem inneren Willen nicht überein!

A hat unbewußt ein anderes Zimmer (= Zimmer in »Schwarzwald*blick*) als Mietsache bezeichnet, als er eigentlich beabsichtigt hatte (= Zimmer in »Schwarzwald*glück*«).

■ Um welche Art des Irrtums handelt es sich hier? Erklärungsirrtum oder Inhaltsirrtum?

▷ Um einen Erklärungsirrtum: A wollte erklären »Ich miete ein Zimmer in der Pension Schwarzwald*glück*« und verwechselte diese Bezeichnung mit »Schwarzwald*blick*«: Er benutzte also für die Erklärung, die er abzugeben glaubte, das falsche Erklärungszeichen! Der Inhalt des Geschäfts, das A wollte, ist derselbe: Mietvertrag!

(Erinnerung: Hätte A geglaubt, er schließe einen Leihvertrag, in Wirklichkeit aber einen Mietvertrag abgeschlossen, läge ein typischer Inhaltsirrtum vor. – Nochmals: Wir brauchen letztlich nicht darüber zu »streiten«, ob man vielleicht auch einen Inhaltsirrtum annehmen kann, da sowohl der Erklärungsirrtum als auch der Inhaltsirrtum zur Anfechtung berechtigen. Ein Anfechtungsgrund liegt in unserem Fall jedenfalls vor; denn es ist auch davon auszugehen, daß A, wie § 119 Abs. 1 es verlangt, sein Angebot bei Kenntnis der Sachlage und verständiger Würdigung des Falles so nicht abgegeben hätte. Darin besteht angesichts der ähnlich klingenden Straßen- und Pensionsnamen kein Zweifel).

Die zweite und dritte Voraussetzung für eine rechtswirksame Anfechtung betreffen ihre Durchführung (vgl. unten III).

Es sind dies:

(1) Anfechtungserklärung gem. § 143 gegenüber dem richtigen Anfechtungsgegner!

Dabei ist es nicht erforderlich, daß die Erklärung ausdrücklich als Anfechtungserklärung bezeichnet wird. Wie jede Willenserklärung kann selbstverständlich auch die Anfechtung konkludent erklärt werden. Es genügt deshalb, wenn der Erklärende dem Anfechtungsgegner deutlich zu erkennen gibt, daß er an seiner Willenserklärung, die zum Vertragsschluß geführt hat, wegen Irrtums nicht festhalten will.

■ Hat A dies in unserem Fall getan?

▷ Ja. Er hat dem B mitgeteilt, daß er sich »vertan« habe und niemals die Absicht hatte, bei B zu wohnen. B ist als Vertragspartner gem. § 143 Abs. 2 auch der richtige Anfechtungsgegner gewesen (§ 143 Abs. 1 u. 2 lesen!).

(2) Einhaltung der Anfechtungsfrist gem. § 121 (Abs. 1 lesen!).

■ Hat A diese Frist eingehalten?

▷ A hat unverzüglich nach Kenntnisnahme von dem Anfechtungsgrund, d. h., sofort nach Erkennen seines Irrtums dem B mitgeteilt, daß er sich vertan habe. Somit sind alle Voraussetzungen für eine wirksame Anfechtung gegeben.

■ Was sind die Rechtsfolgen der Anfechtung (vgl. unten IV)?

▷ Gem. § 142 Abs. 1 war der Mietvertrag zwischen A und B von Anfang an nichtig, so daß B keinen Anspruch gegen A gem. § 535 S. 2 auf Zahlung des Mietzinses hatte.

■ Erscheint Ihnen dieses Ergebnis »gerecht«?

▷ Nur, wenn B, der das Zimmer für A freigehalten hatte, dadurch keine Verluste erleidet!

Denkbar ist indessen, daß B im Vertrauen darauf, daß A bei ihm einziehen werde, andere Interessenten abgewiesen hat und nun so schnell keinen neuen Mieter mehr bekommt.

Sofern B dadurch nachweisbar einen Schaden erlitten hat, man spricht von einem »Vertrauensschaden«, kann er diesen von A ersetzt verlangen.

Daß dies so ist, folgt aus § 122 Abs. 1, den Sie nochmals lesen müssen.

Da der vorliegende Sachverhalt keine Angaben darüber enthält, ob B Mieter abweisen mußte, können wir über einen Anspruch nach § 122 keine definitive Entscheidung treffen.

Allerdings dürfte B es sich auch nicht zu einfach machen: Er könnte nicht einfach das Zimmer leerstehen lassen und dann als »Vertrauensschaden« doch den ganzen Mietzins kassieren.

B muß nachweisen, daß er sich um andere Mieter bemüht hat!

Juristisch heißt das:

Wenn jemandem durch einen anderen ein Schaden entstanden ist, ist der Geschädigte verpflichtet, den Schaden im Rahmen des Möglichen so gering wie möglich zu halten. Andernfalls trifft ihn an dem Schaden ein »Mitverschulden«!

Auch dafür hat das Gesetz eine Vorschrift, nämlich § 254 – lesen Sie von dieser Vorschrift in diesem Zusammenhang nur Abs. 2 S. 1. Die »Schadensminderungspflicht« ergibt sich aus dem letzten Satzteil.

d) Irrtum wegen falscher Übermittlung

Als Sie eben die §§ 121 und 122 gelesen haben, haben Sie – hoffentlich – gesehen, daß dort außer auf die Anfechtung nach § 119 auch noch auf § 120 Bezug genommen wird, den Sie nun ebenfalls lesen müssen!

Beispiel: C gibt dem Boten B die Anweisung, dem A (mündlich) auszurichten, er wolle das Grundstück »Flurstück Nr. 3« kaufen. Der Bote richtet dem A versehentlich aus, C wolle das Grundstück »Flurstück Nr. 2« kaufen. Die so übermittelte Willenserklärung wäre zunächst zwar gültig, doch C kann die falsch übermittelte Willenserklärung ebenso nach § 120 i. V. m. § 119 Abs. 1 anfechten, als habe er sich selbst gegenüber A versprochen!

§ 120 ist immer dann anzuwenden, wenn ein Dritter (im Verhältnis Erklärender und Erklärungsempfänger) zur Übermittlung einer (aus der Sicht dieses Dritten) fremden Willenserklärung eingeschaltet wird und eine andere Willenserklärung äußert, als ihm aufgetragen wurde[81]. Gibt dieser Dritte dagegen als »Vertreter« eine eigene Willenserklärung »im Namen« eines anderen (des »Vertretenen«)[82] ab, gilt § 120 nicht!

e) Irrtum durch arglistige Täuschung

Die dritte Vorschrift des Anfechtungsrechts, die neben § 119 und § 120 Anfechtungsgründe enthält, ist § 123 BGB.
Lesen Sie davon Abs. 1.

■ Unter welchen beiden alternativen Voraussetzungen kann der Erklärende seine Willenserklärung anfechten?

▷ Wenn er durch den Erklärungsempfänger, das ist in der Regel sein Vertragspartner, durch »arglistige Täuschung« *oder* durch »widerrechtliche Drohung« bestimmt bzw. veranlaßt wurde.

■ Was ist als Täuschung anzusehen?

▷ Unter Täuschung versteht man jedes Verhalten (Tun oder Unterlassen) des Erklärungsempfängers, das beim Erklärenden einen Irrtum hervorruft, bestärkt oder aufrechterhält.[83]
Eine Täuschung setzt immer eine Irrtumserregung voraus und der Irrtum muß für die Abgabe der Willenserklärung ursächlich (kausal) gewesen sein.
Ein Unterlassen ist allerdings nur dann als Täuschung zu werten, wenn eine Rechtspflicht zum Handeln bestanden hat.

Beispiel: V verkauft dem K einen Gebrauchtwagen, der nur 5 000 km »gelaufen« ist und eine leichte Beschädigung am Heck erkennen läßt. Auf Befragen erklärt V wider besseres Wissen, diese Beschädigung sei bei etwas unvorsichtigem Zurücksetzen des Autos erfolgt. In Wirklichkeit war der Wagen bei einem Unfall eine steile Böschung hinabgerutscht und in einen Fluß gefallen. Als K davon erfährt, erklärt er die Anfechtung.

■ Worin liegt die Täuschung?

▷ Im Verschweigen des schweren Unfalls, also in einem Unterlassen. V hatte als Verkäufer eine rechtliche Aufklärungspflicht; denn da das Auto, abgesehen von der kleinen Beschädigung, noch relativ neuwertig war, wußte V, daß K davon ausging, der Wagen habe noch keinen erheblichen Unfall gehabt. Diese Täuschungshandlung durch V war im übri-

81 In Fall 10 (oben S. 104) konnte C sich nicht auf § 120 berufen!
82 vgl. unten »Recht der Stellvertretung«, S. 179 ff.
83 ähnlich *Beuthien/Hadding*, § 123, II 1 a)

gen auch »arglistig«: Arglist liegt vor, wenn der Täuschende das Bewußtsein gehabt hat, daß der Erklärende die Willenserklärung ohne die Täuschung möglicherweise gar nicht, oder jedenfalls nicht mit dem entsprechenden Inhalt abgegeben hätte.
Für dieses Bewußtsein reicht bedingter Vorsatz aus.

■ Wann liegt bedingter Vorsatz vor bzw. wann liegt überhaupt Vorsatz vor?

▷ Wenn jemand vorsätzlich handelt, weiß er, welche Folgen sein Verhalten haben kann und will diese Folgen. Handelt er »bedingt« vorsätzlich, dann weiß er zwar auch, welche Folgen eintreten können, aber er will sie nicht »unbedingt«, sondern nimmt das eventuelle Eintreten dieser Folgen billigend in Kauf!

f) Willenserklärung aufgrund widerrechtlicher Drohung

Die zweite Tatbestandsvariante des § 123 Abs. 1, die zur Anfechtung berechtigt (= Anfechtungsgrund), ist die widerrechtliche Drohung.

■ Wie würden Sie diesen Begriff definieren, wenn man Sie fragt »Was verstehen Sie unter einer Drohung«? (Überlegen Sie!).

▷ »Drohung« ist das Inaussichtstellen eines künftigen empfindlichen Übels[84], dessen Eintritt der Drohende aus der Sicht des Adressaten beeinflussen kann. Die Drohung enthält stets einen mittelbaren Zwang, durch den jemand in Furcht gesetzt wird und dadurch bewogen wird, durch Abgabe einer Willenserklärung ein Rechtsgeschäft abzuschließen (= Ursächlichkeit der Drohung für die Willenserklärung). Trotz dieses Zwanges liegt dem Rechtsgeschäft immer noch eine eigene Willenserklärung zugrunde, was bei Anwendung von Gewalt, z. B. dem gewaltsamen Führen der Hand zur Unterschrift, nicht der Fall ist.

Bei der durch unmittelbare Gewaltanwendung erzwungenen Willenserklärung liegt mangels Handlungswillens gar keine echte Willenserklärung vor, so daß sie auch keiner Anfechtung bedarf.
»Widerrechtlich« ist eine Drohung, wenn das angewandte Mittel der Drohung verwerflich ist.

Krasses *Beispiel:* A droht seinem Gläubiger B damit, ihn niederzuschießen, wenn er ihm nicht ein Darlehen gewähre!

Widerrechtlich ist die Drohung auch, wenn der erstrebte Erfolg, der Zweck der Drohung, verwerflich ist.

Beispiel: A droht dem B mit der Anzeige einer früheren Straftat des B, wenn dieser ihm nicht bei der Begehung eines Versicherungsbetruges helfe.

84 nach BGHZ 2, 287, (295)

Die Anzeige einer Straftat ist rechtmäßig. Wenn damit aber gedroht wird, um einen gegen das Strafgesetz gerichteten Betrug zu ermöglichen, ist dieser Zweck der Drohung widerrechtlich.

Widerrechtlich ist eine Drohung letztlich auch, wenn zwar das Mittel allein, und auch der Zweck für sich rechtmäßig wären, die »Mittel-Zweck-Relation« aber anstößig ist.

Beispiel: A droht dem B, daß er dessen frühere Unfallflucht anzeigen werde, wenn B ihm nicht ein Darlehen von 1 000,– DM gewähre.

Das Mittel, Anzeige wegen Unfallflucht, ist für sich betrachtet, sicher rechtmäßig. Auch der Zweck, nämlich der Abschluß eines Darlehensvertrages, ist an sich rechtmäßig. Widerrechtlich aber ist es, das Mittel und den Zweck derart zu verbinden bzw. derartig in »Relation« zu setzen, daß der andere durch mittelbaren Zwang (aus Angst vor der Anzeige) zu einem Rechtsgeschäft veranlaßt wird, das er sonst nicht abgeschlossen hätte[85]. –

Schließlich müssen wir uns noch § 123 Abs. 2 ansehen. Lesen Sie davon Satz 1. § 123 Abs. 2 S. 1 trifft eine Sonderregelung für den Fall, daß ein Dritter eine Täuschung begeht. Am besten verdeutlicht man sich das an einer kleinen Skizze:

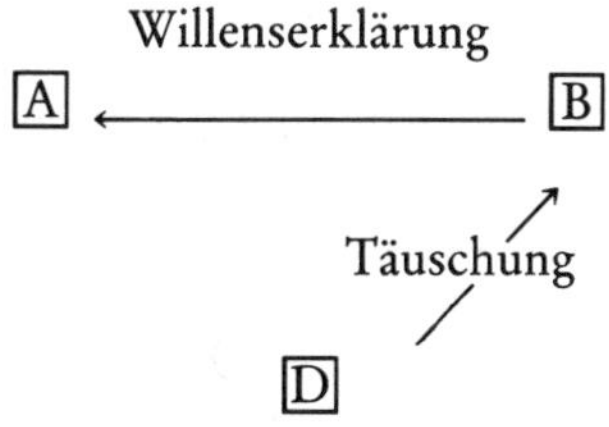

B kann nicht anfechten, wenn A von der Täuschung durch D nichts wußte oder nichts hätte wissen müssen.

Beispiel: Der Rentner D vertreibt sich seine alten Tage damit, anderen Leuten einen Streich zu spielen. So beschwatzt er Straßenpassanten, die vor der Schaufensterauslage eines Juweliers stehen, die dort zu niedrigen Preisen ausgezeichneten Schmuckstücke zu kaufen, weil er ihnen einredet, der Juwelier habe versehentlich diese echten Schmuckstücke mit den niedrigen Preisen der Imitationen ausgezeichnet. In Wirklichkeit sind es nur Imitationen!

Wenn der Passant P daraufhin mit dem Juwelier A einen Kaufvertrag abschließt, kann er diesen nicht anfechten; nach dem »Vertrauensschutzprin-

85 ***Die Vertragsfreiheit, die im »Allgemeinen Schuldrecht« (Band II) noch ausführlicher behandelt wird, bedeutet u. a., daß niemand zu einem Vertragsschluß gezwungen werden kann.***

zip«[86] ist es dem Juwelier, der die Täuschung nicht kannte oder kennen mußte, nicht anzulasten, daß P von D getäuscht wurde.

Anders natürlich, wenn A, um seinen Umsatz zu steigern, den Rentner hiermit beauftragt hätte; in diesem Fall hätte er Kenntnis von der Täuschung, so daß sie ihm zuzurechnen wäre; eine Anfechtung wäre möglich.

■ Wie aber sähe es aus, wenn statt des Rentners D der Angestellte C des Juweliers A – ohne dessen Wissen – diese Täuschung der Passanten vornimmt? (Überlegen Sie!).

▷ Der Juwelier A muß sich das Handeln des C zurechnen lassen.

■ Warum wohl?

▷ C ist in diesem Fall nicht »Dritter« im Sinne von § 123 Abs. 2. C ist als Angestellter des A vielmehr dessen »Erfüllungsgehilfe«.
A hat gem. § 278 S. 1 das Verhalten des C genauso zu vertreten wie sein eigenes. (§ 278 S. 1 lesen!)[87]
Der Grund für diese Haftung des Geschäftsherrn für seinen Erfüllungsgehilfen ist einleuchtend: Wer einen anderen für sich im Rechtsverkehr auftreten läßt, muß auch die Verantwortung dafür übernehmen, daß der andere sich gegenüber seinen Vertragspartnern redlich verhält. Hier gilt das Vertrauensschutzprinzip zugunsten des Getäuschten!
»Dritter« i. S. v. § 123 Abs. 2 ist ebensowenig der Stellvertreter i. S. d. §§ 164 ff. BGB. Lesen Sie hierzu schon einmal § 164 Abs. 1 S. 1, mit dem wir uns demnächst noch ausführlich beschäftigen werden[88].

Wenn z. B. Kuno (K) den Udo (U) bevollmächtigt, für ihn, K, mit Vladimir (V) ein Geschäft abzuschließen, gilt die Willenserklärung des U gegenüber V so, als habe K selbst mit V verhandelt. K müßte sich auch eine Täuschung des V durch U anrechnen lassen, d. h., trotz § 123 Abs. 2 könnte V anfechten!

Vergleichen Sie abschließend noch § 123 Abs. 2 S. 1 mit Abs. 1!

■ Was fällt Ihnen dabei auf? (Vergleichen Sie diese Absätze und überlegen Sie!).

▷ § 123 Abs. 2 S. 1 spricht nur von der Täuschung, während Abs. 1 von Täuschung und Drohung spricht!

■ Was folgern Sie daraus? (Nachdenken!).

▷ Daß es bei einer Drohung durch einen Dritten nicht darauf ankommt, ob der Erklärungsempfänger davon wußte oder nicht. Da es sich bei einer Willenserklärung auf eine Drohung hin um eine Erklärung handelt, die unter unerlaubtem, mittelbaren Zwang abgegeben wurde, kann sie immer angefochten werden!

86 vgl. oben S. 104
87 auch dazu mehr im »Allgemeinen Schuldrecht«
88 s. Fn. 82

III. Durchführung der Anfechtung

Um eine Anfechtung bei Vorliegen eines der sechs genannten Anfechtungsgründe wirksam durchführen zu können, müssen zwei weitere Voraussetzungen erfüllt sein:

1. Anfechtungserklärung

Die Anfechtung erfolgt gem. § 143 Abs. 1 gegenüber dem Anfechtungsgegner, d. h., die Anfechtungserklärung ist eine empfangsbedürftige Willenserklärung. Wer der richtige Anfechtungsgegner ist, richtet sich nach § 143 Abs. 2–4. Wird eine Willenserklärung angefochten, die auf den Abschluß eines Vertrages gerichtet war, so ist Anfechtungsgegner der Vertragspartner des Anfechtenden (§ 143 Abs. 2). Lesen Sie § 143 nun ganz durch!

2. Anfechtungsfrist

Um wirksam sein zu können, muß die Anfechtungserklärung innerhalb einer bestimmten Frist erfolgen. Je nach Anfechtungsgrund ist diese Frist unterschiedlich. Für die Anfechtung aufgrund eines Irrtums gem. § 119 oder wegen falscher Übermittlung gem. § 120 gilt § 121 (lesen!), der uns in Abs. 1 die Legaldefinition des Begriffes »unverzüglich« gibt: Die Anfechtung muß danach »ohne schuldhaftes Zögern« erklärt werden, sobald der Anfechtungsberechtigte von dem Anfechtungsgrund Kenntnis erlangt hat. 30 Jahre nach Abgabe der Willenserklärung ist die Anfechtung gem. § 121 Abs. 2 allerdings *ausgeschlossen*[89].

Wird wegen arglistiger Täuschung oder widerrechtlicher Drohung gem. § 123 angefochten, kann dies gem. § 124 Abs. 1 nur binnen Jahresfrist geschehen. Die Frist beginnt dabei (§ 124 Abs. 2) entweder zum Zeitpunkt der Entdeckung der Täuschung durch den Anfechtungsberechtigten oder zu dem Zeitpunkt, in welchem die durch die Drohung hervorgerufene Zwangslage aufhört. Auch in diesem Fall ist (§ 124 Abs. 3) die Anfechtung nach 30 Jahren ausgeschlossen (§ 124 ganz lesen!).

89 ***Unterstreichen Sie sich dieses Wort im Text des Gesetzes! (= Ausschlußfrist! – Niemals verwechseln mit Verjährungsfrist«! – vgl. dazu unter »Fristen«, S. 207 ff.***

IV. Wirkungen der Anfechtung

1. Nichtigkeit des Rechtsgeschäftes

Wird eine Willenserklärung unter den bisher genannten Voraussetzungen[90] wirksam angefochten, ist sie bzw. das mit ihr beabsichtigte Rechtsgeschäft, wie bereits erwähnt, gem. § 142 Abs. 1 als *von Anfang an*[91] nichtig anzusehen.

Wenn der Anfechtungsberechtigte von der möglichen Anfechtung Gebrauch macht, setzt er seinen wahren Willen nur in negativer Art und Weise durch, indem er die ungewollte Willenserklärung mit Hilfe von § 142 Abs. 1 wieder vernichtet[92]. Dafür muß aber in den Fällen der §§ 119 und 120 der Anfechtungsgegner, dem der Irrtum des Anfechtenden nicht anzulasten ist, unter Umständen für sein Vertrauen auf die nicht eingetretene (= rückwirkend beseitigte) Wirksamkeit der Willenserklärung entschädigt werden.

2. Schadensersatzpflicht des Anfechtenden

Gem. § 122 Abs. 1 ist derjenige, der eine Willenserklärung aufgrund von § 119 oder § 120 angefochten hat, oder dessen Willenserklärung nach § 118 nichtig ist, zum Ersatze des Schadens verpflichtet, der dem Erklärungsempfänger im Vertrauen auf die Gültigkeit der Erklärung entstanden ist. Dieses sog. »Vertrauensinteresse« ist allerdings durch die Höhe des Betrages begrenzt, der dem Erklärungsempfänger im Fall der Gültigkeit der Erklärung zugute gekommen wäre. Das Vertrauensinteresse bezeichnet man auch als »negatives Interesse«; denn durch den Schadensersatz ist der Erklärungsempfänger so zu stellen, wie er stehen würde, wenn er *nicht* auf die Gültigkeit der angefochtenen Willenserklärung vertraut hätte (§ 122 Abs. 1 lesen!).

Beispiel: V aus Köln hat mit K aus Münster einen Kaufvertrag über ein Auto geschlossen, das K sich drei Tage nach Vertragsschluß abholen soll. Als K nach Köln kommt, ficht V wegen Inhaltsirrtums nach § 119 Abs. 1 den Kaufvertrag wirksam an. K kann deshalb gem. § 122 Abs. 1 als Schadensersatz seine Aufwendungen für die nutzlose Fahrt nach Köln verlangen.

90 ***Zur Wiederholung: 1. Anfechtungsgrund, 2. Anfechtungserklärung gegenüber richtigem Anfechtungsgegner, 3. Anfechtungsfrist!***

91 ***im Gesetz unterstreichen! – s. o. Fn. 72! Besonderheiten gelten hier im Arbeitsrecht (siehe dort)***

92 *Jauernig*, § 119, Anm. 1 c)

Die Schadenersatzpflicht trifft gem. § 122 Abs. 2 (lesen!) nicht ein, wenn der Beschädigte den Grund der Nichtigkeit oder der Anfechtung kannte oder infolge von Fahrlässigkeit[93] nicht kannte (= Legaldefinition des Begriffes »Kennen-Müssen«). Daraus ergibt sich, daß der Anfechtungsgegner einer Anfechtung aufgrund von § 123 Abs. 1 (der in § 122 nicht genannt wird) diesen Schadensersatzanspruch nicht hat: Der Anfechtungsgegner, der den Erklärenden getäuscht oder bedroht hat, soll dafür natürlich nicht noch mit einem Schadenersatzanspruch belohnt werden[94].

3. Herausgabe bereits ausgetauschter Leistungen

Nehmen Sie an, V und K haben einen Kaufvertrag über ein wertvolles Gemälde geschlossen und diesen Vertrag durch Übergabe des Bildes und Bezahlung des Kaufpreises bereits erfüllt.

Nun stellt sich heraus, daß das Bild eine Fälschung ist und K deshalb gem. § 119 anfechten kann.

■ Zwischenfrage: Welcher Anfechtungsgrund des § 119 liegt hier vor?

▷ Ein Eigenschaftsirrtum i. S. v. § 119 Abs. 2!

K erklärt daraufhin eine wirksame Anfechtung.

■ Welche Rechtsfolge tritt ein?

▷ Die (rückwirkende) Nichtigkeit des Kaufvertrages gem. § 142 Abs. 1!

Der Kaufvertrag, der Grund für die Übergabe des Bildes und Bezahlung des Kaufpreises war, ist anzusehen, als sei er nie geschlossen worden.

■ Was geschieht in diesem Fall mit dem bereits übergebenen Bild und dem bereits gezahlten Kaufpreis?

▷ Beides ist jeweils an den anderen zurückzugeben. Mit anderen Worten: K hat gegen V einen Anspruch auf Herausgabe des Kaufpreises (des Geldes) und V kann von K Herausgabe des Bildes verlangen.

Natürlich brauchen wir für diesen Anspruch eine Anspruchsgrundlage. Die Vorschrift, die als Anspruchsgrundlage für dieses Herausgabeverlangen in Betracht kommt, ist § 812 Abs. 1 S. 1 1. Variante – lesen!

Obwohl diese Vorschrift zum Besonderen Schuldrecht gehört und eigentlich erst Stoff des zweiten Bandes dieser »Grundzüge« ist, müssen wir uns die Voraussetzungen für den Anspruch aus § 812 Abs. 1 S. 1 schon jetzt kurz ansehen. Dieser Anspruch ist u. a. von Bedeutung, wenn ein Vertrag, der bereits erfüllt worden ist, durch Anfechtung (oder aus anderen Gründen) nichtig war oder (rückwirkend!) geworden ist.

Wenn K in unserem Fallbeispiel von V gem. § 812 Abs. 1 S. 1 1. Variante, den gezahlten Kaufpreis herausverlangt, müssen folgende Voraussetzungen erfüllt sein:

93 ***Die Legaldefinition dieses Begriffes enthält § 276 Abs. 1 S. 2 – lesen!***
94 vgl. *Haase/Keller*, S. 92

(a) V müßte »etwas erlangt« haben.

■ Was hat V erlangt?

▷ Den Kaufpreis, d. h. juristisch genau ausgedrückt: Besitz und Eigentum[95] an dem Geld.

(b) Dieses »etwas« müßte V durch eine »Leistung« erlangt haben. Da K den Kaufpreis in Erfüllung des später angefochtenen Kaufvertrages an V leistete, indem er nämlich bewußt und zweckgerichtet dessen Vermögen vermehrte, liegt eine solche Leistung durch K vor.

(c) Schließlich müßte V den Kaufpreis »ohne rechtlichen Grund« erlangt haben!

■ Welcher rechtliche Grund lag vor, aufgrund dessen K den Kaufpreis bezahlte?

▷ Der Kaufvertrag!

■ Was aber ist mit dem Kaufvertrag passiert?

▷ Der Kaufvertrag ist wirksam angefochten worden!

■ Rechtsfolge?

▷ Gem. § 142 Abs. 1 war der Kaufvertrag von Anfang an nichtig! Somit hat K den Kaufpreis ohne rechtlichen Grund geleistet und kann ihn gem. § 812 Abs. 1 S. 1 von V herausverlangen. –

Bevor wir zum Anfechtungsrecht noch zwei weitere Übungsfälle lösen, lesen Sie Übersicht 20 auf den Seiten 141–143 und blättern Sie dann wieder hierhin zurück.

V. Fallösungen zum Anfechtungsrecht

Anhand der beiden nächsten Übungsfälle können Sie Ihr Wissen über das Anfechtungsrecht und die Methodik der Fallbearbeitung überprüfen und vertiefen.

Übungsfall 14

Der bislang mittellose Student S ist auf unerklärliche Weise zu Geld gekommen und beschließt, sich einen alten Porsche 911 S zu kaufen. Beim Gebrauchtwagenhändler G zeigt ihm dessen Verkäufer V ein entsprechendes Modell, »Bj. 1983, km-Stand 81 000, unfallfrei«, zum Preis von 16 000,– DM. S kauft den Wagen, bezahlt bar und fährt stolz davon. Wenige Wochen später stellt sich bei einer Inspektion heraus, daß der Wagen in Wahrheit Bj. 1980 und 181 000 km gelaufen ist. Außerdem handelt es sich um einen Unfallwagen. Das hat wohl V, nicht aber G gewußt. S, der nur Medizin studiert, will sein Geld zurück, weiß aber nicht, auf welchem Weg. Welchen Anspruch hat S gegen G?

95 Auf diese Begriffe kommen wir in Band III (»Sachenrecht«) und auf den »Leistungs-Begriff« des Bereicherungsrechts der §§ 812 ff. in Bd. II (»Besonderes Schuldrecht«) ausführlicher zu sprechen.

Übersicht 20:

Anfechtungsrecht

A. Grundgedanken (Wiederholung: Recht der Willenserklärungen)

I. Rechtsgeschäfte bestehen regelmäßig aus Willenserklärungen (WE). Diese bestehen aus einem obj. Teil (der äußeren Erklärung) und einem subj. Teil (Erklärungsbewußtsein + dem die Erkl. tragenden Handlungs- und Geschäftswillen).

II. Aus *Vertrauensschutzgründen* werden die Rechtsfolgen einer WE vornehmlich nach dem äußeren Teil, der Erklärung, bestimmt: *Eine WE gilt grundsätzlich so, wie sie erklärt wurde.* Bei Mehrdeutigkeit ist sie auszulegen, um den Inhalt zu ermitteln.

III. Weicht die obj. Erklärung (die ggf. durch Auslegung ermittelt wurde) vom »inneren Willen« ab, so ist sie zunächst *gültig!*

IV. In einem solchen Fall des Willensmangels gibt das BGB dem Erklärenden die *Möglichkeit,* die WE durch Anfechtung (s. u. B.) zu beseitigen. *Ob* er anficht, ist seine freie Entscheidung.

B. Voraussetzungen der Anfechtung

I. Anfechtungsgrund → §§ 119 ff. BGB

1. *Inhaltsirrtum, § 119 Abs. 1, 1. Alt.:* Irrtum über Erklärungs*inhalt,* d. h. *Abweichung der beigemessenen Bedeutung* der (durchaus gewollten) WE *von der wirklichen* (evtl. durch Auslegung zu ermittelnden → Auslegung geht vor Anfechtung!) *Bedeutung. Bsp.:* Verwechselung Leih- und Mietvertrag
2. *Erklärungsirrtum, § 119 Abs. 1, 2. Alt.:* Erklärender will WE dieser Art *nicht* abgeben, d. h., der Irrtum liegt schon bei der Erklärungsäußerung. *Bsp.:* Verschreiben, Versprechen (450,– statt 540,– DM) Abgrenzung von 1 u. 2 manchmal schwierig, aber Rechtsfolgen gleich!
3. *Eigenschaftsirrtum, § 119 Abs. 2:* Irrtum über verkehrswesentliche Eigenschaft einer Person od. *Sache → Wertbildende Faktoren* (nicht der Wert selbst). *Wichtig:* Bei Fehler (= § 459 ff.) der Kaufsache: keine Anfechtung wegen Eigenschaftsirrtums
4. *Irrtum wegen falscher Übermittlung, § 120:* Wird behandelt wie 1–3; Wichtig: 1–4 betreffen nur Irrtum bei Willens*äußerung!* Irrtum bei Willens*bildung* ist *unbeachtlicher Motivirrtum!* *Bsp.:* Kauf von Hochzeitsgeschenk – Hochzeit findet nicht statt!

Übersicht 20 *(Fortsetzung):*

5. *Anfechtung wegen arglistiger Täuschung, § 123 Abs. 1 1. Var.:* Täuschung setzt Irrtumserregung voraus (durch Tun od. Unterlassen). *Arglist:* Bewußtsein, daß Erklärender ohne Täuschung WE nicht abgegeben hätte. Bedingter Vorsatz reicht aus.
   Bsp.: Zusicherung von Unfallfreiheit bei Kfz; Verschweigen von Unfall.
6. *Anfechtung wegen widerrechtlicher Drohung, § 123 Abs. 1 2. Var.: Drohung:* Inaussichtstellen eines empfindlichen Übels = mittelbarer Zwang. *Widerrechtlich: Mittel* verwerflich (z. B.: Gewaltanwendung, wenn WE nicht abgegeben wird) *oder Zweck* verwerflich (z. B. Begehung von Betrug) *oder Zweck-Mittel-Relation* verwerflich (z. B. Abschluß von Darlehensvertrag od. Anzeige wegen Straftat).

   Merke zu § 123 Abs. 2:
   Dritter ist *nicht* Vertreter od. Erfüllungsgehilfe des Anfechtungsgegners! (§ 123 Abs. 2 gilt nicht bei Drohung = durch Drohung erzwungene WE ist immer anfechtbar!)

   → *zu 5–6:*

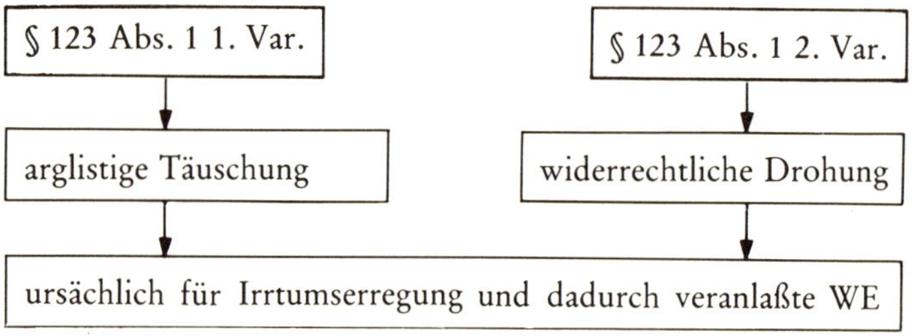

II. Wirksame Durchführung der Anfechtung

1. *Anfechtungserklärung* – § 143 –
   - gegenüber richtigem Anfechtungsgegner (= i. d. R. Vertragspartner)
   - muß nicht wörtlich erklärt werden = auch »konkludent« → es genügt, wenn deutlich wird, daß der Anfechtende sich nicht mehr an seine WE binden lassen will.
2. *Anfechtungsfrist*
   - *bei §§ 119, 120 → § 121:* »unverzüglich« nach Kenntnis vom Anfechtungsgrund
   - *bei § 123 Abs. 1 → § 124:* 1 Jahr nach Entdeckung der Täuschung oder nach Beendigung der durch Drohung bewirkten Zwangslage

Übersicht 20 *(Fortsetzung):*

C. Wirkungen der Anfechtung

I. § 142 Abs. 1: WE (u. damit auch evtl. Vertrag) ist *von Anfang an nichtig* = vertragliche Leistungen erfolgten ohne rechtlichen Grund → Anspruch auf Herausgabe gem. § 812 Abs. 1 S. 1 1. Var.

II. Ggf. (nur bei Anfechtung nach §§ 119, 120 – sowie im Fall von § 118 – nicht bei § 123!) Schadensersatzanspruch des Anfechtungsgegners gem. § 122 → »Vertrauensschaden«
(vgl. Fall »Schwarzwaldglück« . . .)

III. Falls Leistungen bereits ausgetauscht sind: Anspruch auf Herausgabe des Erlangten gem. *§ 812 Abs. 1 Satz 1 1. Var. (»ungerechtfertigte Bereicherung«)*

→ *Anspruchsvoraussetzungen:*

1. Anspruchsgegner hat *»etwas erlangt«*
   (z. B. *»Besitz und Eigentum«* an einer Sache)
2. *»durch Leistung eines anderen«* (= Anspruchsteller)
   → *»Leistung«* ist jede bewußte, zweckgerichtete Vermögensmehrung
   → z. B. Sache, die geleistet wurde, vermehrte Vermögen des Anspruchsgegners (»auf dessen Kosten« = Bereicherung des Anspruchsgegners muß unmittelbare Entreicherung des Anspruchstellers zur Folge haben → »unmittelbare Vermögensverschiebung« = Regelfall; muß nach neuerer Meinung daher im Gutachten nicht mehr geprüft werden!)
3. *»ohne rechtlichen Grund«*
   Rechtlicher Grund ist i. d. R. das dem Leistungsaustausch zugrundeliegende *Verpflichtungsgeschäft* = Vertrag → Vertrag kann durch Anfechtung z. B. gem. § 142 I von Anfang an nichtig werden: dann kein Rechtsgrund für Leistung vorhanden!
   → *Rechtsfolge:* Herausgabe des ohne Rechtsgrund Geleisteten nach § 812 Abs. 1, S. 1 1. Var.

Wenn S »sein Geld zurück« will, so bedeutet das, daß er von G »Herausgabe« des Geldes (des Kaufpreises) verlangt.

■ Aus welcher Anspruchsgrundlage, die Sie soeben kennengelernt haben, könnte S sein Begehren herleiten?

▷ § 812 Abs. 1 S. 1 1. Var. (nochmals lesen!)

■ Sind die beiden ersten Voraussetzungen für diesen Anspruch, daß G »etwas erlangt« hat, und dieses auch durch »Leistung des S« geschehen ist, erfüllt?

▷ G hat Besitz und Eigentum an dem Geld (Kaufpreis) erlangt und dies geschah auch durch Leistung des S, der ja mit der Zahlung seine vertragliche Leistungspflicht aus § 433 Abs. 2 erfüllen wollte[96].

■ Wie sieht es mit dem rechtlichen Grund für diese Leistung aus? Was kommt als Rechtsgrund in Betracht?

▷ Der Kaufvertrag!

■ Was könnte S tun, damit sein Anspruch aus § 812 Abs. 1 begründet ist?

▷ S könnte den Kaufvertrag anfechten, damit dieser gem. § 142 Abs. 1 von Anfang an nichtig ist.

■ Was ist die erste Voraussetzung, damit eine Anfechtung durch S Erfolg haben kann?

▷ S müßte einen Anfechtungsgrund haben.

■ Paßt § 119 Abs. 1? Liegt ein Inhaltsirrtum oder ein Erklärungsirrtum des S vor?

▷ Es sind keine Anhaltspunkte ersichtlich, daß S sich bei Vertragsschluß über den Inhalt seiner Willenserklärung irrte oder ein falsches Erklärungszeichen benutzte.

■ Wie steht es mit dem Anfechtungsgrund gem. § 119 Abs. 2, dem sogenannten Eigenschaftsirrtum? Welche Vorstellung hatte S bei Abschluß des Kaufvertrages?

▷ S hat den Kaufvertrag mit G geschlossen, da er davon ausging, daß der Porsche erst 7 Jahre alt war, 81 000 km gelaufen und keinen Unfall hatte. Da dies alles nicht stimmte, irrte S über Baujahr, Kilometerstand und Unfallfreiheit des Autos.

■ Würden Sie darin einen Irrtum über verkehrswesentliche Eigenschaften i. S. d. § 119 Abs. 2 (einen Irrtum über wertbildende Faktoren!) sehen?

▷ Ja! Dennoch kann S nicht gem. § 119 Abs. 2 anfechten.

Das falsche Baujahr, der falsche Kilometerstand und die nicht vorhandene Unfallfreiheit sind nämlich zugleich »Fehler« der Kaufsache. Liegt bei einer Kaufsache ein solcher Fehler vor, so hat der Käufer gegen den Verkäufer »Gewährleistungsansprüche« nach §§ 459 ff. BGB, die Sie jetzt allerdings nicht lesen sollen. Diese Vorschriften sind Spezialvorschriften des Kaufrechts und gehören zum Besonderen Teil des Schuldrechts, während § 119 zum Allgemeinen Teil des BGB gehört.

Wenn Sie sich an das erinnern, was Sie über den Aufbau und die Systematik des BGB gelernt haben, erinnern Sie sich vielleicht auch daran, daß Spezialvorschriften vor Vorschriften des Allgemeinen Teils immer Vorrang haben, wenn sie die gleiche Materie regeln und sich sogar auch noch widersprechen. Ein solcher Widerspruch ergibt sich aus § 477 BGB (ausnahmsweise – noch – nicht lesen), wonach die Gewährleistungsansprüche der §§ 459 ff. wegen eines Fehlers der Kaufsache sechs Monate

96 ***In einer Klausur müßte man dazu allerdings etwas ausführlicher Stellung nehmen!***

nach *Ablieferung* der (beweglichen) Sache beim Käufer verjähren, ohne daß es darauf ankommt, ob der Käufer von dem Fehler *Kenntnis* hatte. Da die Anfechtungsfrist des § 121 BGB, wie wir wissen, erst zu laufen beginnt, wenn der Anfechtungsberechtigte von dem Anfechtungsgrund nach § 119 Abs. 2 Kenntnis erlangt, könnte er theoretisch auch noch später als sechs Monate nach Ablieferung der Kaufsache wegen Irrtums über das Nichtvorhandensein dieses Fehlers anfechten. Dann aber wäre die Regelung des § 477 bezüglich der sechsmonatigen Verjährungsfrist sinnlos!

Wir kommen auf dieses Konkurrenzverhältnis im Kaufrecht noch einmal zu sprechen.[97] Merken Sie sich aber schon jetzt, daß die Anfechtung wegen Irrtums nach § 119 Abs. 2 ausgeschlossen ist, wenn zugleich ein Irrtum über das Vorhandensein oder Nichtvorhandensein eines Fehlers der Kaufsache vorliegt!

Niemals ausgeschlossen ist dagegen die Anfechtung gem. § 123 Abs. 1 wegen arglistiger Täuschung, sofern ihre Voraussetzungen vorliegen. Wenn der Verkäufer den Käufer bezüglich eines Fehlers der Kaufsache arglistig täuscht, greift auch die kurze Verjährungsfrist des § 477, von dem Sie Abs. 1 S. 1 lesen müssen, nicht ein!

In unserem Fall müssen wir deshalb prüfen, ob S den Kaufvertrag wegen arglistiger Täuschung durch G gem. § 123 Abs. 1 (lesen!) anfechten kann.

■ Liegt ein Anfechtungsgrund gem. § 123 Abs. 1 vor? Worin könnte eine arglistige Täuschung gelegen haben?

▷ Sowohl in der Angabe des falschen Baujahres und Kilometerstandes als auch im Verschweigen des Unfalls!

■ Wer hat diese Täuschung dem S gegenüber vorgenommen?

▷ Nicht G selbst, sondern sein Verkäufer V. Die Anfechtung nach § 123 Abs. 1 könnte deshalb gem. § 123 Abs. 2 S. 1 (lesen!) ausgeschlossen sein, wenn V Dritter im Sinne dieser Vorschrift wäre.

■ Trifft das für unseren Fall zu?

▷ Nein! V ist als Verkäufer des G dessen Vertreter und auch Erfüllungsgehilfe[98]. Als solcher ist er nicht »Dritter« i. S. v. § 123 Abs. 2 S. 1. G muß sich deshalb die Täuschung des S durch seinen Verkäufer V zurechnen lassen, so daß S einen Anfechtungsgrund gem. § 123 Abs. 1 hat. Wenn S deshalb gem. § 143 Abs. 1 (lesen!) die Anfechtung des Kaufvertrages gegenüber seinem Vertragspartner erklärt, wird die Anfechtung wirksam, sofern S auch die Anfechtungsfrist einhält!

■ Welche Anfechtungsfrist gilt hier?

▷ Die Frist des § 124 Abs. 1; gem. § 124 Abs. 2 beginnt diese Frist mit Entdeckung der Täuschung und dauert ein Jahr (§ 124 lesen!). Bei rechtzeitiger Anfechtung wäre der Kaufvertrag gem. § 142 Abs. 1 (lesen!) von Anfang an nichtig.

■ Welche Folge hat das für den Anspruch des S gegen G aus § 812 Abs. 1?

▷ Da S den Kaufpreis aufgrund eines nichtigen Kaufvertrages geleistet hätte, hätte G Besitz und Eigentum an dem Geld »ohne rechtlichen Grund« erlangt und müßte es gem. § 812 Abs. 1 S. 1 1. Var. an S herausgeben!

97 vgl. meinen Band II, S. 176 ff.
98 vgl. oben S. 136, Fn. 88

Übungsfall 15

A's Kaufverhandlungen mit B über dessen Segelboot sind bisher stets am hohen Preis gescheitert. Eines Tages beobachtete A den B bei einer Unfallflucht. A teilt dem B mit, daß er dies gesehen habe und droht ihm mit Strafanzeige, wenn B das Boot nicht billigst verkaufe. B willigt notgedrungen ein. Nun ist seine Tat nach fünf Jahren (gem. §§ 142 Abs. 1, 78 Abs. 3 Ziff. 4 StGB) strafrechtlich verjährt. Kann B noch zivilrechtliche Schritte gegen A unternehmen?

Ausnahmsweise ist einmal nicht nach einem Anspruch gefragt, sondern danach, welche rechtlichen Möglichkeiten B hat, um den billigen Notverkauf an A rückgängig zu machen.

■ Welche Möglichkeit könnte B haben?

▷ Anfechtung gem. § 123 Abs. 1 wegen widerrechtlicher Drohung!

■ Worin könnte die Drohung liegen?

▷ In der Anzeige wegen Unfallflucht!

■ Ist das eine Drohung?

▷ Da die Anzeige eine Bestrafung des B wegen Unfallflucht nach sich ziehen würde, ist in der Anzeige das Inaussichtstellen eines empfindlichen Übels zu sehen. B befindet sich in einer Zwangslage. Er muß sich entscheiden: Entweder Bestrafung oder billig verkauftes Segelboot.

■ Ist diese Drohung durch A auch widerrechtlich? Was ist dafür Voraussetzung?

▷ Entweder ist der Zweck oder das Mittel oder die Zweck-Mittel-Relation der Drohung verwerflich bzw. rechtswidrig.

■ Ist der Zweck rechtswidrig?

▷ Der Zweck, Abschluß eines Kaufvertrages, ist für sich gesehen völlig legitim.

■ Und das Mittel?

▷ Die Anzeige wegen einer Straftat ist ebenfalls nicht rechtswidrig.

■ Wie steht es mit der Zweck-Mittel-Relation?

▷ Da zwischen dem Kaufvertrag und der Straftat kein innerer Zusammenhang besteht, durfte A mit der Drohung der Anzeige keinen Zwang ausüben. Die Zweck-Mittel-Relation führt also zur Widerrechtlichkeit der Drohung. Somit liegt ein Anfechtungsgrund gem. § 123 Abs. 1 vor.

■ Welche Voraussetzungen müssen neben dem Vorliegen eines Anfechtungsgrundes weiterhin erfüllt sein, damit eine Anfechtung durch B wirksam ist?

▷ Anfechtungserklärung gegenüber dem richtigen Anfechtungsgegner gem. § 143 Abs. 1 sowie Einhaltung der Anfechtungsfrist, für die § 124 gilt. Gem. § 124 Abs. 2 beginnt die Jahresfrist von Abs. 1 (§ 124 nochmals ganz lesen!) im Falle der Drohung mit dem Zeitpunkt, in welchem die Zwangslage aufhört.

■ Kann B die Frist noch einhalten?

▷ Die Zwangslage hört erst auf, nachdem die Straftat verjährt ist. Somit kann B auch nach fünf Jahren den Kaufvertrag noch anfechten ...

Literatur zur Vertiefung (2. Kapitel)

Alpmann und Schmidt	AT 1, S. 104–153
Bähr	§ 7
Brox	§ 18
Haase/Keller	Kap. 10, IV
Klunzinger	§ 14
Ohlhausen	JuS 1987, S. 301 ff.
Westermann	Kapitel 5 II

(vgl. auch die Literatur zur Vertiefung zum 6. Kapitel)

3. Kapitel: Das Abstraktionsprinzip

Das Abstraktionsprinzip haben wir im vorigen Kapitel im Zusammenhang mit der Anfechtung, die gem. § 142 Abs. 1 zur Nichtigkeit eines schuldrechtlichen Vertrages führen kann, bereits angesprochen, ohne es als solches zu bezeichnen. Das Abstraktionsprinzip wird regelmäßig dem Sachenrecht zugeordnet, doch richtiger- und notwendigerweise häufig schon bei der Darstellung des Allgemeinen Teils des BGB erwähnt[99]. Dies muß so sein[100], da im Allgemeinen Teil Regelungen – wie eben § 142, aber auch z. B. die §§ 125, 134, 138[101] – enthalten sind, die zur Nichtigkeit eines schuldrechtlichen Rechtsgeschäftes führen, während das (sachenrechtliche) Erfüllungs- bzw. Verfügungsgeschäft für sich wirksam war. Die dadurch erfolgte ungerechtfertigte Vermögensverschiebung wird durch § 812 wieder rückgängig gemacht. Dies ist nur möglich und nötig, weil das deutsche[102] Bürgerliche Recht das auf dem römischen Recht basierende Abstraktionsprinzip aufgenommen hat. Das Abstraktionsprinzip enthält die strenge rechtliche Trennung eines wirtschaftlich einheitlichen Vorganges, was sich am besten am Beispiel »Kaufvertrag«[102] verdeutlichen läßt:

99 z. B. *Larenz*, § 18 II c) d); *Klunzinger*, S. 72

100 Wegen seiner fundamentalen Bedeutung wird dem Abstraktionsprinzip hier ein ganzes Kapitel gewidmet.

101 dazu später mehr

102 Für Interessenten: Ähnlich wie im BGB ist durch die Regelung im Schweizerischen Schuldrecht (»Obligationenrecht«) nach dessen Art. 184 Abs. 1 OR der Verkäufer (wie in § 433 Abs. 1 S. 1 BGB) verpflichtet, dem Käufer das Eigentum an dem Kaufgegenstand zu verschaffen (zur schweizerischen Regelung vgl. *Kren*, Rdnr. 861–869 u. 2075–2080). Ganz anders dagegen das französische Zivilrecht (vgl. *Sonnenberger/Schweinberger*, S. 68 ff., Ziff. 45) welches in Art. 1582 des »Code Civil« (= Zivilgesetzbuch) nicht nur (damit noch ähnlich wie § 433 BGB) bestimmt, daß der Verkäufer zur Übergabe der Sache und der Käufer zur Bezahlung des Kaufpreises verpflichtet ist, sondern in Art. 1583 hinzufügt, daß der wirksame Abschluß des Kaufvertrages zum sofortigen Eigentumserwerb an der Kaufsache führt, unabhängig davon, ob diese schon übergeben wurde (»la propriété est acquise de droit à l'acheteur à l'égard du vendeur«). (Ähnlich Italien, Art. 1376 Codice civile, vgl. dazu *Luther*, S. 58 f., Ziff. 5). Auch im englischen Recht z. B. geht im Regelfall das Eigentum an beweglichen Sachen schon mit Abschluß des Kaufvertrages über. Das Gesetz über den »Warenkauf« (»Sales of Goods Acts«, 1893) betrifft eigentlich nicht den Kaufvertrag, sondern die

Wenn Sie sich an unsere Einführung erinnern, erinnern Sie sich sicher auch noch an den morgendlichen Brötchenkauf beim Bäcker. Wir hatten gesagt, daß dort gleich mehrere Rechtsgeschäfte vorgenommen werden.

■ Erinnern Sie sich noch, wieviele Verträge bei diesem wirtschaftlich einheitlichen Vorgang geschlossen werden?

▷ Drei! Überlegen Sie, welche drei Verträge dies sind:

(1) Der Kaufvertrag gem. § 433 – lesen Sie (nochmals) Abs. 1 S. 1 und Abs. 2! Danach ist also der Verkäufer *verpflichtet,* dem Käufer die Sache zu übergeben und ihm das Eigentum daran zu verschaffen und nach Abs. 2 ist der Käufer *verpflichtet,* dem Verkäufer den Kaufpreis zu zahlen. Man nennt einen solchen schuldrechtlichen Vertrag (aus dem die Parteien zu etwas verpflichtet sind) deshalb auch *Verpflichtungsgeschäft.* Rechtsfolge dieses schuldrechtlichen Verpflichtungsgeschäftes ist vor allem die Begründung von Leistungspflichten. Der Verpflichtete, der Schuldner, schuldet dem anderen Vertragspartner, dem Gläubiger, eine bestimmte Leistung (»Schuldverhältnis«). Umgekehrt hat der Gläubiger eines Schuldverhältnisses das Recht bzw. den Anspruch, diese Leistung zu verlangen.

Bleiben wir beim Kaufvertrag über eine bewegliche Sache und wiederholen wir nochmals:

■ Was sind die konkreten Rechtsfolgen dieses Vertrages, wenn er (durch Angebot und Annahme i. S. d. §§ 145 ff.) wirksam zustandegekommen ist?

▷ Die Verpflichtung des Verkäufers zur Übergabe der Sache und zur Verschaffung des Eigentums an dieser Sache sowie

▷ die Verpflichtung des Käufers zur Zahlung des Kaufpreises (und Abnahme der Kaufsache) (§ 433).

■ Kann der Käufer somit schon durch *Abschluß* eines wirksamen Kaufvertrages Eigentümer der Kaufsache werden? (Überlegen Sie!).

entgeltliche Eigentumsübertragung. Soll ausnahmsweise das Eigentum nicht sofort auf den Käufer übergehen, so muß dazu eine besondere Kaufvereinbarung (»agreement to sell«) getroffen werden (vgl. *Henrich,* S. 76, Ziff. 21). –
Ich teile Ihnen dies nicht mit, um Ihnen zu zeigen, daß ich die französische, italienische oder englische Sprache verstehe, sondern um Ihnen zu dokumentieren, daß das Abstraktionsprinzip eine Eigenart des deutschen BGB's ist (an die sich das Schweizer OR – s. o. – und auch das Österreichische ABGB – vgl. dazu *Posch,* S. 80 f. – anlehnen).
Wenn Sie Lust und Interesse haben, einmal über den deutschen Rechtshorizont zu schauen: Im engl. Recht gibt es – wie den »Sales of Goods Acts« – wenig Gesetze (»Statutes, Acts«), sondern das engl. Recht ist vornehmlich ein »Case law« (Fall-Recht), was Sie »lustvoll« nachlesen können bei *Henrich,* S. 29 (Ziff. 2) – 33 sowie S. 33 (Ziff. V) – 35.

▷ Nein! Durch Abschluß des wirksamen Kaufvertrages erlangt er nur das Recht auf Eigentumsverschaffung! Damit der Käufer Eigentümer wird, muß der Verkäufer erst den Vertrag erfüllen, der Verkäufer muß dem Käufer das Eigentum an der Sache noch verschaffen, anders ausgedrückt: Um den wirksamen Kaufvertrag zu erfüllen, muß der Verkäufer erst noch über sein Eigentum *verfügen,* indem er es dem Käufer überträgt.

Dies ist der Grund dafür, daß man bei der sachenrechtlichen Eigentumsübertragung auch vom *Verfügungsgeschäft* spricht.

(2) Ein solches Verfügungsgeschäft muß der Verkäufer tätigen, um seine aus § 433 Abs. 1 S. 1 folgende Verpflichtung zu erfüllen. In welcher sachenrechtlichen Vorschrift das Verfügungsgeschäft »Übertragung des Eigentums an beweglichen Sachen« bzw. der »Eigentumserwerb an beweglichen Sachen« geregelt ist, könnten Sie bereits wissen. Wenn Sie sich an diese oben[103] bereits erwähnte Vorschrift nicht mehr erinnern, üben Sie die Handhabung des Gesetzestextes, indem Sie dort im Index unter dem Stichwort »Eigentumserwerb« nachsehen!

Unter dem Stichwort »Eigentumserwerb an beweglichen Sachen« finden Sie (in der dtv-Textausgabe) die fettgedruckte Ziffer »**1**« und die mageren Ziffern »926, 929 ff.«. Spätestens jetzt wissen Sie wieder, daß § 929 BGB die Vorschrift ist, die wir suchen (§ 929 S. 1 lesen)!

Danach muß der Eigentümer, im Kaufvertragsbeispiel der Verkäufer, dem Erwerber die Sache übergeben und sich mit ihm darüber einigen, daß das Eigentum übergehen soll.

■ Was setzt eine solche »Einigung« zwischen zwei Personen begrifflich voraus?

▷ Zwei sich deckende (kongruente) Willenserklärungen, nämlich die Erklärung des Eigentümers: »Ich übertrage Dir mein Eigentum« und die Erklärung des Erwerbers: »Ich nehme diese Eigentumsübertragung an«.

Die Einigung über den Eigentumsübergang ist somit ebenfalls ein Vertrag, und zwar ein sachenrechtlicher oder dinglicher Vertrag.

Die zu dieser Einigung erforderlichen beiden Willenserklärungen werden in der Praxis häufig, wie wir beim Brötchenkauf gesehen haben, konkludent abgegeben:

Wenn der Bäcker Ihnen die Brötchentüte auf die Theke legt und Sie pakken die Tüte in Ihre Einkaufstasche, haben Sie die nach § 929 S. 1 erforderliche Einigung wortlos durch konkludentes Verhalten vollzogen. Damit ist im »Brötchenfall« das zweite Rechtsgeschäft vollzogen.

Das erste Rechtsgeschäft war, um daran zu erinnern, der schuldrechtliche Kaufvertrag, das Verpflichtungsgeschäft; das zweite Rechtsgeschäft ist das

103 oben S. 25

sachenrechtliche Verfügungsgeschäft bezüglich der Kaufsache, die Eigentumsübertragung an den Brötchen.

■ (3) Worin besteht nun das dritte Rechtsgeschäft, das sich im Laden des Bäckers vollzieht?

▷ In der Kaufpreiszahlung, d. h. genauer: In der Verfügung über das Eigentum an dem Geld.

Indem Sie dem Bäcker die 1,– DM für zwei Brötchen hinlegen und dieser sie nimmt, haben Sie sich – ebenfalls konkludent – gem. § 929 S. 1 darüber geeinigt, daß der Bäcker Eigentümer des Geldes[104] werden soll.

An diesem Beispiel haben wir gesehen, daß das schuldrechtliche Verpflichtungsgeschäft, im Beispiel der Kaufvertrag, und die beiden sachenrechtlichen Verfügungsgeschäfte, die Eigentumsübertragungen von Brötchen und Geld jeweils *rechtlich* voneinander getrennt zu beurteilen sind, während sie *wirtschaftlich* gesehen einen einheitlichen Vorgang bilden. Wenn Sie das verstanden haben, dann haben Sie eigentlich schon das Abstraktionsprinzip verstanden.

Hinter diesem Namen verbirgt sich nämlich nichts anderes, als das, was eben analysiert wurde: Die *rechtliche Trennung von schuldrechtlichen Verpflichtungsgeschäften* und *sachenrechtlichen Verfügungsgeschäften.*

Verpflichtungsgeschäft und Verfügungsgeschäft sind rechtlich völlig selbständig zu betrachten; das eine ist von dem anderen *losgelöst,* mit anderen Worten: *abstrakt,* zu beurteilen. Daß das BGB, indem es diesem Abstraktionsprinzip folgt, die Zerlegung eines einheitlichen wirtschaftlichen Vorganges vornimmt, hat dogmatisch[105] Vor- und Nachteile, auf die wir nur kurz eingehen können:

Der Gesetzgeber wollte auf diese Weise das dingliche, absolut wirkende Verfügungsgeschäft von den Gefahren des zugrundeliegenden[106] Verpflichtungsgeschäftes (z. B. zunächst nicht erkannte fehlende Geschäftsfähigkeit des Käufers) freihalten[107].

»Der Hauptvorteil, den sich die Verfasser des BGB von der Zerlegung des lebensmäßig einheitlichen Vorganges in mehrere Rechtsgeschäfte und von dem abstrakten Charakter des dinglichen Geschäfts versprochen haben, besteht« – nach Larenz[108] – »darin, daß ein zweiter Erwerber, der die Sache von dem ersten Erwerber seinerseits erwirbt, ebenso wie ein Gläubiger des ersten Erwerbers, der sie bei ihm pfänden lassen will, sich nicht darum zu kümmern brauchen, ob der erste Erwerber das Eigen-

104 ***Auch »das Geld« ist – sofern es sich um sog. »Geldzeichen« (= Scheine, Münzen) handelt – eine Sache im Sinne des BGB (vgl. §§ 90, 91)!***

105 vgl. *Duden,* S. 195: »Starr der Lehre verhaftet«

106 ***Man spricht hier auch von dem Grund- oder Kausalgeschäft (lat. »causa« = Grund, Ursache).***

107 vgl. *Westermann,* S. 58

108 AT § 18 II d)

tum auf Grund eines gültigen Kaufvertrages oder sonst eines von der Rechtsordnung anerkannten rechtlichen Grundes erworben hat. Genug, daß sein Eigentumserwerb auf einem gültigen *dinglichen* Vertrag beruht. Mängel des Kaufvertrages oder des sonst dem dinglichen Erwerbsakt zugrunde liegenden Rechtsgeschäfts zwischen dem Verkäufer und dem ersten Erwerber können dessen Gläubigern oder einem zweiten Erwerber nicht entgegengehalten werden. Der sinnhaften Zusammengehörigkeit des Verfügungsgeschäfts mit dem Grundgeschäft, zu dessen Ausführung es vorgenommen wird, trägt das Gesetz indessen dadurch Rechnung, daß es bei Fehlen oder Ungültigkeit des Grundgeschäfts demjenigen, der durch die gültige Verfügung ein Recht erlangt hat, die Verpflichtung auferlegt, das Erlangte zurückzuerstatten. Maßgebend sind hierfür die Vorschriften über die ungerechtfertigte Bereicherung (§§ 812 ff.)«, auf die bereits oben[109] hingewiesen wurde.

Die wichtigste Folge der abstrakten Betrachtung und der Trennung von Verpflichtungsgeschäft und Verfügungsgeschäft, auf die wir noch etwas ausführlicher eingehen müssen, ist also, daß die Wirksamkeit dieser Geschäfte unabhängig voneinander beurteilt werden muß. Das heißt: Auch wenn (z. B.) ein Kaufvertrag aus irgendeinem Grunde nichtig ist – etwa weil er angefochten wurde oder von einem Geschäftsunfähigen abgeschlossen wurde – kann die sachenrechtliche Eigentumsübertragung für sich betrachtet wirksam sein.

Bevor Sie Ihr Wissen über das Abstraktionsprinzip bei einem Übungsfall anwenden bzw. vertiefen, vergegenwärtigen Sie sich dieses Prinzip nochmals von Übersicht 21 auf S. 153.

Übungsfall 16

»Krank und gesund«
V und K schließen am 11. 11. einen Kaufvertrag über ein Buch. Die Übereignung des Buches und die des Kaufpreises finden am 13. 11. statt. Bis zum 12. 11. war V geisteskrank, am 13. 11. ist er wieder gesund. Am 14. 11. verlangt V sein Buch heraus. Zu Recht?
Abwandlung 16 a:
Wie 16, nur war V am 11. 11. voll geschäftsfähig und ist ab 13. 11. geisteskrank.
Abwandlung 16 b:
Wie oben, nur ist V an beiden Tagen geisteskrank[110].

109 vgl. oben Fn. 95

110 ***Daß der schnelle Wechsel von Geisteskrankheit zur Gesundheit medizinisch ungewöhnlich ist, wollen wir nicht erörtern ... Wir nehmen die Mitteilungen des Sachverhalts – wie immer! – als Tatsachen hin!***

Übersicht 21:

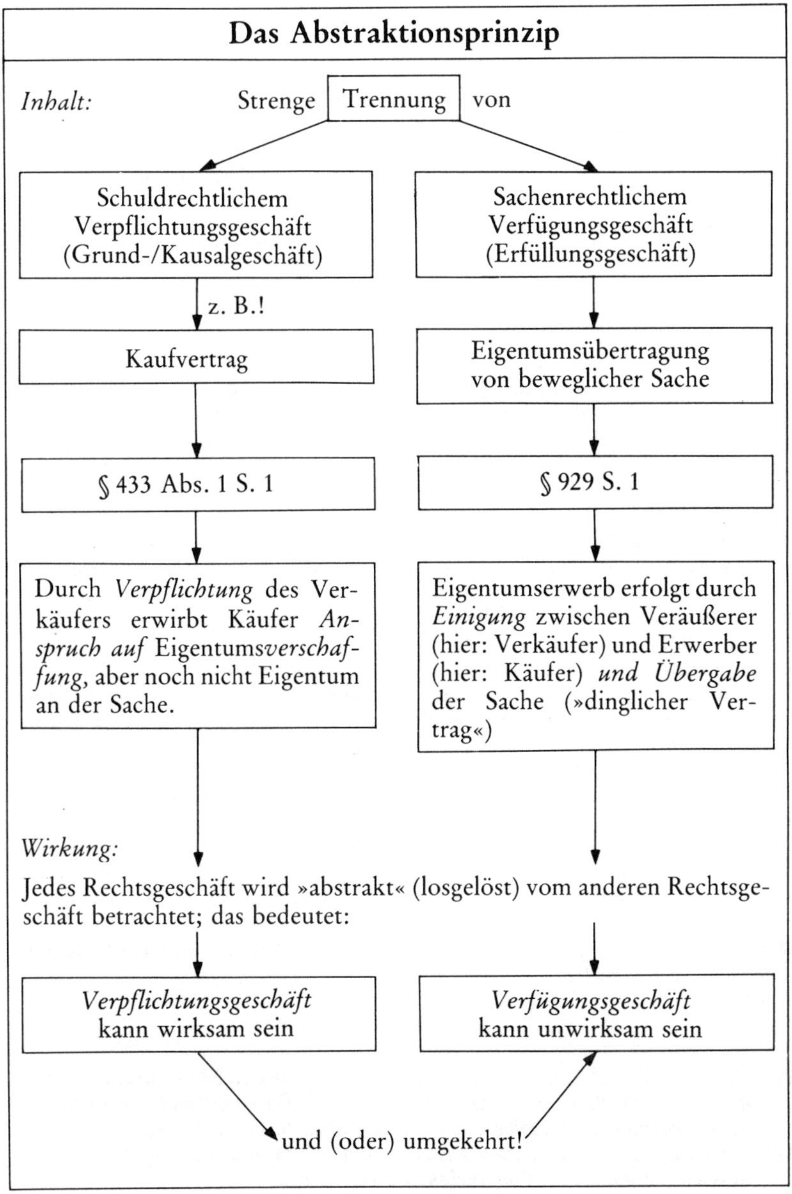

Lesen Sie den Ausgangsfall 16 noch einmal und verdeutlichen Sie sich die Vorgänge, die hier mitgeteilt werden am besten mit einer *Skizze*[111].

11. 11. V geisteskrank	V ←— § 433 —→ K	– Kaufvertrag Buch
....		(Abstraktionsprinzip)
13. 11. V gesund	V —— § 929 S. 1 —→ K	– Eigentumsübertragung Buch
13. 11.	V ←— § 929 S. 1 —— K	Eigentumsübertragung Geld für Kaufpreis
14. 11.	V ——————→ K	– verlangt Herausgabe des Buches

Die Rechtsfolge »Herausgabe«, die V erstrebt, ist vor allem in den bereits erwähnten Anspruchsgrundlagen § 985 und § 812 geregelt. Sinnvollerweise beginnt man mit der Prüfung von § 985, da das Eigentum als absolutes, gegen jedermann wirkendes Recht grundsätzlich den »stärkeren« Anspruch gibt als ein schuldrechtlicher Anspruch, wie ihn § 812 enthält. V könnte sein Herausgabeverlangen folglich möglicherweise auf § 985 stützen (§ 985 lesen!).

■ Was ist zunächst Voraussetzung für diesen Anspruch?

▷ V müßte Eigentümer des Buches sein!

Das wäre der Fall, wenn die Eigentumsübertragung, die V am 13. 11. vorgenommen hat, unwirksam war.

■ Nach welcher Vorschrift erfolgt die Eigentumsübertragung?

▷ Nach § 929 S. 1 – nochmals lesen!

■ Was ist danach neben der Übergabe des Buches erforderlich?

▷ Die Einigung zwischen dem Veräußerer und dem Erwerber. Voraussetzung für die Einigung wiederum sind zwei wirksame sich deckende Willenserklärungen!

■ War die Willenserklärung, die V am 13. 11. abgegeben hat, wirksam?

▷ Ja! V war an diesem Tage völlig gesund, d. h. voll geschäftsfähig[112].

Damit hat er sein Eigentum wirksam auf K übertragen. Unerheblich für den Eigentumsübergang ist, ob auch das zugrundeliegende Verpflichtungsgeschäft, der Kaufvertrag, wirksam war; denn dieses ist aufgrund des Abstraktionsprinzips neben dem Verfügungsgeschäft rechtlich völlig selbständig zu beurteilen. Da V sein Eigentum an K verloren hat, kann er auch keinen Herausgabeanspruch gem. § 985 geltend machen.

■ Welche Anspruchsgrundlage könnte dem V möglicherweise dennoch wieder zu seinem Buch verhelfen?

▷ § 812 Abs. 1 S. 1 1. Var. – lesen!

111 ***Daß eine grafische Skizze stets anzuraten und hilfreich ist, wenn ein Sachverhalt z. B. viele Beteiligte nennt oder zahlreiche Daten mitteilt, wurde im Exkurs »Methodik der Fallbearbeitung II« (oben S. 113) erörtert.***

112 ***Sofern ein Sachverhalt über das Alter einer Person keine Angaben enthält, müssen Sie von ihrer Volljährigkeit ausgehen!***

■ Welche Voraussetzungen müssen dafür erfüllt sein?
▷ (1) K müßte »etwas erlangt« haben.
■ Was hat K erlangt?
▷ Besitz und Eigentum an dem Buch. Dies ist (s. o.) durch Einigung und Übergabe gem. § 929 S. 1 geschehen.
(2) K müßte dies durch »Leistung« des V erlangt haben. Leistung i. S. v. § 812 ist (verkürzt ausgedrückt) »jede bewußte und zweckgerichtete Vermögensmehrung«.
■ Ist eine solche Leistung V an K erfolgt?
▷ Ja! V hat das Buch an K geleistet, um in Erfüllung des Kaufvertrages das Vermögen des K um das Buch zu vermehren, indem er ihm das Eigentum an dem Buch übertragen hat.
(3) Diese Leistung müßte »ohne rechtlichen Grund« erfolgt sein.
■ Welcher Rechtsgrund (= schuldrechtliches Kausalgeschäft) lag der Verfügung über das Eigentum zugrunde?
▷ Der Kaufvertrag vom 11. 11.!
■ War dieser Kaufvertrag wirksam?
▷ Nein! Da V an diesem Tag geisteskrank war, war er gem. § 104 Nr. 2 geschäftsunfähig, so daß seine Willenserklärung gem. § 105 Abs. 1 nichtig war (§§ 104 Nr. 2 und 105 Abs. 1 lesen!).

Somit hat V dem K das Eigentum an dem Buch ohne Rechtsgrund verschafft, so daß V das Buch gem. § 812 Abs. 1 S. 1, 1. Var. wieder herausverlangen kann[113]. Lesen Sie Fall 16 nochmals und dazu die Abwandlung 16a, und fertigen Sie selbst eine grafische Lösungsskizze an.

■ Welche Anspruchsgrundlage könnte zunächst wieder zugunsten des V eingreifen?
▷ »V könnte gegen K einen Anspruch auf Herausgabe des Buches gem. § 985 haben.«
■ Welche Voraussetzung müßte hierfür erfüllt sein?
▷ V müßte Eigentümer des Buches sein.
■ Wodurch könnte V aber das Eigentum verloren haben?
▷ Durch Übergabe des Buches und Einigung über den Eigentumsübergang gem. § 929 S. 1 am 13. 11.
■ Am 13. 11. war V geisteskrank.
■ Was hat das zur Folge?
▷ Seine im Rahmen der Einigung nach § 929 S. 1 abgegebene Willenserklärung war gem. § 105 Abs. 1 i. V. m. § 104 Nr. 2 nichtig!
■ Welche Rechtsfolge zieht das nach sich?
▷ Die Eigentumsübertragung V an K war unwirksam. V ist Eigentümer des Buches geblieben und kann gem. § 985 Herausgabe des Buches verlangen.
■ Wie steht es in dieser Fallbearbeitung mit einem Anspruch V gegen K aus § 812 Abs. 1 S. 1 1. Var.?
■ Diese Frage müßten Sie mit einem Satz beantworten können:

113 ***Umgekehrt kann K (was in Fall 16 aber nicht gefragt war) selbstverständlich auch sein Geld (Kaufpreis) gem. § 812 Abs. 1 S. 1 1. Var. herausverlangen! Prüfen Sie den Anspruch K gegen V selbst gutachtlich nach!***

▷ Da V am 11. 11. voll geschäftsfähig war, war der Kaufvertrag wirksam, so daß K das Buch, genauer: den *Besitz* an dem Buch, *mit* Rechtsgrund erhalten hat. Somit sind die Voraussetzungen für einen Anspruch aus § 812 Abs. 1 S. 1 1. Var. nicht erfüllt[114].

Verlassen wir das Abstraktionsprinzip, mit dem wir zukünftig immer wieder konfrontiert werden, vorerst, indem wir abschließend die Fallabwandlung 16b lösen. Ändern Sie zuerst Ihre zu 16a angefertigte Skizze entsprechend um und überlegen Sie wieder selbst, welche Ansprüche V gegen K in diesem Fall haben könnte . . .

Beide Ansprüche, der Eigentumsherausgabeanspruch aus § 985 sowie der Herausgabeanspruch aus ungerechtfertigter Bereicherung gem. § 812 Abs. 1 S. 1 1. Var. sind begründet!

■ Warum?

▷ Wegen der Geisteskrankheit und der damit verbundenen Geschäftsunfähigkeit des V an beiden Tagen waren sowohl der Kaufvertrag als auch die Eigentumsübertragung nichtig.
Somit kann V seinen Herausgabeanspruch sowohl auf § 985 stützen, da er Eigentümer geblieben ist, als auch auf § 812, da K den *Besitz* an dem Buch ohne Rechtsgrund (= ohne wirksames Verpflichtungs-/Grund-/Kausalgeschäft = Kaufvertrag) erlangt hat. –

Wenn Sie das Abstraktionsprinzip nun wirklich verstanden haben, werden Sie in einer Klausur hoffentlich niemals mehr den Fehler machen, der manchen angehenden Juristen sogar noch in höheren Semestern unterläuft, wenn sie schreiben:

»*Durch* den Kaufvertrag mit B hat A das Eigentum (an dem Fernsehapparat z. B.) erworben . . .«

■ Wie muß es richtig heißen?

▷ »*Aufgrund* des Kaufvertrages mit B hat A *durch* Einigung und Übergabe nach § 929 S. 1 das Eigentum (am Fernsehapparat) erworben . . .«!

Literatur zur Vertiefung (3. Kapitel):

Alpmann und Schmidt	AT 1, S. 79–82
Baur/Stürner	§ 5 IV
Klunziger	§ 9 Ziff. 4 u. 5
Larenz	AT, § 18 IIc u. d
Müller	1. Kapitel § 6 III
Peters	Jura 1986, S. 449 ff.
Schreiber/Kreutz	Jura 1989, S. 617 ff.
Westermann	Kapitel 7
Wörlen	»Anleitung . . .«, Fall 13[115]
Zimmermann	JuS 1982, S. 283 ff.

114 ***Prüfen Sie selbst auch den (im Fall ebenfalls nicht gefragten) Anspruch des K gegen V gem. § 985!***

115 = gutachtliche Lösung von Übungsfall 16

4. Kapitel: Die Form von Rechtsgeschäften

Unter dem »Zweiten Titel« des »Dritten Abschnitts« des »Allgemeinen Teils« enthält das BGB im Anschluß an die Darstellung der Voraussetzungen für eine wirksame Anfechtung (§§ 119–124) allgemeine Vorschriften (§§ 125–129) über die Formbedürftigkeit von Rechtsgeschäften sowie über die verschiedenen Arten der Form, die das Gesetz kennt.

I. Grundsatz

Grundsätzlich können Rechtsgeschäfte formlos bzw. in jeder beliebigen Form abgeschlossen werden. Dieser Grundsatz der Formfreiheit, der eine Folge der sog. »Privatautonomie« ist, dient der Erleichterung des Rechtsverkehrs. Privatautonomie bedeutet »Vertragsfreiheit«. Der insbesondere für die Begründung von Schuldverhältnissen durch Vertrag bedeutsame »Grundsatz der Vertragsfreiheit«[116] beinhaltet zum einen die Abschlußfreiheit und die Gestaltungsfreiheit, sofern das Gesetz keine Einschränkungen enthält. Zu der Gestaltungsfreiheit gehört die Formfreiheit, die es im Interesse der Erleichterung des Rechtsverkehrs ermöglicht, Verträge und Rechtsgeschäfte durch einfache, mündliche Vereinbarungen abzuschließen.

II. Zweck der Formbedürftigkeit

Da ein Wort erfahrungsgemäß schneller und bisweilen auch unüberlegter gesagt[117] als geschrieben wird und auch für mündliche Verträge die lateini-

116 Die »Vertragsfreiheit« wird für das Schuldrecht aus § 305 hergeleitet (vgl. Hinweis Fn. 85)

117 *Klunzinger,* (S. 98) belegt diesen Erfahrungssatz hübsch mit einem Zitat aus der klassischen deutschen Dichtung, wobei er es dem Leser überläßt, die Quelle zu erahnen: »schnell fertig ist (nicht nur) die Jugend mit dem Wort, das scharf sich handhabt wie des Messers Schneide ...«. Er interpretiert damit richtig, was *Schiller* (ein studierter – wenn auch nicht»examinierter« – Jurist übrigens!) den Wallenstein in »Wallensteins Tod« (II,2) über das schnellgesagte Wort aussprechen läßt: »Schnell fertig ist die Jugend mit dem Wort, das *schwer* sich handhabt, wie des Messers Schneide« ...

sche Rechtsregel »pacta sunt servanda«[118] gilt, verlangt der Gesetzgeber aus Gründen der Rechtssicherheit für bestimmte Rechtsgeschäfte die Einhaltung einer besonderen Form.

»Aus Gründen der Rechtssicherheit« bedeutet, daß die Formbedürftigkeit verschiedene Funktionen erfüllen kann und soll:

1. Beweisfunktion

Ein Wort ist mündlich, wie erwähnt, sehr rasch geäußert und »hinterher kann man viel behaupten«, ohne es beweisen zu können; der Gegner behauptet einfach, das Gegenteil gesagt zu haben. »Mit Worten läßt sich trefflich streiten, mit Worten ein System bereiten, an Worte läßt sich trefflich glauben . . .«[119] – ein Streit läßt sich indessen verhindern, wenn man an gesprochene Worte nicht nur glaubt, sondern sie auch beweisen kann, wozu z. B. schon die einfache Schriftform[120] geeignet ist. Durch die Einhaltung der Schriftform können der Zeitpunkt des Abschlusses des Rechtsgeschäfts sowie dessen Inhalt klar und eindeutig festgelegt werden, was der Beweiserleichterung bei Streitigkeiten dient. »Denn was schwarz auf weiß geschrieben steht, kann man (nicht nur) getrost nach Hause tragen«.[121]

2. Beratungsfunktion

Da sich der am Rechtsverkehr beteiligte Bürger häufig der rechtlichen Bedeutung, insbesondere der Rechtsfolgen eines Rechtsgeschäfts nicht bewußt ist, soll er durch Hinzuziehung eines juristischen Fachmannes, z. B. eines Notars, beraten, aufgeklärt und belehrt werden (daher identisch: »Aufklärungsfunktion«, »Belehrungsfunktion«).

3. Warn- und Schutzfunktion

Schließlich dienen die Formvorschriften dazu, die Beteiligten vor dem Aussprechen unbedachter, übereilter Worte zu warnen und Sie vor dem Eintritt

118 vgl. oben Fn. 66

119 Wir bleiben, nun mit *Goethe* (er war übrigens »Voll«-Jurist!), bei unserem klassischen Zitierkurs, hier: »Faust« (I, Studierzimmer, Schülerszene). Die hier zitierten Worte des Mephistopheles schließen mit dem Satz »von einem Wort läßt sich kein Jota« (= nicht das geringste) »rauben«, was in diesem Zusammenhang nur für das schriftliche Wort gilt!

120 ***dazu sogleich unter Ziffer III/1***

121 frei nach *Klunzinger*, S. 98; in Anlehnung an *Goethe*, oben Fn. 119, wo dieser den Schüler gegenüber Mephistopheles antworten läßt: »Denn was man schwarz auf weiß besitzt, kann man getrost nach Hause tragen.«

der damit verbundenen, unter Umständen schwerwiegenden Rechtsfolgen zu schützen [die etwa mit der Verfügung über erhebliche Werte, wie Grundstücke – vgl. deshalb § 313 und § 925! (s. u.) – sie verkörpern, regelmäßig verbunden sind].

III. Arten der Form

1. Gesetzliche Schriftform

Die »schriftliche Form« ist die vom Gesetz vorgeschriebene einfachste Form. Lesen Sie hierzu § 126 ganz durch! Werden Abschluß und Inhalt eines Rechtsgeschäftes in Form einer schriftlichen Urkunde bezeugt, so muß diese vom Aussteller eigenhändig durch Namens*unterschrift* [also nicht unbedingt von ihm selbst schriftlich *abgefaßt*)[122] oder durch ein vom Notar beglaubigtes (vgl. unten 3); § 129] Handzeichen (z. B. die berühmten »drei Kreuze« – »xxx« – des Analphabeten) unterzeichnet sein.

2. Gewillkürte (rechtsgeschäftliche) Schriftform

Aufgrund der Gestaltungsfreiheit beim Abschluß von Rechtsgeschäften können die Parteien für ein nach dem Willen des Gesetzgebers an sich formfreies Rechtsgeschäft selbst die Einhaltung einer Form vereinbaren und einvernehmlich diese Formvereinbarung wieder aufheben. Sollte nach Vereinbarung einer Form keine Einvernehmlichkeit über die Gültigkeit der Form bzw. des Rechtsgeschäfts bestehen, so gelten gem. § 127 (lesen!) die Regelungen von § 126. Typisches Beispiel für die gewillkürte Schriftform ist der Mietvertrag [für den das Gesetz nur ausnahmsweise in § 566 (lesen!) die Schriftform verlangt, während er sonst mündlich gültig ist] in Gestalt des »Deutschen Einheitsmietvertrages«, der bereits schriftlich vorgedruckt existiert.

3. Öffentliche Beglaubigung

Lesen Sie zunächst § 129! Daraus ersehen Sie, daß diese Form im wesentlichen der gesetzlichen Schriftform des § 126 gleicht, mit dem wichtigen Unterschied, daß nur die Identität des Unterzeichnenden (nicht die Richtigkeit des Inhalts der Urkunde!) von einem Notar bestätigt werden muß.

122 *Anders z. B. das Testament, daß gem. § 2247 Abs. 1 »eigenhändig geschrieben und unterschrieben« werden muß (Schreibmaschine »gilt nicht« = Testament ist dann formungültig!)*

4. Notarielle Beurkundung

Die notarielle Beurkundung ist die strengste Form, die der Allgemeine Teil des BGB für Rechtsgeschäfte vorsieht. Wenn Sie dazu § 128 lesen (!), erfahren Sie nur, daß ein Rechtsgeschäft, für das die notarielle Beurkundung vorgeschrieben ist, gültig ist, wenn das Angebot (Antrag) und dessen Annahme von dem Notar getrennt oder einzeln beurkundet wurden. Im einzelnen gilt für die notarielle Beurkundung das »Beurkundungsgesetz« vom 28. August 1969[123]. Aus den §§ 8 ff. BeurkG folgt, daß durch die notarielle Beurkundung nicht nur die Unterschriften der Parteien und deren Identität, sondern auch der Inhalt der Urkunde bestätigt wird.

5. Abgabe von Willenserklärungen bei gleichzeitiger Anwesenheit der Parteien vor zuständiger Stelle

Um jeglichen Rechtsmißbrauch auszuschließen, verlangt das Gesetz in bestimmten Fällen die persönliche, gleichzeitige (!) Anwesenheit beider Parteien des Rechtsgeschäfts vor der zuständigen Stelle (i. d. R. Notar). So z. B. bei der Einigung über den Eigentumsübergang an einem Grundstück, die das Gesetz in § 925 Abs. 1 (lesen!) »Auflassung«[124] nennt. Gleiches gilt gem. § 13 EheG[125] für die Eheschließung vor dem Standesbeamten.

IV. Beispiele für gesetzliche Formvorschriften

Während der Allgemeine Teil des BGB Vorschriften enthält, die etwas über die Bedeutung und den Inhalt der verschiedenen Arten der Form von Rechtsgeschäften aussagen (§§ 126–129), finden sich in den nachfolgenden vier Büchern des BGB sowie auch im Handels- und Gesellschaftsrecht[126] Vorschriften, die festlegen, welche der vom Allgemeinen Teil des BGB (i. V. m. dem BeurkG) zur Verfügung gestellten Formen bei dem jeweils beabsichtigten speziellen Rechtsgeschäft einzuhalten sind.

Unterteilt nach den Rechtsgebieten Schuldrecht, Sachenrecht, Familienrecht, Erbrecht, Handelsrecht und Gesellschaftsrecht[127], sollten Sie die fol-

123 BeurkG – abgedruckt unter Nr. 3 der BGB-Ausgabe »Beck-Texte im dtv«
124 dazu mehr in Band III (»Sachenrecht«)
125 vgl. dtv-Text (Fn. 123) unter Nr. 8
126 ***Gesetzliche Grundlagen sind hier u. a. HGB, GmbHG und AktG = vgl. Abkürzungsverzeichnis! (dort auch: GBO)***
127 in Anlehnung an *Alpmann und Schmidt*, AT 2, S. 177

genden, beispielhaft genannten Vorschriften, die die Einhaltung einer Form vorschreiben, zumindest einmal gelesen[128] haben:

1. Schuldrecht

Vorschrift	Inhalt/Stichwort	Form
§ 313	Grundstücksveräußerung (z. B. Grundstücksverkauf	notarielle Beurkundung (§ 128; BeurkG)[129]
§ 518	Schenkungsversprechen	notarielle Beurkundung
§ 566	Grundstücksmietvertrag für längere Zeit als ein Jahr	Gesetzliche Schriftform (§ 126)
§ 766	Bürgschaftserklärung	Gesetzliche Schriftform

Weitere schuldrechtliche Formvorschriften: §§ 311, 312 Abs. 2, 761, 780, 781; 4 VerbrKrG

2. Sachenrecht

Vorschrift	Inhalt/Stichwort	Form
§ 925	Einigung (§ 873) über Eigentumsübertragung an Grundstücken (= Auflassung)	Notarielle oder gerichtliche Beurkundung bei gleichzeitiger Anwesenheit beider Parteien
§ 1154	Abtretung der einer Hypothek zugrundeliegenden Forderung	Gesetzliche Schriftform
§ 1155	Mehrere Abtretungen von hypothekengesicherten Forderungen	Öffentliche Beglaubigung (§ 129)

Wichtig im Sachenrecht: § 29 GBO

128 Sie werden einige noch etwas genauer kennenlernen, wenn wir uns in den Folgebänden dieser »Grundzüge« mit den jeweiligen Rechtsgebieten beschäftigen.

129 ***Zur Erinnerung: §§ ohne Bezeichnung sind in diesem Buch solche des BGB!***

3. Familienrecht

Vorschrift	Inhalt/Stichwort	Form
§ 1410	Ehevertrag	Notarielle Beurkundung[130] bei gleichzeitiger Anwesenheit beider Teile

Wichtig auch: § 13 EheG = Formähnlich wie § 925 u. 1410, aber vor dem Standesbeamten; §§ 1501 Abs. 2, 1587

4. Erbrecht

Vorschrift	Inhalt/Stichwort	Form
§ 2247	Testament	Gesetzliche Schriftform: eigenhändig geschriebener (handschriftlicher) Text!
§ 2276	Erbvertrag	Notarielle Beurkundung bei gleichzeitiger Anwesenheit

Außerdem: §§ 1945, 2033, 2371, 2385

5. Handelsrecht

Vorschrift	Inhalt/Stichwort	Form
§ 12 HGB	Anmeldung zum Handelsregister	Öffentliche Beglaubigung
§ 350 HGB	Bürgschaft von Kaufleuten	Im Gegensatz zu § 766 formfrei

130 *»Zur Niederschrift eines Notars« bedeutet das gleiche!*

6. Gesellschaftsrecht

Vorschrift	Inhalt/Stichwort	Form
§ 2 GmbHG	Gesellschaftsvertrag	Notarielle Beurkundung
§ 15 Abs. 3, 4 GmbHG	Abtretung (bzw. Verpflichtung dazu) von Gesellschaftsanteilen	Notarielle Beurkundung
§ 53 Abs. 2 GmbHG	Beschluß über Satzungsänderung	Notarielle Beurkundung
§ 23 Abs. 1 AktG	Satzung der Aktiengesellschaft	Notarielle Beurkundung

V. Rechtsfolgen der Nichteinhaltung der Form

1. Grundsatz

Bei Nichteinhaltung der gesetzlich vorgeschriebenen Form ist ein Rechtsgeschäft grundsätzlich gem. § 125 S. 1 nichtig (lesen Sie § 125 ganz!). Aus § 125 S. 2 folgt, daß dies »im Zweifel«, d. h., wenn sich die Parteien darüber nicht einig sind, auch gelten soll, wenn eine von ihnen vereinbarte Form nicht eingehalten wurde. Selbstverständlich können die Parteien die Geltung einer rechtsgeschäftlich vereinbarten Form, die nicht *gesetzlich* vorgeschrieben ist, einvernehmlich wieder aufheben! Dann bestehen keine »Zweifel« i. S. v. § 125 S. 2, so daß das Rechtsgeschäft voll wirksam ist.

2. Ausnahmen

Der Mangel der Form, die für schuldrechtliche Verpflichtungsgeschäfte vorgeschrieben ist, so z. B. in den §§ 313 S. 1, 518 Abs. 1 S. 1 und 766 S. 1, führt ausnahmsweise nicht zur Nichtigkeit, wenn das formlos geschlossene Rechtsgeschäft erfüllt wurde (vgl. §§ 313 S. 2, 518 Abs. 2, 766 S. 2 – lesen Sie die genannten Vorschriften!). Der Grund dafür ist einleuchtend: Wenn die Verpflichtungen bereits erfüllt bzw. die versprochenen Leistungen bereits erbracht sind, sind die mit der Formvorschrift bezweckten Beweis-, Warn- und Schutzfunktionen überflüssig geworden.

Mit der Form von Rechtsgeschäften befaßt sich nun der folgende Übungsfall, bei dessen Lösung Sie Ihr Wissen testen bzw. vertiefen können.

Übungsfall 17

Andreas Apfelbacher (A) will Benno Brunnenmeister (B) ein Grundstück abkaufen. Die beiden einigen sich auf einen Kaufpreis von 200 000,– DM und schließen darüber einen privatschriftlichen Vertrag.

Um Grunderwerb- und Einkommensteuer zu sparen, schließen Sie alsdann vor einem Notar (vgl. § 313 BGB) zum Schein einen Kaufvertrag über nur 100 000,– DM. Als A von B die Übereignung des Grundstücks verlangt, weigert sich dieser, da er inzwischen einen Interessenten gefunden hat, der 230 000,– DM zahlen will. A will aber nur 200 000,– DM zahlen und verweist auf eine Klausel des privatschriftlichen Kaufvertrages, nach der beide Parteien trotz eventueller Formfehler an den Vertrag gebunden seien.

Kann A die Übereignung des Grundstücks zum Preise von 200 000,– DM verlangen?

■ Welche Anspruchsgrundlage kommt für das Verlangen des A in Betracht?

▷ § 433 Abs. 1 S. 1 (lesen!)

A könnte demnach gegen B einen Anspruch auf Übereignung des Grundstücks zum Preise von 200 000,– DM gem. § 433 Abs. 1 S. 1 haben.

■ Welche Voraussetzung muß für diesen Anspruch erfüllt sein?

▷ Zwischen A und B müßte ein entsprechender Kaufvertrag zustandegekommen sein.

Um dies prüfen zu können, muß man wissen, daß ein Vertrag durch den sich jemand verpflichtet, einem anderen ein Grundstück zu übertragen, gem. § 313 (auf den im Sachverhalt eigens hingewiesen wird) der notariellen Beurkundung bedarf (§ 313 S. 1 noch einmal lesen).

■ Haben A und B in unserem Fall diese Formvorschrift eingehalten? Welcher Vertrag wurde beurkundet?

▷ Der Kaufvertrag zum Preise von 100 000,– DM. Somit könnte man meinen, daß dieser Vertrag wirksam ist, so daß A das Grundstück für nur 100 000,– DM verlangen könnte.

■ Was aber setzt ein wirksamer Vertrag, ob er nun notariell beurkundet ist oder nicht, immer voraus?

▷ Zwei sich deckende Willenserklärungen? Auch diese lagen scheinbar vor!

Aber eben nur scheinbar; denn sie wurden, wie der Sachverhalt ausdrücklich sagt, nur zum Schein abgegeben. Lesen Sie deshalb § 117 Abs. 1!

■ Was folgt aus dieser Vorschrift für unseren Fall?

▷ Die Willenserklärungen von A und B sind nichtig und damit ist der Kaufvertrag zum Preis von 100 000.– DM trotz notarieller Beurkundung nichtig.

Lesen Sie nun noch § 117 Abs. 2.

■ Was könnte das für unseren Fall bedeuten? Welches Rechtsgeschäft wollten A und B durch ihre zum Schein abgegebenen Willenserklärungen bei dem Notar verdecken?

▷ Den Kaufvertrag über 200 000,– DM.

Nach § 117 Abs. 2 ist die Wirksamkeit des verdeckten Rechtsgeschäfts nach den für dieses Geschäft geltenden Vorschriften zu beurteilen.

■ Welche Vorschrift mußten A und B hier beachten, damit der Kaufvertrag über das Grundstück für 200 000,– DM wirksam werden konnte?

▷ Wiederum § 313 S. 1.

A und B haben hierüber jedoch nur einen privatschriftlichen Vertrag ohne notarielle Beteiligung geschlossen. Sie haben somit die von § 313 S. 1 vorgeschriebene Form nicht eingehalten.

Der zwischen A und B geschlossene Vertrag weist, mit anderen Worten, einen Formmangel auf.

Welche Rechtsfolge dieser Formmangel hat, wissen Sie inzwischen: Der Vertrag ist gem. § 125 S. 1 nichtig!

■ Wäre es nicht denkbar, daß die Parteien aufgrund der Vertragsfreiheit einfach vereinbaren können, daß der Grundstückskaufvertrag ohne notarielle Beurkundung wirksam sein soll?

▷ Dann würden die Grenzen der Vertragsfreiheit überschritten.

Vertragsfreiheit bedeutet, wie bereits erwähnt, zweierlei:

1. Steht es den Parteien frei, ob sie einen Vertrag schließen und
2. können sie die Verträge frei gestalten, solange sie dadurch nicht gegen ein zwingendes Gesetz verstoßen.

Um zwingendes Recht, d. h. um eine Vorschrift, die nicht durch Parteivereinbarung geändert oder abbedungen werden kann, handelt es sich aber bei § 313 S. 1. Wenn es in der Macht der Parteien stünde, diese Vorschrift durch eine anderslautende Vereinbarung abzuändern, wäre § 125 S. 1 überflüssig. Trotz der Vereinbarung von A und B, daß sie bei evtl. Formfehlern an den Vertrag gebunden sein sollten, ist der privatschriftliche Kaufvertrag zwischen A und B gem. § 313 S. 1 i. V. m. § 125 S. 1 nichtig.

■ Wie lautet daher das Ergebnis unseres Falles?

▷ A hat gegen B keinen Anspruch auf Übereignung des Grundstückes gem. § 433 Abs. 1 S. 1*.

*** Zur Verdeutlichung nochmals: Das beurkundete Rechtsgeschäft ist nichtig, weil es nicht gewollt war (§ 117 Abs. 1). Das gewollte Rechtsgeschäft ist nichtig, weil es nicht beurkundet wurde (§ 117 Abs. 2).**

Exkurs: Zwingendes und nachgiebiges Recht

Nachdem Sie soeben erfahren haben, daß es sich bei § 313 S. 1 um »zwingendes« Recht handelt, werden Sie sich möglicherweise gefragt haben, ob es wohl auch *nicht* zwingendes Recht gibt. Dies gibt es im BGB in erheblichem Umfang. Während die Vorschriften des zwingenden Rechts[131] beinhalten, daß die dort getroffenen Regelungen durch Vereinbarung der an einem Rechtsgeschäft beteiligten Personen nicht ausgeschlossen oder verändert werden dürfen, kann eine Vielzahl von Vorschriften des Schuldrechts durch die Parteien abbedungen oder verändert werden. Man spricht von abdingbarem oder nachgiebigem Recht. Das, was in diesen Vorschriften geregelt wird, wird aufgrund der allgemeinen Vertragsfreiheit des Bürgerlichen Rechts zur Disposition gestellt. Man bezeichnet dieses nachgiebige Recht deshalb auch als »dispositives« Recht[132].

In einigen Vorschriften gibt das Gesetz selbst einen Hinweis, daß die getroffene Regelung nicht durch Rechtsgeschäft (= Vereinbarung) abbedungen oder verändert werden kann bzw. daß entgegenstehende Vereinbarungen unwirksam sind, so z. B. in den §§ 225 S. 1, 550a, 619, 925 Abs. 2 (Vorschriften lesen!)[133].

Daß sich bei den meisten Vorschriften ein solcher Hinweis nicht findet, läßt indessen nicht den Umkehrschluß zu, daß alle anderen Vorschriften des BGB zum nachgiebigen Recht gehören! Ob es sich bei einer Vorschrift um zwingendes oder nachgiebiges Recht handelt, ist vielmehr aus dem Zweck der Vorschrift zu entnehmen, was für den Laien nicht einfach ist. Dies zu entscheiden, wird von Ihnen allerdings nicht verlangt. Sie müssen sich hierzu nur einige *Faustregeln* merken:[134]

(1) Zwingend sind vor allem die in diesem Kapitel behandelten Formvorschriften (vgl. § 313 S. 1 i. V. m. § 125), da sonst der Zweck der Formbedürftigkeit (Schutz- und Warnfunktion etc.) nicht erreicht werden könnte.

(2) Zwingend sind Regelungen, deren Zweck es gerade ist, der Vertragsfreiheit Grenzen zu setzen (so z. B. § 134 und § 138 – lesen!).

(3) Zwingend sind Vorschriften, die etwas über die Rechtsstellung einer Person aussagen, wie z. B. die §§ 1 und 2 oder § 104 (lesen Sie nach, was darin steht!).

(4) Zwingend sind schließlich die meisten sachen-, familien- und erbrechtlichen Vorschriften, da hier die Ausgestaltung der möglichen Rechtsbeziehungen durch verbindliche Zuordnungstypen erfolgt[135]. Dagegen handelt es sich bei den Vorschriften über die besonderen (vertraglichen) Schuldverhältnisse des siebten Abschnittes des zweiten Buches des BGB durchweg um dispositives Recht.

Ein typisches Beispiel für dispositives Recht sind die §§ 459 ff. Nach § 459 Abs. 1 (lesen) haftet der Verkäufer dem Käufer für Fehler an der Kaufsache. Sofern ein solcher Fehler vom Verkäufer nicht arglistig, also wissentlich, verschwiegen wurde, kann er die Haftung vertraglich ausschließen. In der Praxis von Gebrauchtwagenhändlern ist das gang und gäbe; da finden Sie in Vertragsformularen (vgl. Vordrucke vom ADAC!) häufig die Formulierung »gekauft wie gesehen, unter Ausschluß jegli-

131 lat.: »ius cogens«
132 lat.: »ius dispositivum«
133 vgl. *Schwab*, Rdnr. 45
134 ebenda, Rdnr. 48
135 a. a. O.

cher Haftung«. Da die §§ 459 ff. dispositives Recht enthalten, ist dieser Haftungsausschluß möglich, solange er nicht gegen zwingendes Recht verstößt. Lesen Sie hierzu abschließend einmal § 476 BGB. Das ist wieder eine Vorschrift, die zwingendes Recht enthält: Die Haftung für Arglist kann vertraglich nicht ausgeschlossen werden; ein solcher Ausschluß ist nichtig.

■ Welchen Umkehrschluß läßt die Formulierung von § 476 zu? (Überlegen Sie!)

▷ Alle Gewährleistungsansprüche können vertraglich abbedungen werden, wenn der Verkäufer nicht arglistig gehandelt hat . . .

Lesen Sie zur »Form von Rechtsgeschäften« die zusammenfassende Übersicht 22 auf den beiden folgenden Seiten.

Übersicht 22:

Form von Rechtsgeschäften

I. Grundsatz Rechtsgeschäfte (R) können grundsätzlich in jeder beliebigen Form (F) abgeschlossen werden → *Grundsatz der Formfreiheit* → dient Erleichterung des Rechtsverkehrs. *Ausnahmen:* Für bestimmte R wird F vom Gesetz bestimmt oder Parteien vereinbaren F.

II. Zweck der Formbedürftigkeit

1. Rechtssicherheit: Festlegung von Zeitpunkt des Abschlusses des R sowie von Inhalt → Beweiserleichterung bei Streitigkeiten → *»Beweisfunktion«*
2. Durch Beteiligung von – z. B. – Notar Beratung durch juristischen Fachmann über Bedeutung und Auswirkungen von R → *»Beratungsfunktion«*
3. F.-Vorschrift als Warnung vor übereilten Abschlüssen von wichtigen R → *»Warn- und Schutzfunktion«*

Beispiele: zu 1) → § 566 = Grundstücksmietvertrag von über 1 Jahr → Schriftform

zu 2) und 3) → § 313 S. 1 = Grundstückskaufvertrag, Notarielle Beurkundung

zu 3) → § 766 S. 1 = Bürgschaftserklärung Schriftform

III. Arten der Form

1. *Schriftform:*
(Sf) . . . ist die einfachste F von R = R muß schriftlich abgefaßt (nicht unbedingt vom Unterzeichner!) und eigenhändig *unterschrieben* – oder durch ein vom Notar beglaubigtes (s. u. 2) Handzeichen (z. B.: »xxx«) – unterzeichnet sein
§ 126 Abs. 1 (Unterschied Testament – § 2247 Abs. 1 → *ganzes* Testament eigenhändig!) Bei *Vertrag* müssen beide Parteien unterschreiben → § 126 Abs. 2 – Sf wird durch not. Beurk. (s. u. 3) ersetzt → § 126 Abs. 3
2. *Öffentliche Beglaubigung:*
Beglaubigung der *Unterschrift* unter dem Text einer Urkunde durch öffentl. Behörde oder Notar → *Identitätsnachweis,* aber keine Bestätigung des Inhalts der Urkunde → § 129

Übersicht 22 *(Fortsetzung):*

3. *Notarielle Beurkundung:*
   Im Gegensatz zur öffentl. Begl. wird durch not. Beurk. Unterschrift *und Inhalt* der Urkunde bestätigt → vgl. §§ 8 ff. BeurkG (= dtv-Text »BGB« – Nr. 3)
4. *Abgabe von WEen vor öffentl. Behörde bzw. zuständiger Stelle* (z. B. Notar)
   WEen müssen bei gleichzeitiger Anwesenheit der Beteiligten abgegeben werden; z. B. Eheschließung – § 13 Abs. 1 EheG (vgl. dtv-Text Nr. 8); *Auflassung* – § 925 Abs. 1

IV. Rechtsfolgen von Formmängeln

1. Nichteinhaltung der *gesetzl.* F.: *R ist* grundsätzlich *nichtig* → § 125 S. 1
   Ausnahmen: Heilung des F. mangels, wenn formlos geschlossenes R *erfüllt* wurde
   Beispiele: → §§ 313 S. 2, 518 Abs. 2, 766 S. 2 –
   Grund: Warn- und Schutzfunktion ist überflüssig, wenn versprochene Leistung erbracht bzw. Verpflichtung *erfüllt* wurde
2. Nichteinhaltung von rechtsgeschäftlich *vereinbarter* F.:
   Vertrag bzw. *R ist* nur *»im Zweifel« nichtig*, d. h. wenn Parteien über Wirksamkeit streiten. Parteivereinbarung kann einvernehmlich aufgehoben werden ...

Literatur zur Vertiefung (4. Kapitel):

Alpmann und Schmidt	AT 2, S. 176–199
Brox	§ 13
Häsemeyer	JuS 1980, S. 1 ff.
Klunzinger	§ 12
Musielak	Rdnr. 40–44
Rüthers	§ 23
Schwab	Rdnr. 45–48

5. Kapitel: Der Vertrag

Der Titel dieses Kapitels ist identisch mit dem dritten »Titel« des dritten »Abschnittes« des ersten »Buches« des Bürgerlichen Gesetzbuches. Obwohl der »Vertrag« *das* Rechtsgeschäft schlechthin darstellt, wird diesem Titel im dritten Abschnitt des ›Allgemeinen Teils‹ des BGB nur ein relativ kleiner Raum (§§ 145–157) gewidmet. Das liegt zum einen daran, daß nahezu alle Regelungen des dritten Abschnittes (= »Rechtsgeschäfte«) auch für den Vertrag gelten, zum anderen daran, daß das gesamte zweite Buch des BGB (»Recht der Schuldverhältnisse«) sowohl in seinem allgemeinen Teil (Abschnitte 1–6, §§ 241–432) als auch in seinem besonderen Teil (7. Abschnitt, §§ 433–853) sich im wesentlichen mit Verträgen (= rechtsgeschäftlichen Schuldverhältnissen) befaßt.

Ein Vertrag kommt durch zwei sich deckende Willenserklärungen zustande. Eine oder mehrere Willenserklärungen sind Voraussetzung für die Gültigkeit eines jeden Rechtsgeschäfts. Somit gilt alles, was Sie bisher in den vier vorhergegangenen Kapiteln des zweiten Abschnittes über das Recht der Willenserklärungen gelernt haben, weitestgehend auch für den Vertrag.

Wir wollen uns daher in diesem Kapitel kurz mit einigen Besonderheiten befassen, die innerhalb der §§ 145–157 angesprochen werden. Wiederholungen sind dabei wieder bewußt einbezogen; denn: Wiederholungen fördern den Lernprozeß!

I. Der Vertragsschluß

Ein Vertrag kommt (s. o.) durch zwei sich deckende Willenserklärungen, den Antrag und seine Annahme, zustande. Dieses Wissen, das Sie bereits haben, setzt das Gesetz voraus, wie sich aus der Formulierung von § 151 S. 1, 1. Zeile (*lesen:* »Der Vertrag kommt durch die Annahme des Antrags zustande, ohne daß . . .«) ergibt, »ohne daß« das Gesetz mehr dazu sagt! Im allgemeinen juristischen[136] Sprachgebrauch ist anstelle von »Antrag« durch-

136 anders *Klunzinger,* S. 73, der den Begriff »Angebot« dem »Wirtschafts- und Laiensprachgebrauch« zuschreibt; zeitgemäßer erscheint es, das Wort »Antrag« auf den teilweise etwas antiquierten Sprachgebrauch des im 19. Jh. konzipierten BGB zurückzuführen und heute das modernere Wort »Angebot« zu verwenden, wie z. B. schon *Larenz,* § 27 I

weg von Vertrags-»Angebot« die Rede. Dieses Angebot, bei dem es sich um eine empfangsbedürftige Willenserklärung (vgl. § 130)[137] handelt, ist unter den Voraussetzungen von § 145 (lesen!) bindend (»pacta sunt servanda«!)[138]. Dies wiederum setzt voraus, daß sich das Angebot konkret an einen bestimmten Vertragspartner richtet, was bei der sog. »invitatio ad offerendum« nicht der Fall ist[139]. Bindend ist ein Angebot, dessen Gebundenheit nicht vertraglich ausgeschlossen ist (vgl. § 145!), nur solange, wie es nicht erloschen ist (§ 146 – lesen!)[140]. Die Annahme des Vertragsangebotes ist ebenfalls eine empfangsbedürftige Willenserklärung. Für ihre Wirksamkeit sind insbesondere ihre Abgabe und ihr Zugang erforderlich, womit wir uns bereits eingehend beschäftigt haben[141]. Gleichermaßen haben wir uns auch schon mit der Auslegung von Willenserklärungen und ihren Anfechtungsmöglichkeiten befaßt[142].

Bei der Auslegung von vertraglichen Willenserklärungen kann eine Situation eintreten, die wir bisher noch nicht behandelt haben: Es kann sich ergeben, daß zwar zwei wirksame Willenserklärungen vorliegen, daß aber nach objektiven Gesichtspunkten keine Einigung der Parteien vorliegt, ohne daß sich die Frage nach einer Anfechtungsmöglichkeit stellt!

II. Einigungsmangel (Dissens)

»Dissens« bedeutet, schlägt man diesen Begriff im Fremdwörterbuch[143] nach, »Meinungsverschiedenheit (der Beteiligten bei Abschluß eines Vertrages)« – offensichtlich ist für die Verfasser des Duden die juristische Sprache keine Fremdsprache ...! Das BGB verwendet übrigens – wenn auch manchmal etwas umständlich erscheinendes Deutsch... – kaum Fremdwörter[144]: »Dissens« erscheint nur in Lehrbüchern und heißt im BGB »Einigungsmangel«. Solche Einigungsmängel beim Vertragsschluß können »offen« zutage treten oder zunächst »versteckt« sein.

137 vgl. oben S. 103
138 oben Fn. 66
139 vgl. oben, Übungsfall 8, S. 88 ff.
140 ***§§ 146–148 und 150, 151 haben Sie oben (S. 113 ff.) bereits kennengelernt (= Lösung zu Übungsfall 12 – ggf. nachlesen!)***
141 vgl. oben S. 103 ff. (Übersicht 18 wiederholen)
142 vgl. Übersicht 16/4 (S. 96) und 20 (S. 141–143)
143 *Duden,* S. 192
144 Sofern dies hier vorkommt, wird Ihnen die »Übersetzung« mitgeliefert ...

1. Offener Dissens

Lesen Sie zunächst § 154 Abs. 1 S. 1!

■ Was bedeutet das?

▷ Ein sog. offener Einigungsmangel oder »offener Dissens« liegt danach vor, wenn die Auslegung der Willenserklärungen zweier Vertragspartner ergibt, daß sich die Parteien noch nicht über alle Punkte eines Vertrages geeinigt haben und dies beiden Parteien bewußt ist. Bevor das Vorliegen eines Dissenses festgestellt werden kann, muß durch Auslegung der objektive Erklärungswert beider Willenserklärungen ermittelt werden. Ergibt die Auslegung, daß beide Parteien trotz scheinbar verschiedener Erklärungen dasselbe meinen, so liegt kein Dissens vor, sondern der Vertrag kommt zustande, da objektiv zwei sich deckende Willenserklärungen vorliegen. Ist dies aber nicht der Fall, z. B. wenn die eine Partei erklärt, sie wolle ein Grundstück pachten, während die Auslegung der Willenserklärung der anderen Partei ergibt, daß sie das Grundstück nur vermieten will, dann fallen die Willenserklärungen objektiv auseinander*. Es liegt ein offener Dissens gem. § 154 Abs. 1 vor. Da die Parteien bei diesem offenen Dissens wissen, daß sie sich noch nicht über alle Punkte (inklusive Nebenabreden) des Vertrages geeinigt haben, ist der Vertrag »im Zweifel«[145] noch nicht zustandegekommen.

2. Versteckter Dissens

Ein »versteckter Dissens« i. S. v. § 155 liegt vor, wenn beide Parteien irrtümlich annehmen, einig zu sein, dies aber in Wirklichkeit gar nicht sind (§ 155 lesen!). Die Parteien haben möglicherweise einen Punkt übersehen, sich verlesen oder mehrdeutige Erklärungen abgegeben, die sich zwar äußerlich decken, inhaltlich aber von jeder Seite verschieden ausgelegt werden[146].

Dazu ein *Beispiel:*

A sagt zu B: »Ich verkaufe Dir meine Strauß-Biographie für 20,– DM«. A meint – ohne das ausdrücklich zu äußern – eine Biographie über den Komponisten Johann Strauß. B geht davon aus, daß es sich um eine Biographie über den Politiker Franz-Joseph Strauß handelt und antwortet: »O. k. Ich nehme die Strauß-Biographie«.

A und B erklären objektiv mit »Strauß-Biographie« dasselbe, meinen aber subjektiv jeweils etwas anderes. Diese von beiden Parteien gebrauchte scheinbar gleichbedeutende Willenserklärung ist in Wirklichkeit mehrdeutig. Die Auslegung der beiden

145 = *»im Streitfall«*

146 vgl. *Creifelds*, S. 1293

* **Pacht (§ 581) bedeutet vereinfacht: *Nutzung* (Früchteziehung) *und* Benutzung des Grundstücks; Miete (§ 535) bedeutet lediglich *Be*nutzung des Grundstükkes.**

Willenserklärungen ergibt, daß keine Übereinstimmung besteht, sondern ein Dissens i. S. v. § 155 vorliegt.
Rechtsfolge ist: Der Vertrag kommt nicht zustande; die Frage nach einer Anfechtung stellt sich nicht.

Anders ist die Situation bei der »falsa demonstratio«, die wir im »Haakjöringsköd«-Fall (9) kennengelernt haben. Von beiden Parteien wird zur Bezeichnung des Vertragsgegenstandes wiederum ein Begriff benutzt, der den Vertragsgegenstand nicht richtig bezeichnet.

■ Worin aber liegt der wesentliche Unterschied zum versteckten Dissens?

▷ Beide Parteien meinen im »Haakjöringsköd-Fall« dasselbe, so daß der Vertrag über den von den beiden Parteien tatsächlich gewollten, nur falsch bezeichneten Vertragsgegenstand zustandekam. Eine Anfechtung ist demnach nicht nötig bzw. möglich!

Da die Bedeutung des Dissenses nicht immer ganz einfach zu durchschauen ist, wollen wir noch einen dreiteiligen Übungsfall zur Abgrenzung von Dissens, Inhaltsirrtum und »falsa demonstratio« lösen.

3. Abgrenzung: Dissens, Inhaltsirrtum und falsa demonstratio

Übungsfall 18

a) A hat einen wertvollen Hund und ein Pferd. Beide Tiere heißen »Hektor«. B sucht einen Begleiter für seine Spaziergänge und sagt zu A: »Ich will den Hektor für 2 000,– DM kaufen«, wobei er den Hund meint. A hingegen weiß, daß B Reiter ist, und glaubt, B wolle sein – nicht mehr so wertvolles – Pferd kaufen und antwortet: »O. k., ich verkaufe Dir Hektor zum Freundschaftspreis von DM 2 000,–.«

b) Der Schweizer S macht dem Franzosen F brieflich ein Angebot über den Verkauf einer glücklichen Milchkuh zum Preis von »1 000,– Franken«. F nimmt das Angebot an. Hinterher behauptet F, er habe französische Franken gemeint, während S von Schweizer Franken ausging.

c) Der reiche A hat zwei »Porsche«, Bj. 1982, einen »911« und einen »944«. B ist nur Richter geworden und kann sich soeben den billigeren »944« leisten. Nachdem er mit A über diesen verhandelt hat, sagt A zu B: »Gut, ich verkaufe Dir den ›911‹ zum Preise von 10 000,– DM«, wobei er glaubt, daß er damit die Typenbezeichnung für den billigen Porsche gewählt hat. B geht ebenfalls davon aus, daß mit »911« der billigere Typ gemeint ist und nimmt das Angebot an.

Frage zu a)–c):
Ist ein Vertrag zustande gekommen? Wenn ja, was ist Vertragsgegenstand?

Die Fallfrage ist in allen drei Varianten konkret gestellt, so daß jeweils sofort die Voraussetzungen für das wirksame Zustandekommen eines Vertrages [daß es sich hier um einen Kaufvertrag handelt (§ 433), ist für die Lösung dieses konkreten Falles uninteressant!] geprüft werden können.

a) Lösen wir zunächst Fall 18a:

■ Welche Voraussetzung muß für das Zustandekommen eines Vertrages erfüllt sein?

▷ Es müssen zwei Willenserklärungen, Angebot und Annahme, vorliegen.

■ In welcher Willenserklärung ist ein Angebot zu sehen?

▷ In der Äußerung des B »Ich will Deinen Hektor für 2 000,– DM kaufen.«

■ Worin liegt die Annahme?

▷ In der Äußerung des A »O. k., ich verkaufe Dir Hektor zum Freundschaftspreis von 2 000,– DM«.
Beide meinen aber mit ihrer gleichlautenden Willenserklärung »Hektor« etwas anderes; B meint den Hund, A meint das Pferd.

■ Was müssen wir mit den beiden Willenserklärungen deshalb machen, um festzustellen, ob und worüber hier ein Vertrag zustandegekommen ist?

▷ Wir müssen den Inhalt jeder Willenserklärung durch Auslegung gem. § 133 i. V. m. § 157[147] (beide §§ lesen!) ermitteln.

§ 133 kennen wir schon. Er bezieht sich auf die Auslegung jeder Willenserklärung. Handelt es sich dabei um eine Willenserklärung, die auf den Abschluß eines Vertrages gerichtet ist, müssen wir auch noch § 157 berücksichtigen (lesen Sie die Vorschrift nochmals!):

Über das, was alles unter Treu und Glauben und unter der Verkehrssitte zu verstehen ist, ist in der juristischen Literatur soviel geschrieben worden, daß man Regale damit füllen kann. Wir wollen uns hierzu nur zwei Aussagen merken[148]:

(1) Der Grundsatz von Treu und Glauben besagt u. a., daß bei der Auslegung von vertraglichen Willenserklärungen von der Redlichkeit der Erklärenden und von objektiven Gesichtspunkten auszugehen ist.

(2) Verkehrssitte ist die allgemeine Anschauung bestimmter Lebens- und Rechtsvorgänge, die sich aufgrund langjähriger Übung entwickelt hat, wobei die Beteiligten zu gegenseitiger Rücksichtnahme verpflichtet sind.

■ Welche Bedeutung hat nun die Willenserklärung des B, wenn wir sie gem. § 133 nach objektiven Maßstäben auslegen?

▷ »Hektor« kann, wie gesagt, sowohl »Hund« wie auch »Pferd« bedeuten. Wenn uns der Sachverhalt mitteilt, daß B einen Begleiter für seine Spaziergänge sucht, kann das an der Mehrdeutigkeit der Erklärung vom Standpunkt eines objektiven Beobachters nichts ändern: Da A nun einmal einen wertvollen Hund namens »Hektor« und ein gleichnamiges Pferd hat, bleibt die Erklärung weiterhin mehrdeutig. Wenn B »Hund« meinte, dann ist das sein innerer Wille, der für einen objektiven Erklärungsempfänger nicht erkennbar ist. Die Auslegung kann in einem solchen Fall die Mehrdeutigkeit der Willenserklärung nicht beseitigen!

147 zum Verhältnis von § 133 und § 157 vgl. *Jauernig*, § 133, Anm. 2

148 ***In Klausuren sind hierzu in der Regel keine Ausführungen zu machen, sondern es genügt, wenn man bei der Auslegung von vertraglichen Willenserklärungen neben § 133 den § 157 mitzitiert.***

■ Wie ist die Willenserklärung des A zu deuten?

▷ Auch seiner Willenserklärung kann durch Auslegung die Mehrdeutigkeit nicht genommen werden, selbst wenn A glaubte, daß der »Freundschaftspreis« auf das Pferd schließen ließe. Da es durchaus auch wertvolle Hunde für über 2 000,– DM gibt, kann ein objektiver Erklärungsempfänger daraus nicht entnehmen, daß A das Pferd meinte.

Damit liegt hier ein typischer Fall des versteckten Einigungsmangels nach § 155 vor, welchen Sie daraufhin – mit unterbrechenden Hinweisen – noch einmal langsam lesen sollen:

»Haben sich die Parteien bei einem Vertrage, den sie als geschlossen ansehen . . .«. – Paßt dieser Wortlaut auf unseren Fall? – Ja! – *»über einen Punkt, über den eine Vereinbarung getroffen werden sollte . . .«* – Über welchen Punkt sollte eine Einigung getroffen werden? – Darüber, welches Tier mit »Hektor« gemeint ist . . .– *»in Wirklichkeit nicht geeinigt«* – Trifft das zu? – Ja . . . – *»so gilt das Vereinbarte«* – Was ist vereinbart? Kauf des Tieres Hektor! – *»sofern anzunehmen ist, daß der Vertrag auch ohne Bestimmung über diesen Punkt geschlossen sein würde.«*

■ Welcher Punkt ist wieder gemeint?

▷ Die Art des Tieres; d. h. für unseren Fall: wenn A und B irgendein Tier, Hauptsache es heißt »Hektor« verkaufen und kaufen wollten, wäre der Vertrag trotz der verschiedenen Bedeutung, die A und B mit der Willenserklärung »Hektor« verbunden haben, zustandegekommen.

Da dies aber nicht der Fall ist, sondern es den beiden nicht um irgendein Tier, sondern B um den Hund und A um das Pferd geht, kann der versteckte Einigungsmangel in diesem Fall nicht zu einem Vertragsschluß führen. Ein Vertrag ist nicht zustandegekommen. –

Wenn wir versuchen, diesen Vorgang anhand einer grafischen Skizze, die das Verständnis des Dissenses erleichtert, darzustellen, könnte das etwa folgendermaßen aussehen:

[Die Willenserklärung (WE) »Hektor« kann Hund (»x«) oder Pferd (»y«) bedeuten.]

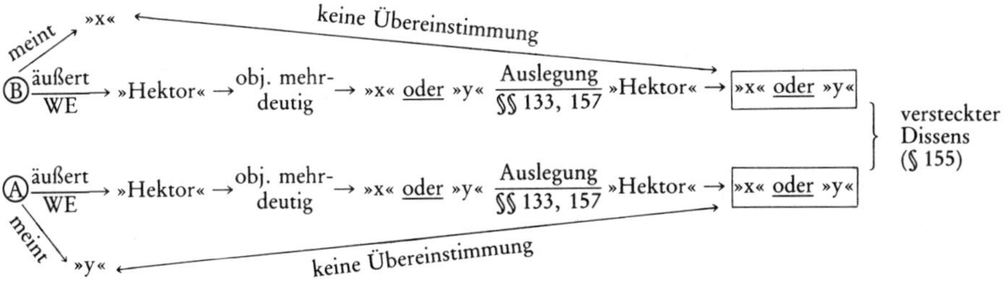

Rechtsfolge: Mangels zweier übereinstimmender Willenserklärungen ist kein Vertrag zustande gekommen. –

b) Lesen Sie nun nochmals Fall 18b)! – Lösung:

Voraussetzung für das Zustandekommen eines wirksamen Vertrages zwischen S und E sind wiederum zwei sich deckende Willenserklärungen (Angebot und Annahme). Da das Angebot des S »Kuh zu 1 000,– Franken« mehrdeutig ist (Schweizer oder französische Franken?) muß die Bedeutung durch Auslegung (§§ 133, 157) ermittelt werden. Vom Standpunkt eines vernünftigen objektiven Erklärungsempfängers kann das Angebot nur ›Schweizer Franken‹ lauten. Zum einen spricht dafür die Nationalität des Anbietenden S, der als Schweizer regelmäßig ein Verkaufsangebot in seiner eigenen Währung machen wird, zum anderen der Preis von 1 000,– Franken (= sfrs. 1 000,– = ca. 1 100,– DM); da 1 000,– FF ca. 300,– DM entsprechen, hätte die Kuh schon lahmen müssen, damit man dieses Angebot als realistisch ansehen könnte . . .! Wenn F aber von französischen Franken ausging, irrte er sich über den Inhalt seiner Erklärung »Franken«. Rechtsfolge ist, daß der Vertrag zunächst zu 1 000,– Schweizer Franken zustandegekommen ist und daß F seine Willenserklärung gem. § 119 Abs. 1 anfechten kann.

Auch diesen Fall verdeutlichen wir uns an einer grafischen Skizze:

[Die Willenserklärung (WE) »Franken« kann »Schweizer Franken« (»x«) oder »Französische Franken« (»y«) bedeuten].

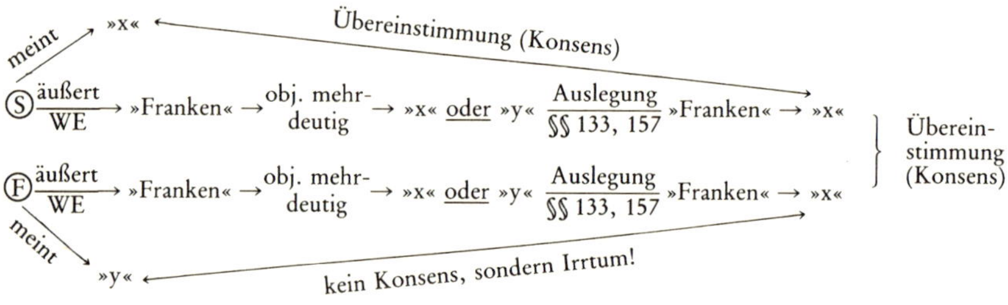

Rechtsfolge (s. o.): Vertrag zustande gekommen, aber Anfechtung durch F möglich! –

c) Lesen Sie schließlich auch noch einmal Fall 18c)! – Lösung:

Voraussetzung für einen Vertragsschluß sind wiederum ein wirksames Angebot und seine Annahme.

■ Wie lautet das Angebot?

▷ A sagt: »Ich verkaufe Dir meinen Porsche 911!«

B nimmt dieses Angebot ohne Einschränkung an. Beide Parteien äußern »Porsche 911«, meinen und wollen aber (verkaufen und kaufen) das billigere[149] Modell »Porsche 944«.

149 Der Preisunterschied zwischen dem »billigsten« 911-Typ und dem teuersten »944«-Typ ist heute nicht mehr gravierend. 1982 war er größer; dennoch sind es zwei sehr verschiedene Modelle!

■ An welches Fallbeispiel erinnert Sie diese Konstellation? (Überlegen Sie!)
▷ An den »Haakjöringsköd-Fall«[150]!
Ergebnis: Kein Dissens, keine Anfechtung, da die Willenserklärungen nach Auslegung nicht mehr mehrdeutig sind und sich nicht widersprechen. Der Vertrag kommt über den »Porsche 944« zustande!

Dazu die grafische Skizze:

[Die Willenserklärung »Porsche 911« bedeutet »x«; beide Vertragspartner meinen damit »Porsche 944« (= »y«)].

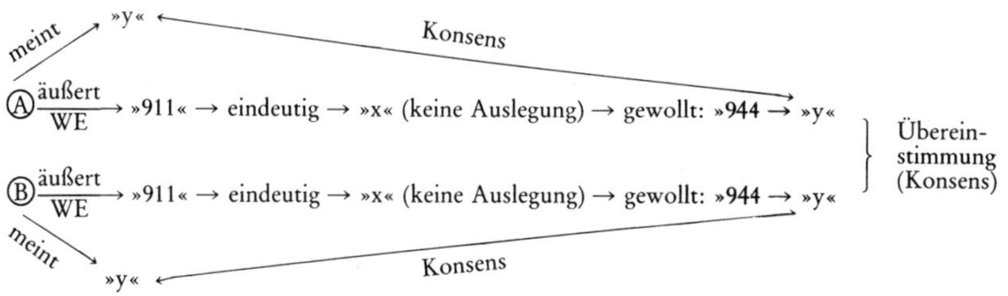

Rechtsfolge: »falsa demonstratio non nocet«[150] = Vertrag über »y« – Porsche 944 – trotz falscher Bezeichnung (911) zustande gekommen!

Bevor wir ein neues Kapitel beginnen, auch hierzu eine Übersicht (23 – auf S. 178).

Literatur zur Vertiefung (5. Kapitel):

Alpmann und Schmidt	AT 1, S. 78–91
Bähr	§ 6 I–III, § 7 V 1
Brox	§ 11
Cordes	Jura 1992, S. 352 ff.
Klunzinger	§ 10 I u. II
Musielak	Rdnr. 71–119

150 s. o., S. 96 (Übersicht 16/4)

Übersicht 23:

Abgrenzung: Dissens, Irrtum und »falsa demonstratio«

1. Dissens *a) versteckter Dissens*
Voraussetzung: WE (z. B. »z«) ist mehrdeutig = »x« oder »y«.
Auslegung: Mehrdeutigkeit bleibt bestehen. – A meint »x«, sagt »z«; B meint »y«, sagt »z«. Wenn Vertrag jedenfalls über »z« geschlossen werden sollte, gilt Vereinbarung »z«; sonst: *kein* Vertrag = *»versteckter Dissens«* → *§ 155 (Beispielsfall: Tier* (z) »Hektor« = Hund (x) oder Pferd (y))

b) offener Dissens
Voraussetzung: Verschiedene WEen beider Vertragsparteien (z. B. »x«, »y«), Auslegung ergibt:
A sagt : x = Dissens – *»offener Einigungsmangel*
B sagt : y – *§ 154* –

Rechtsfolge: Da eine Partei (A) Vereinbarung über Punkt x wollte und eine Partei (B) Vereinbarung über Punkt y wollte, ist Vertrag *(im Zweifel)* weder über x noch über y zustandegekommen = *kein Vertrag!*
(Beispiel: Alle Punkte des Kaufvertrages sind besprochen, nur Vereinbarung über Kaufpreis fehlt: A → »Verkaufe zu 4 800,– – B → »Kaufe zu 4 500,–« → offener Dissens bedeutet: Ablehnung von Angebot i. V. m. neuem Angebot, vgl. auch *§ 150 Abs. 2.)*

2. (Inhalts-)Irrtum
Voraussetzung: Mehrdeutige WE (»z«) – Auslegung ergibt: A *sagt* »z«, *meint* »x«, *»z«* bedeutet objektiv *»x«;* B *sagt* »z« *meint* »y«, objektive Erklärung *»z«* bedeutet *»x«* = *Vertrag über »x« zustande gekommen.*
Rechtsfolge: B kann anfechten → § 119 Abs. 1, 1. Var. *(Beispielsfall: Sfrs/FF)*

3. »falsa demonstratio (non nocet)«
Voraussetzung: Gleichlautende WE beider Parteien (»x«) hat andere Bedeutung (»y«) → A sagt »x«, meint »y« – B sagt »x«, meint »y«. *Rechtsfolge:* Vertrag kommt über »y« zustande, da A und B »y« wollten; falsche Bezeichnung schadet nicht! *(Beispielsfall:* Porsche 911 und 944; vgl. auch »Haakjöringsköd« . . .)

6. Kapitel: Das Recht der Stellvertretung

I. Einführung:

Beim Recht der Willenserklärungen ging es bisher immer um Fälle, in denen zwei Personen direkt miteinander verhandelten. Möglich ist aber auch, daß bei den Verhandlungen über den Abschluß eines Rechtsgeschäfts eine dritte Person eingeschaltet wird, sei es als Bote oder als sog. »Stellvertreter«, den das Gesetz nur als »Vertreter« bezeichnet. Stellvertretung bedeutet, vereinfacht ausgedrückt, das Handeln anstelle eines anderen mit Wirkung für diesen.

Beispiel: A will mit B einen Vertrag schließen und möchte, da er selbst keine Zeit hat, den D zu B schicken, mit der Vollmacht, die zum Vertragsschluß mit B erforderliche Willenserklärung für ihn abzugeben. Die folgende Grafik verdeutlicht diesen Vorgang:

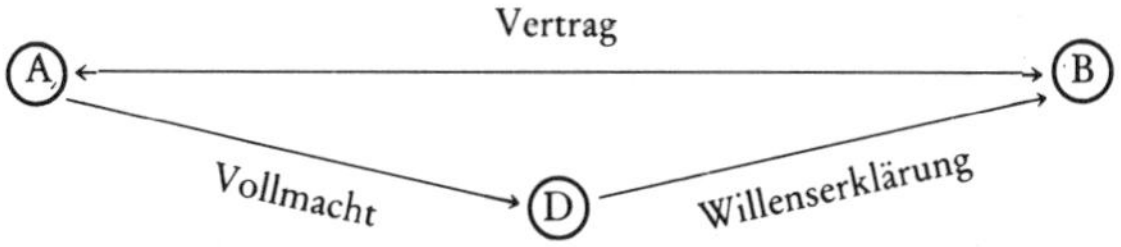

Die Willenserklärung, die D für A gegenüber B abgab, wirkt unmittelbar für und gegen A, d. h., der Vertrag kommt direkt zwischen A und B zustande.Die Möglichkeit zu dieser Art des Vertragsschlusses wird dem A durch die §§ 164 ff.[151] eröffnet, die das Recht der rechtsgeschäftlichen Vertretung regeln.

II. Arten der Stellvertretung

1. Gesetzliche Vertretung

Voraussetzung für jede wirksame Vertretung ist eine Berechtigung des Handelnden, als Vertreter für einen anderen aufzutreten (Vertretungsmacht). Für bestimmte Personen wird die Vertretungsmacht durch das Gesetz selbst festgesetzt. Die beiden wichtigsten Fälle der »gesetzlichen Vertretung« habe ich bereits einmal angedeutet[152].

■ Welche sind das?

151 ***jetzt noch nicht lesen!***
152 oben S. 35, 54

▷ Gem. § 1626 Abs. 1 i. V. m. § 1629 Abs. 1 S. 1 (lesen!) sind die Eltern gesetzlicher Vertreter ihrer (minderjährigen) Kinder und der Vormund ist gem. §§ 1773 Abs. 1, 1793 (lesen!) gesetzlicher Vertreter des Mündels.

Schließlich sind die Ehepartner im Rahmen der »Schlüsselgewalt« gem. § 1357 Abs. 1 (lesen!) jeweils berechtigt, den anderen Ehepartner rechtsgeschäftlich mitzuverpflichten und somit ebenfalls gesetzliche Vertreter.

2. Organschaftliche Vertretung

Die organschaftliche Vertretung, d. h. die Vertretung der juristischen Personen durch ihre Organe, ist, wie die Formulierung von § 26 Abs. 2 (lesen!) für den Vereinsvorstand zeigt, der gesetzlichen Vertretung gleichgestellt. Ähnliche Vorschriften finden sich z. B. in § 35 Abs. 1 GmbHG und § 78 AktG.

3. Rechtsgeschäftliche Vertretung (Stellvertretung)

Für die rechtsgeschäftliche (auch: gewillkürte) Vertretung gelten die §§ 164–181, die zum Teil auf die beiden erstgenannten Vertretungsarten entsprechende Anwendung finden.

Die rechtsgeschäftliche Vertretung wird im folgenden den Schwerpunkt dieses Kapitels bilden und verkürzt nur noch mit »Stellvertretung« bezeichnet werden.

III. Voraussetzungen und Wirkungen der wirksamen Stellvertretung

Übungsfall 19

A möchte seinen gebrauchten englischen Sportwagen verkaufen. Er will dafür 10 000,– DM. B will nur 5 000,– DM zahlen.

A, dem die Feilscherei lästig wurde, schickt, nachdem er sich mit B noch nicht einigen konnte, seinen Freund D zu B. D soll für A mit B verhandeln und ist von A ermächtigt, das Angebot bis auf 7 500,– DM zu verkürzen. D einigt sich mit B auf einen Preis von 8 000,– DM und vereinbart mit B, daß dieser sich die endgültige Annahme noch eine Woche überlegen könne.

Als B den A zwei Tage später aufsucht, erklärt er diesem, er sei mit dem von D gemachten Angebot einverstanden. Daraufhin übergibt A ihm den Wagen. Als nach 14 Tagen noch keine Zahlung von B eingegangen ist und A ihn dazu auffordert, antwortet B, auf 8 000,– DM könne er sich doch nicht einlassen, mehr als 5 000,– DM sei der Oldie einfach nicht wert. Welchen Betrag kann A von B verlangen?

Die Summe, die A von B verlangen *will*, beträgt 8 000,– DM.

■ Welche vertragliche Anspruchsgrundlage des besonderen Schuldrechts, die Sie bereits kennen, kommt für dieses Verlangen in Betracht? [Überlegen Sie zunächst, welche Vorschrift (genau zitieren!) dies ist (im Gesetz suchen!) und versuchen Sie, den möglichen Anspruch des A gegen B im Gutachtenstil zu formulieren!]

▷ »A könnte gegen B einen Anspruch auf Zahlung von 8 000,– DM gem. § 433 Abs. 2 haben« (falls noch nicht geschehen: lesen!).

■ Was ist Voraussetzung für diesen Anspruch?

▷ Ein gültiger Kaufvertrag, der wiederum ein wirksames Angebot und dessen Annahme voraussetzt.

■ Wer hat dem B ein Angebot gemacht?

▷ Nicht A, sondern D!

Fraglich ist nun, ob dieses Angebot unmittelbar für A wirkt. Dies ist der Fall, wenn D für A als Vertreter gem. § 164 Abs. 1 S. 1 gehandelt hat (§ 164 Abs. 1 S. 1 lesen).

1. Merkmale der Vertretung

Nach § 164 Abs. 1 S. 1 wirkt eine Willenserklärung, die jemand innerhalb der ihm zustehenden Vertretungsmacht im Namen des Vertretenen abgibt, unmittelbar für und gegen den Vertretenen. Der Vertreter i. S. v. § 164 muß demnach drei Voraussetzungen erfüllen.

■ Welche drei Voraussetzungen sind dies? Versuchen Sie, diese drei Voraussetzungen aus dem Wortlaut von § 164 Abs. 1 S. 1 zu entnehmen!

▷ *Erste Voraussetzung:* Der Vertreter – in unserem Falle D – muß selbst eine Willenserklärung abgeben.

■ Ist dies geschehen?

▷ D hat im Rahmen der Verhandlungen, zu denen A ihm Verhandlungsspielraum eingeräumt hatte, über den Autokauf das Angebot über 8 000,– DM gemacht.

Zweite Voraussetzung: Diese Willenserklärung muß erkennbar im Namen des Vertretenen, d. h. allgemeiner ausgedrückt, in fremdem Namen, abgegeben worden sein. Dabei stellt § 164 Abs. 1 S. 2 klar, daß es unerheblich ist, ob die Willenserklärung ausdrücklich oder konkludent in fremdem Namen abgegeben wurde.

■ Ist diese Voraussetzung in unserem Fall erfüllt?

▷ Da D mit B verhandelt hat und B den A zwei Tage später aufsucht, ist davon auszugehen, daß D dem B gegenüber zu erkennen gegeben hat, im Namen des A zu handeln. Somit hat D dem B als Vertreter des A ein Angebot gemacht.

Damit dieses Angebot unmittelbar für A wirkt, muß schließlich noch eine ...

dritte Voraussetzung erfüllt sein, die in § 164 Abs. 1 ausdrücklich genannt ist.

■ Welche Voraussetzung haben wir noch nicht geprüft?

▷ D müßte »innerhalb der ihm zustehenden Vertretungsmacht« gehandelt haben.

Dies ist der Fall, wenn A den D zur Abgabe von Willenserklärungen in seinem Namen bevollmächtigt bzw. ihm dazu Vollmacht erteilt hat. Auf welche Weise der Vertretene dem Vertreter Vollmacht erteilt, folgt aus § 167 Abs. 1 (lesen!). Die Erteilung der Vollmacht kann entweder gegenüber dem Vertreter selbst, dem »zu Bevollmächtigenden«, erfolgen, oder gegenüber dem Dritten, mit dem der Vertreter verhandeln soll.

■ Hat A eine solche Vollmacht erteilt?

▷ Ja! Er hat den D zu den Verhandlungen mit B ausdrücklich ermächtigt und ihm dabei einen Verhandlungsspielraum nach unten bis zu einem Preis von 7 500,– DM eingeräumt. Somit hatte D auch die für sein Angebot von 8 000,– DM notwendige Vertretungsmacht. Damit liegen alle drei Voraussetzungen für eine wirksame Vertretung des A durch D vor, so daß das von D gegenüber B abgegebene Angebot gem. § 164 Abs. 1 S. 1 unmittelbar für und gegen den Vertretenen A wirkt.

Die Wirkungen (Rechtsfolgen) dieses Angebots sind die gleichen, als hätte A dieses Angebot selbst abgegeben. –

■ Hat B dieses Angebot angenommen?

▷ Ja! Er hat sich ausdrücklich damit einverstanden erklärt.

Da diese Annahme durch B unter Anwesenden erfolgte, hätte B ihre Wirksamkeit allenfalls durch gleichzeitigen Widerruf verhindern können.

■ Aus welcher Ihnen bekannten Vorschrift ergibt sich das?

▷ § 130 Abs. 1 analog – lesen!

Zwischen A und B ist ein gültiger Kaufvertrag über das Auto zum Preise von 8 000,– DM zustandegekommen, so daß der Anspruch des A aus § 433 Abs. 2 begründet ist. –

Lesen Sie nun § 164 Abs. 3.

Wenn Sie diese Vorschrift verstanden haben, können Sie die Lösung der folgenden kleinen *Abwandlung von Fall 19* selbst finden:

■ »Wie wäre es, wenn B die Annahme des Angebots nicht dem A, sondern gleich dem Vertreter D gegenüber mitgeteilt hätte?« (Überlegen Sie, bevor Sie weiterlesen!)

▷ D hat als »aktiver« Vertreter des A dem B nicht nur ein wirksames Angebot gemacht, sondern er hat als Vertreter des A an dessen Stelle zugleich die Annahmeerklärung des B entgegengenommen. D handelte auch als »passiver« Vertreter. Gem. § 164 Abs. 3 gilt Abs. 1 entsprechend auch bei passiver Vertretung, d. h., hier erfolgt durch den Vertreter keine Abgabe einer Willenserklärung für den Vertretenen, sondern der Vertreter nimmt für diesen eine Willenserklärung entgegen. Somit würde die gegenüber D abgegebene Annahme des Angebots durch B ebenfalls für und gegen A wirken: Der Vertrag kommt zwischen A und B zustande.

Für unseren Fall ergäbe sich daraus im Ergebnis keine Änderung. – Fassen wir als Fazit unseres Übungsfalles noch einmal zusammen:

Damit jemand wirksam als Vertreter für einen anderen handeln kann, müssen drei Voraussetzungen erfüllt sein.

■ Nämlich (erst nachdenken, dann weiterlesen!)?

▷ (1) Vertreter gibt eine eigene Willenserklärung ab.
(2) Diese Willenserklärung gibt er erkennbar in fremdem Namen ab.
(3) Die Willenserklärung gibt er innerhalb der ihm zustehenden Vertretungsmacht ab.
Letzteres bedeutet zweierlei
(a) Es muß überhaupt Vertretungsmacht vorhanden sein (vgl. § 167) und
(b) der Vertreter darf die vorhandene Vertretungsmacht nicht überschreiten (dazu später noch mehr).

2. Vertreter und Bote

Übungsfall 20

a) Der grippekranke A bittet seinen Freund D, ihm beim Zeitschriftenhändler B, bei dem A immer anschreiben läßt und monatlich abrechnet, einige interessante Zeitschriften zu besorgen. D tut dies und B notiert den Kaufpreis auf der Monatsrechnung für A.

b) Wie a), nur bittet A den D lediglich, ihm bei B »DIE ZEIT« zu besorgen.

c) Wie a), nur gibt D gegenüber B nicht zu erkennen, daß er für A handelt und bezahlt die Zeitschriften von den 10,– DM, die A ihm diesmal mitgegeben hat.

Worin der wesentliche rechtliche Unterschied von Fall 20a) und b) liegt, müßten Sie nach dem, was Sie bisher über die Stellvertretung erfahren haben, und wenn Sie sich an Fall 10[153] erinnern, eigentlich selbst herausfinden können!

■ Welche Stellung hat D in Fall 20a) und welche in Fall 20b)?

▷ Im ersten Fall ist D Vertreter, im zweiten Fall nur Bote!

Während der Vertreter D mit Wirkung für A aufgrund seines Entscheidungsspielraums eine eigene Willenserklärung abgibt, hat der Bote D keinerlei Entscheidungsbefugnis, sondern übermittelt nur eine vorformulierte Willenserklärung. Der Bote ist lediglich Reproduzent fremder Willenserklärungen, der Vertreter hat Vertretungsmacht und ist Produzent eigener

153 s. o., S. 104

Willenserklärungen, die seinen Vollmachtgeber (den Vertretenen) rechtlich binden. Der Vertreter muß daher mindestens beschränkt geschäftsfähig sein (vgl. § 165 – lesen!), der Bote kann dagegen auch geschäftsunfähig sein. Dementsprechend sind auch die Folgen von falsch geäußerten Willenserklärungen: Gibt der Vertreter eine fehlerhafte Willenserklärung ab, so sind gem. § 166 Abs. 1 (lesen) seine eigenen Fehlvorstellungen maßgeblich; übermittelt der Bote eine falsche Willenserklärung, so sind die Fehlvorstellungen seines Auftraggebers maßgeblich, der die falsch übermittelte Willenserklärung dann gem. § 120 anfechten kann.

3. Offenkundigkeitsprinzip

Die Lösung von Fall 20c) gibt uns § 164 Abs. 2 (lesen!).

■ Welche Voraussetzung des § 164 Abs. 1 für eine wirksame Vertretung des A durch D ist hier nicht erfüllt?

▷ Es fehlt am Handeln in fremdem Namen!

§ 164 Abs. 2 dient dem Schutz des Erklärungsempfängers, der in diesem Fall nicht wissen oder ahnen kann, daß sein Gegenüber für jemand anderen handeln will. Wenn D nicht zu erkennen gibt, daß er für A handelt, sondern dies nur will, wird nicht A, sondern D selbst Vertragspartner des B. Die Wirkungen der §§ 164 ff. treten für den Vertretenen nur ein, wenn der Vertreter seine Vertretungsmacht nach außen zu erkennen gibt. Das Stellvertretungsrecht wird vom sog. Offenkundigkeitsprinzip beherrscht. Das Offenkundigkeitsprinzip wurde in Fall 20c) bezüglich der Vertretung beim Kaufvertrag nicht gewahrt. Mangels Erkennbarkeit der Vertretungsmacht lag bei Abschluß des Kaufvertrages keine wirksame Vertretung durch D vor. Zu bedenken ist jedoch, daß dieser Kaufvertrag durch Bezahlung des Kaufpreises und Übergabe der Zeitschriften bereits erfüllt ist.

Wenn Sie sich an das Abstraktionsprinzip erinnern, wissen Sie, daß in Erfüllung des schuldrechtlichen Kaufvertrages zwei sachenrechtliche Verfügungsgeschäfte stattgefunden haben.

■ Nämlich welche?

▷ (1) Die Übereignung der Zeitschriften gem. § 929 S. 1 und
(2) die Übereignung des Geldes gem. § 929 S. 1.

■ Welche beiden Voraussetzungen müssen gem. § 929 S. 1 erfüllt sein, damit der Eigentumsübergang an einer beweglichen Sache wirksam ist?

▷ Einigung und Übergabe!

Dabei enthält die Einigung, wie Sie wissen, zwei Willenserklärungen. Deshalb kann es in Fall 20c) noch gleichgültig sein, ob D die Einigungserklärung bezüglich des Eigentumsüberganges an dem Geld für B erkennbar im Namen des Vertretenen A abgegeben hat oder nicht. Es würde im Streitfall anstelle des B kaum jemand auf den Gedanken kommen, sich auf § 164 Abs. 2 zu berufen, indem er z. B. sagt: »Ich bin nicht Eigentümer des Geldes geworden; D konnte mir das Geld nicht wirksam übereignen, weil er erstens nicht selbst Eigentümer war und weil er zweitens mangels Erkennbarkeit seiner Vertretungsmacht gem. § 164 Abs. 2 die Einigungserklärung auch nicht wirksam als Vertreter für A abgegeben hat.« Er wird vielmehr das Geld für die Zeitschriften gerne entgegennehmen und sich darüber, ob D ihm das Geld nun als Eigentümer oder als Vertreter eines Eigentümers verschaffte, keine Gedanken machen. –

Anders sieht das bezüglich der Eigentumsübertragung an den Zeitschriften aus. D nimmt als passiver Vertreter für A die Einigungserklärung des B, daß das Eigentum an den Zeitungen auf ihn übergehen solle, entgegen.

■ Was hätte das zur Folge, wenn wir mangels der Erkennbarkeit des Vertreterhandelns des D für A § 164 Abs. 2 streng anwenden würden?

▷ Dann hätte B dem D das Eigentum an den Zeitschriften übertragen, obwohl dieser sie mit Geld des A bezahlt hat.

Bei strenger Einhaltung des Offenkundigkeitsprinzips hätte die Einigung über den Eigentumsübergang an den Zeitschriften zwischen A und B nur wirksam werden können, wenn B ein Einigungsangebot an A abgegeben hätte bzw. D dieses (erkennbar) als Vertreter des A angenommen hätte. Um dennoch in einem solchen Fall den A sofort zum Eigentümer zu machen, haben Rechtsprechung[154] und Lehre[155] eine Ausnahme von dem aus § 164 Abs. 2 folgenden Offenkundigkeitsprinzip anerkannt und den Fall folgendermaßen gelöst:

Voraussetzung für den Eigentumserwerb des A ist, wie gesagt, neben der Übergabe der Zeitschriften gem. § 929 S. 1 die wirksame Einigung mit B. Da die Einigungserklärung des B nicht von A selbst angenommen wurde, sondern von D, der ja wirklich Vertretungsmacht hatte, diese nur nicht zu erkennen gab, ist zu prüfen, ob es für B besondere Bedeutung hatte, wem er das Eigentum der Sache übertragen wollte. Ist das nicht der Fall, ist es dem Veräußerer einer Sache also gleichgültig, wer Eigentümer dieser Sache würde, dann hat er im Rahmen der Einigung gem. § 929 S. 1 ein *Einigungsangebot an den, den es angeht* abgegeben.

■ War es in unserem Fall dem B wichtig zu wissen, wer schließlich Eigentümer der Zeitschriften wurde?

▷ Nein, »Hauptsache, er hat seine 10,– DM«!

Bei sog. Bargeschäften des täglichen Lebens, die ein Vertreter mit wirksamer Vertretungsmacht abschließt, ohne zu offenbaren, für wen er als Vertreter auftritt, handelt es sich aus der Sicht des Geschäftsgegners um ein *»Geschäft für den, den es angeht«*.

154 Nachweise bei *Jauernig*, § 164, Anm. 3 b) aa) bb)
155 vgl. *Larenz*, § 30 II b) m. w. N.

Unter den beiden Voraussetzungen, daß
(1) dem Geschäftsgegner die Person des Vertragspartners gleichgültig ist, und daß
(2) beim Vertreter tatsächlich Vertretungsmacht und der Wille zur Vertretung vorlagen,

wirkt deshalb unter Durchbrechung des Offenkundigkeitsprinzips die Willenserklärung des Vertreters gem. § 164 Abs. 1 unmittelbar für und gegen den Vertretenen.

■ Was bedeutet das in Fall 20c) bezüglich der Einigungserklärung des B gem. § 929 S. 1, die er dem D gegenüber abgab?

▷ Mit der Einigung und Übergabe an D wurde A sofort Eigentümer der Zeitschriften, während D nur unmittelbarer Besitzer[156] wurde[157]. –

Daß das Offenkundigkeitsprinzip immer gewahrt ist, wenn das Vertreterhandeln nur konkludent erkennbar gemacht worden ist, wurde bereits erwähnt. Das ist z. B. auch der Fall, wenn der Angestellte A des Versicherungsunternehmers B in den Räumen des B mit C einen Vertrag schließt. Alle Umstände sprechen dafür, daß A konkludent als Vertreter für B handelt. Daß es dabei Abgrenzungsschwierigkeiten geben kann, werden wir noch sehen. –

Streng zu unterscheiden von dem für die Vertretung maßgeblichen Handeln »in« fremdem Namen ist das Handeln »unter« fremdem Namen.

Beispiele: X, der nicht kreditwürdig ist, geht zur Bank und benutzt den Namen des kreditwürdigen Y, um ein Darlehen zu bekommen.
Ein Hotelgast bestellt ein Zimmer unter falschem Namen.

Die Antwort auf die Frage, wer Vertragspartner der Bank bzw. des Hotelinhabers geworden ist, ist davon abhängig, ob die Person des Vertragspartners für den anderen wesentlich war oder nicht. Ist das nicht der Fall, liegt nur eine zivilrechtlich unwesentliche Identitätstäuschung vor. Die Frage nach der Vertretungsmacht stellt sich dann gar nicht. Vertragspartner wird der, der einen falschen Namen benutzt! Im *Beispiel*: X wird Vertragspartner der Bank.

Im Hotelzimmerbeispiel wird es dem Hotelinhaber in der Regel gleichgültig sein, wie sein Vertragspartner heißt, »Hauptsache er zahlt« (s. o.)! Anders ist dieser Fall allerdings zu beurteilen, wenn ein Hotelgast einen prominenten Namen benutzt.

■ Warum?

▷ Weil es dann dem Hotelinhaber regelmäßig darauf ankommt, gerade mit dieser Person den Vertrag abzuschließen.

In diesem Fall müßte man die Voraussetzungen einer wirksamen Vertretung prüfen und die würden daran scheitern, daß kein Handeln in fremdem Namen, sondern unter fremdem Namen vorliegt, und daß es vor allem auch an der erforderlichen Vertretungsmacht fehlt.

4. Inhalt der Vertretungsmacht

Die Vertretungsmacht folgt in den Fällen der gesetzlichen und organschaftlichen Vertretung unmittelbar aus dem Gesetz; bei der rechtsgeschäftlichen Vertretung beruht sie allein auf dem Parteiwillen. Das Gesetz regelt in den §§ 164 ff. die Rechtsfolgen der wirksamen Vertretung, die Art und Weise, wie die Vertretungsmacht erteilt wird sowie schließlich die Rechtsfolgen des Handelns ohne Vertretungsmacht.

a) Vertretungsmacht durch Vollmachtserteilung

Die durch Rechtsgeschäft erteilte Vertretungsmacht heißt, wie sich aus § 166 Abs. 2 ergibt, »Vollmacht« (Zeile 1 – lesen!).

Die Art und Weise der Erteilung einer wirksamen Vollmacht bestimmt, wie Sie bereits gelesen haben, § 167 (nun ganz lesen!)

Einer Form bedarf die Vollmacht nach § 167 grundsätzlich nicht[158]. Zu Beweiszwecken wird sie aber häufig auch schriftlich erteilt (vgl. §§ 172–176 – zur Information lesen!).

Schließlich kann die Erteilung der Vertretungsmacht, wie andere Willenserklärungen, auch konkludent erfolgen! Bevor wir auf die konkludente Vollmacht zurückkommen, befassen wir uns mit zwei ähnlichen, aber nicht identischen Vollmachten, die eine wirksame Vertretungsmacht begründen können:

b) Duldungsvollmacht und Anscheinsvollmacht

Übungsfall 21	
V ist als Vermittlungsvertreter der Argus-Versicherung (A) tätig. Er soll möglichst viele Verträge vermitteln, während die A sich den Abschluß der Verträge selbst vorbehält. Nachdem V mehrere Verträge mit der Firma F vermittelt hat,	

156 zum Unterschied von »Besitz und Eigentum« mehr in Band III (»Sachenrecht«)

157 ***Beim schuldrechtlichen Verpflichtungsgeschäft (z. B. Kaufvertrag) sind die Grundsätze über das »Geschäft, für den, den es angeht«, grundsätzlich auch anwendbar. Anders als bei der dinglichen Einigung sind jedoch strengere Anforderungen zu stellen; denn oft wird es dem Verkäufer nicht gleichgültig sein, wem gegenüber er schuldrechtliche Pflichten begründet, weil der Käufer u. U. Gewährleistungsansprüche nach §§ 459 ff. gegen ihn geltend machen kann.***

158 ***Ausnahmen: z. B. § 80 ZPO (Prozeßvollmacht für den Anwalt), § 29 GBO (Grundbuchantrag) – Allgemeinere Vorschriften werden bekanntlich durch speziellere Regelungen verdrängt!***

schließt er mit F im Namen der A einen Feuerversicherungsvertrag zu Sonderkonditionen. A erfüllt diesen Vertrag zwar, weist aber den V ausdrücklich darauf hin, daß dies nur eine Ausnahme sei und er die F darüber informieren solle, daß weitere Verträge nur direkt mit A abgeschlossen werden können. V unterläßt dies und schließt bei einem erneuten Besuch bei F mit dieser im Namen der A einen Hausratsversicherungsvertrag zu Sonderkonditionen ab. A lehnt die Erfüllung dieses Vertrages unter Berufung auf die fehlende Vertretungsmacht des V ab. F besteht auf Einhaltung des Vertrages.[159]

Wer hat recht?

■ Was ist Voraussetzung, damit F gegen A einen Anspruch auf Erfüllung des Versicherungsvertrages hat?

▷ Zwischen A und F müßte ein gültiger Versicherungsvertrag zustandegekommen sein!

Da A nicht selbst mit F verhandelt hat, ist dies nur der Fall, wenn V die A bei Vertragsschluß wirksam vertreten hat.

■ Welche drei Voraussetzungen müssen dazu gem. § 164 Abs. 1 erfüllt sein? (Überlegen Sie erst, bevor Sie weiterlesen!)

▷ (1) V müßte eine eigene Willenserklärung abgegeben haben.
(2) Die Willenserklärung müßte V erkennbar im Namen der A abgegeben haben und
(3) müßte V innerhalb der ihm zustehenden Vertretungsmacht gehandelt haben.

■ Sind diese Voraussetzungen erfüllt?

▷ Voraussetzung eins und zwei sicherlich problemlos:
F hat ein Vertragsangebot (eigene Willenserklärung) abgegeben und dies ausdrücklich im Namen der A getan.

Fraglich ist allerdings, ob er dazu auch Vertretungsmacht hatte!

■ Wie wird die Vertretungsmacht erteilt?

▷ Gem. § 167 Abs. 1 durch Erteilung der Vollmacht, wobei dies nicht ausdrücklich ausgesprochen werden muß, sondern auch konkludent geschehen kann.

■ Liegt eine solche Vollmachtserteilung vor?

▷ A hat den V weder ausdrücklich noch konkludent dazu ermächtigt, für sie Verträge abzuschließen. Sie hat ihn im Gegenteil ausdrücklich darauf hingewiesen, daß sie sich den Abschluß der von V vermittelten Verträge selbst vorbehalte, und daß die Erfüllung des von V abgeschlossenen (Feuerversicherungs-)Vertrags nur ein Sonderfall war. Aufgrund dieser Tatsache war dem V bekannt, daß er ohne Vertretungsmacht handelte.

Dabei sind allerdings die Interessen des Vertragspartners (der F), völlig unberücksichtigt. In bestimmten Fällen muß sich deshalb der Vertretene aus

159 nach *Alpmann und Schmidt*, AT 2, S. 247

Gründen des Vertrauensschutzes des Geschäftsgegners so behandeln lassen, als habe der vollmachtlose Vertreter für ihn mit wirksamer Vertretungsmacht gehandelt.

Dies sind die Fälle der »Duldungsvollmacht« und der »Anscheinsvollmacht«, auf die die §§ 164 ff. entsprechend (analog)[160] angewendet werden.

Eine Duldungsvollmacht liegt unter folgenden Voraussetzungen vor:

(1) Der Erklärende muß eine Willenserklärung in fremden Namen, d. h., im Namen des Vertretenen, abgegeben haben.

■ Wie steht es damit in unserem Fall?

▷ Diese Voraussetzung ist erfüllt. (Wortlaut des Sachverhaltes!)

(2) Der Vertretene muß den Rechtsschein der Vertretung zurechenbar gesetzt haben.

Daß ist der Fall, wenn er von dem Auftreten des Vertreters ohne Vertretungsmacht Kenntnis hatte und dies nicht verhindert, sondern bewußt duldet.

■ Liegt diese Voraussetzung vor?

▷ Die A hat zwar den V darauf hingewiesen, daß er künftig keine Verträge mehr abschließen dürfe und daß V die F darüber informieren solle. Ansonsten hat A das Auftreten des V bewußt geduldet und somit den Rechtsschein gesetzt, daß V als Vertreter für A handelte.

(3) Weitere Voraussetzung für eine Duldungsvollmacht ist, daß der Vertragspartner auf die Vertretungsmacht vertraute und dabei gutgläubig war, d. h., keinerlei Anlaß hatte, an ihrem Vorliegen zu zweifeln.

■ Liegt diese Voraussetzung in unserem Fall vor?

▷ Da A bereits einen Vertrag (den Feuerversicherungsvertrag), den V mit F abgeschlossen hatte, akzeptiert hatte, konnte F gutgläubig davon ausgehen, daß V aufgrund einer wirksamen Vollmacht tätig wurde.

■ Ergebnis in unserem Fall somit?

▷ Nach den Grundsätzen über die Duldungsvollmacht hat V die A daher analog (!) § 164 Abs. 1 wirksam vertreten, so daß F auf der Einhaltung des Hausratsversicherungsvertrages zu Sonderkonditionen bestehen kann. –

Wie erwähnt, kann eine analoge Anwendung von § 164 Abs. 1 auch in Betracht kommen, wenn eine Anscheinsvollmacht vorliegt.

Mit einem Unterschied gelten für die Anscheinsvollmacht die gleichen Voraussetzungen wie für die Duldungsvollmacht:

(1) Der Erklärende muß eine rechtsgeschäftliche Erklärung in fremden Namen, d. h. im Namen des Vertretenen, abgegeben haben.

160 ***da diese Vollmachten vom Gesetzeswortlaut nicht direkt erfaßt werden ... = die aufgetretene Gesetzeslücke wurde wiederum von Rechtsprechung und Lehre geschlossen*** (Nachweise bei *Jauernig,* § 167, 5 c) und d)

(2) Der Vertretene muß den Rechtsschein der Vertretung zurechenbar dadurch gesetzt haben, daß er vom Auftreten des Vertreters zwar nichts weiß und dies nicht wissentlich duldet, daß er aber bei Anwendung verkehrsüblicher Sorgfalt hätte wissen müssen und verhindern können, daß ein Auftreten des angeblichen Vertreters vorliegt (= Unterschied zur Duldungsvollmacht!).
(3) Der Vertragspartner muß auf den Rechtsschein der Vertretungsmacht gutgläubig vertraut haben.

Beispiel:

Die als Telefonistin bei A beschäftigte B hat sich seit einiger Zeit angewöhnt, Bestellungen von Kunden selbst anzunehmen, anstatt die Kunden mit dem bevollmächtigten Angestellten C zu verbinden. Der Dauerkunde D verlangt von A Erfüllung eines Vertrages, die A verweigert, weil er die B, von deren Handeln er nichts gewußt hat, nicht bevollmächtigt habe.

A muß sich das Verhalten der B nach den Grundsätzen der Anscheinsvollmacht zurechnen lassen, da man von ihm verlangen kann, daß er sich um sein Geschäft entweder selbst derartig kümmert, daß das Handeln der B verhindert worden wäre, oder daß A zumindest einen zuverlässigen Mitarbeiter damit betraut, sich um die ordnungsgemäße Arbeitsausführung seiner Bediensteten zu kümmern. Bei Anwendung verkehrsüblicher Sorgfalt hätte A jedenfalls das Auftreten der B vermeiden können.[161]

c) Vollmacht durch konkludentes Handeln

Nicht verwechseln darf man die Duldungsvollmacht und die Anscheinsvollmacht, denen ja in Wirklichkeit keine echte Vollmachtserteilung zugrundeliegt, mit der stillschweigenden Vollmacht, die durch konkludentes Handeln erteilt wurde. Eine konkludente Willenserklärung ist, wie Sie wissen, eine echte, vollgültige Willenserklärung; somit ist auch die stillschweigend, konkludent erteilte Vollmacht eine echte Vollmacht, bei deren Vorliegen die §§ 164 ff. direkt (also nicht nur analog) gelten!

Beispiel:

Eine stillschweigende, konkludente Vollmachtserteilung i. S. d. § 167 Abs. 1 liegt z. B. vor, wenn der Geschäftsinhaber G seinen neu eingestellten Angestellten A innerhalb seines Geschäftes mit Aufgaben betraut, zu deren Erfüllung notwendigerweise Verträge mit Dritten abgeschlossen werden und der Vorgänger des A diese Verträge stets auch selbständig abgeschlossen hat. Ohne daß der Geschäftsherr dem A ausdrücklich Vollmacht erteilte, konnte A seinen Einsatz zu dieser Tätigkeit nicht anders verstehen, als daß er zum Abschluß der Verträge bevollmächtigt wurde. –

161 nach *Brox*, Rdnr. 496

d) Erlöschen der Vollmacht

Lesen Sie hierzu zunächst § 168! Danach erlischt die Vollmacht entweder, wenn der Vertreter das Rechtsgeschäft, zu dessen Vornahme er bevollmächtigt war, für den Vertretenen abgeschlossen hat (Satz 1), oder wenn die Vollmacht widerrufen wurde (Satz 2). Der Widerruf kann sowohl gegenüber dem zu Bevollmächtigenden (= Vertreter) als auch gegenüber dem Dritten (= Vertragspartner) erfolgen (Satz 3). Ohne daß wir alle Details des Stellvertretungsrechts im Rahmen dieser »Grundzüge« behandeln konnten, haben Sie doch schon soviel darüber erfahren, daß Sie das Erlernte anhand der zusammenfassenden Übersicht 24 (auf S. 188–189) erst einmal repetieren[162] sollten, bevor es an dieser Stelle »im Stoff weitergeht«:

IV. Vertretung ohne Vertretungsmacht

Möglich ist schließlich auch, daß jemand für einen anderen auftritt, ohne überhaupt Vertretungsmacht zu haben, oder daß er seine Vertretungsmacht überschreitet. Soweit er die eigentlich vorliegende Vertretungsmacht überschreitet, handelt er ebenfalls ohne Vertretungsmacht.

Für das Handeln ohne Vertretungsmacht sieht das Gesetz im Stellvertretungsrecht bestimmte Rechtsfolgen vor, die wir uns gleich ansehen werden. Zuvor ist nochmals darauf hinzuweisen, daß man in einem Fall, in dem die Vertretungsmacht offensichtlich fehlt, dies für den Geschäftsgegner aber nicht so eindeutig ist, gedanklich zunächst prüfen sollte, ob das Vertretungsrecht nicht nach den Grundsätzen über die Duldungs- oder Anscheinsvollmacht analog anzuwenden ist.

1. Genehmigung des Vertragsschlusses durch den Vertretenen

Zum Handeln des Vertreters ohne Vertretungsmacht folgender Fall:

Übungsfall 22	
D kauft im Namen des A, ohne von diesem dazu bevollmächtigt zu sein, im Geschäft des B eine Stereoanlage. Die Lieferung soll in 14 Tagen erfolgen. Als D dem A davon erzählt, erklärt A sich mit dem Geschäft einverstanden. Kurz darauf sieht A das gleiche Gerät wesentlich preisgünstiger in einem anderen Laden. Deshalb verweigert er gegenüber B die Abnahme und Bezahlung des Gerätes, da D keine Vollmacht gehabt habe. B verlangt Erfüllung des Vertrages durch A. Zu Recht?	

162 = *»wiederholen«!*

Übersicht 24:

Das Recht der Stellvertretung

Stellvertretung [S] (kurz: »Vertretung« = vgl. Gesetzestext) *bedeutet das Handeln an Stelle eines anderen mit Wirkung für diesen.*

I. Das BGB kennt drei Arten der Vertretung
1. *Gesetzliche Vertretung:* z. B. §§ 1626 Abs. 1; 1629: Eltern/Kind; § 1793: Vormund/Mündel
2. *Organschaftliche Vertretung:* z. B. § 26 Abs. 2 Vorstand/Verein
3. *Rechtsgeschäftliche (gewillkürte) Vertretung (= S):* §§ 164 ff. (gelten zum Teil auch für 1 und 2); *nur* für 3): §§ 166 Abs. 2–176)

II. Voraussetzungen für wirksame S nach §§ 164 ff.:
1. Abgabe *eigener Willenserklärung* (WE) durch Vertreter
2. Abgabe der WE im Namen des Vertretenen = *»in fremdem Namen«* für den Dritten erkennbar *(»Offenkundigkeitsprinzip«)* – vgl. § 164 Abs. 2)
3. Abgabe der WE innerhalb zustehender *Vertretungsmacht*

III. Rechtliche (auch: »klausurwichtige«) Probleme:

zu II/1: Abgrenzung Bote ←→ Vertreter

Bote	Vertreter
• kein Entscheidungsspielraum bei WE	• Entscheidungsspielraum
• Reproduzent fremder WE	• Produzent eigener WE
• hat nur »Auftrag«, nie Vertretungsmacht	• hat immer Vertretungsmacht, manchmal inklusive Auftrag (=vgl. schon jetzt = § 662)

zu II/2: a) Vertreter handelt in fremdem Namen, gibt dies aber nicht zu erkennen → Rechtsfolge: § 164 Abs. 2 = »Offenkundigkeitsprinzip« (s. o.) → Ausnahme von diesem Prinzip:
»Geschäft für den, den es angeht« → Wirksames Vertreterhandeln liegt vor, wenn dem Geschäftsgegner die Person des Vertragspartners gleichgültig ist und Vollmacht sowie Wille des Vertreters zur Vertretung vorliegen.

Übersicht 24 *(Fortsetzung):*

b) *Keine* Vertretung, wenn »Handeln *unter* fremden Namen«, Rechtsfolge: Vertragspartner wird der unter fremdem Namen Handelnde. Ausnahme: Benutzung von »prominentem« Namen, da Name bei Vertragspartner für Vertragsschluß entscheidend! Rechtsfolge: wie bei »Vertreter *ohne* Vertretungsmacht« (siehe dort).

zu II/3: Vertretungsmacht (V)

Die rechtsgeschäftlich erteilte V heißt »Vollmacht« (§ 166 Abs. 2). Erteilung der Vollmacht (vgl. § 167) erfolgt durch Erklärung gegenüber Vertreter oder Drittem und ist formlos gültig. Oft aber Aushändigung einer Vollmachtsurkunde (vgl. § 172) → Beweisfunktion!

Möglichkeiten der Erteilung von V: a) ausdrücklich oder b) »stillschweigend« durch konkludentes Verhalten → Rechtsfolge: Direkte Anwendung von §§ 164 ff.

Wenn weder a) noch b), kann

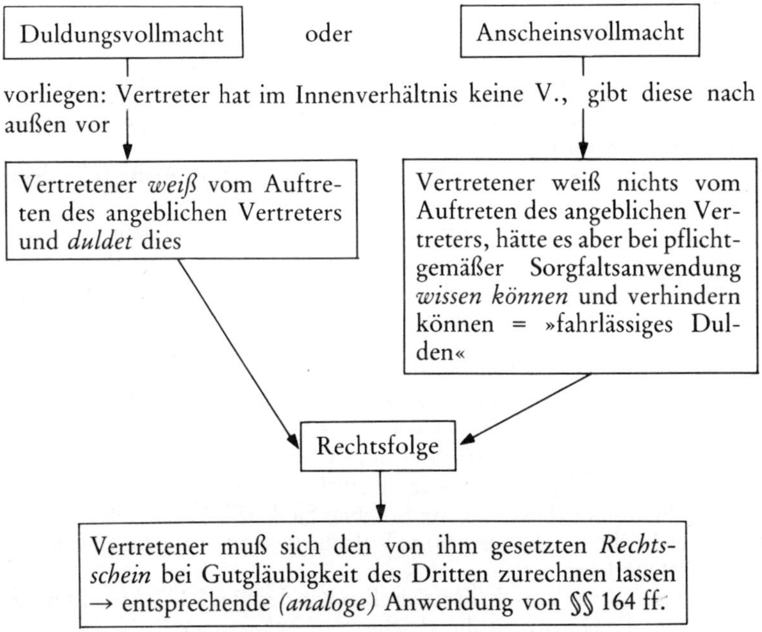

■ Welchen Anspruch macht B geltend?
▷ Den Anspruch auf Erfüllung des Kaufvertrages gem. § 433 Abs. 2 (= Anspruch auf Kaufpreiszahlung).
■ Welche Voraussetzung muß dazu vorliegen?
▷ Es muß ein gültiger Kaufvertrag zwischen A und B zustandegekommen sein.

Da A und B nicht direkt miteinander verhandelt haben, ist zu prüfen, ob D den B als Vertreter wirksam verpflichten konnte.

■ Welche Voraussetzung muß gem. § 164 Abs. 1 zunächst erfüllt sein?
▷ D muß gegenüber B eine eigene Willenserklärung abgegeben haben.
■ Ist das geschehen?
▷ D hat aus eigenem Entschluß ein Kaufvertragsangebot abgegeben.
■ Welches ist die zweite Voraussetzung dafür, daß D als Vertreter des A handelte?
▷ D muß eine Willenserklärung in fremdem Namen abgegeben haben, d. h. im Namen des Vertretenen.

Auch diese Voraussetzung ist erfüllt: D hat ausdrücklich »im Namen des A« gehandelt.

■ Welche dritte Voraussetzung muß schließlich gegeben sein?
▷ Der Vertreter muß innerhalb der ihm zustehenden Vertretungsmacht gehandelt haben!
■ Ist dies der Fall?
▷ D war von A nicht zu dem Kauf bevollmächtigt. Somit sind die Voraussetzungen des § 164 Abs. 1 S. 1 mangels Vertretungsmacht des D nicht erfüllt, so daß die von D für A abgegebenen Willenserklärungen grundsätzlich nicht für diesen wirken.
■ Welche Auswirkungen hat dies auf den Kaufvertrag A–B? (Überlegen Sie selbst!)
▷ Man könnte durchaus meinen, daß der Vertrag unwirksam ist. Dieser Gedanke ist auch nicht abwegig. Der Gesetzesgeber gibt aber für den Fall, daß sich jemand anmaßt, für einen anderen unberechtigt als Vertreter aufzutreten, dem vermeintlich Vertretenen die Möglichkeit, das vom Vertreter ohne Vertretungsmacht geschlossene Geschäft »an sich zu ziehen«. Der Vertretene kann, wenn er von diesem Geschäft erfährt und es ihm günstig erscheint, das Geschäft noch genehmigen und die fehlende Vertretungsmacht heilen. Suchen Sie selbst im Stellvertretungsrecht, oder im Index unter »Vertreter (ohne Vertretungsmacht)«, aus welcher Vorschrift sich diese Rechtsfolge ergibt!
▷ Wenn Sie fündig geworden sind, haben Sie § 177 Abs. 1 gelesen!
■ An welche Ihnen schon bekannte Vorschrift erinnert Sie diese Formulierung? (Überlegen Sie!).

Der Wortlaut dieser Vorschrift ist ähnlich wie der von § 177 Abs. 1 und die Rechtsfolge, die eintritt, ist die gleiche.

▷ Gemeint ist § 108 Abs. 1 (lesen!)!
Rechtsfolge des ohne Einwilligung[163] des gesetzlichen Vertreters geschlossenen Vertrages des beschränkt Geschäftsfähigen ist, daß der Vertrag bis zur Genehmigung[163] »schwebend unwirksam« ist. Dies gilt auch für den Vertragsschluß des Vertreters ohne Vertretungsmacht. Bis zur Genehmigung durch A, die er sowohl gegenüber B als auch D erteilen kann (vgl. § 182 Abs. 1 – lesen!), ist der Vertrag »schwebend unwirksam«.

Indem A sich D gegenüber mit dem Geschäft einverstanden erklärte, hat er somit den Vertrag genehmigt, so daß dieser gem. § 184 Abs. 1 von Anfang an wirksam wurde (§ 184 Abs. 1 nochmals lesen). B verlangt zu Recht Bezahlung und Abnahme der Stereoanlage.

2. Haftung des Vertreters ohne Vertretungsmacht

Der in der Praxis häufigere Fall wird in der Regel sein, daß der Vertretene einen Vertrag, der in seinem Namen ohne Vertretungsmacht geschlossen wurde, nicht genehmigt, sondern die Genehmigung verweigert. In diesem Fall ist der Vertrag endgültig unwirksam.

Das ist natürlich unter Umständen für den Vertragspartner (z. B.) eines Kaufvertrages sehr ärgerlich, wenn er im Vertrauen auf die Wirksamkeit der Vertretung und damit auf die Wirksamkeit des Vertrages andere Kaufinteressenten abgewiesen hat und nun sozusagen auf seiner Sache »sitzen bleiben« müßte. Dieses Vertrauen hat der Gesetzgeber grundsätzlich als schutzwürdig angesehen und deshalb dem Vertragspartner für diesen Fall Ansprüche gegen den vollmachtslosen Vertreter gegeben.

a) Bewußtes Handeln ohne Vertretungsmacht

Diesen Fall regelt § 179 Abs. 1, den Sie lesen müssen.

Aus der Formulierung, daß jemand unter bestimmten Voraussetzungen einem anderen zur Erfüllung oder zum Schadensersatz verpflichtet ist, ersehen Sie, daß § 179 Abs. 1 eine »Anspruchsgrundlage« ist. Wenn in Fall 22 der A den Vertragsschluß mit B durch D nicht genehmigt hätte, wären wir zu dem Ergebnis gekommen, daß B gegen A mangels eines gültigen Kaufvertrages keinen Anspruch auf Bezahlung gem. § 433 Abs. 2 hat.

In einem Gutachten hätte man dann fortfahren können:

»B könnte aber einen Anspruch auf Erfüllung des Kaufvertrages gegen D gem. § 433 Abs. 2 i. V. m. § 179 Abs. 1 haben«.

Wenn B in diesem Fall Erfüllung des Vertrages verlangt, kann er von D den Kaufpreis verlangen, und D muß die Stereoanlage abnehmen. Verlangt

163 ***zur Wiederholung: Oberbegriff = Zustimmung (vgl. §§ 183 u. 184)***

B statt der Erfüllung Schadensersatz, dann haftet der Vertreter ohne Vertretungsmacht auf das sogenannte »Erfüllungsinteresse« oder »positive Interesse«.

■ Was bedeutet das?

▷ Das bedeutet zunächst: Der Vertrag wird nicht erfüllt! B liefert nicht und D muß weder die Kaufsache abnehmen noch den Kaufpreis zahlen. D muß aber im Rahmen der Schadensersatzleistung den B so stellen, wie dieser (wertmäßig) stehen würde, wenn ordnungsgemäß erfüllt worden wäre! Da B als Verkäufer an der Stereoanlage verdienen muß, wird der Kaufpreis höher sein als der reine Wert der Anlage. Hätte der Kaufpreis z. B. 6 000,– DM betragen, während der Wert der Anlage nur mit 5 000,– DM zu beziffern war, könnte B als Schadensersatz die Differenz von 1 000,– DM verlangen[164] und die Stereoanlage behalten.

b) Unbewußtes Handeln ohne Vertretungsmacht

Für die Haftung des Vertreters ohne Vertretungsmacht macht das Gesetz in § 179 Abs. 2 (lesen!) eine Einschränkung. Vereinfacht ausgedrückt bedeutet das: In dem Fall, daß er selbst den Mangel der Vertretungsmacht nicht kannte, haftet der Vertreter nur begrenzt, d. h., er muß nur den Vertrauensschaden bzw. das sogenannte »negative Interesse« ersetzen (dazu gleich noch).

■ Können Sie sich einen Fall denken, in dem der Vertreter ohne Vertretungsmacht selbst nichts vom Fehlen der Vertretungsmacht weiß?

▷ Das ist z. B. möglich, wenn der »unerkannt Geisteskranke« A* den D bevollmächtigt, für ihn einen Vertrag zu schließen.

■ Was bedeutet Ersatz des Vertrauensschadens, des »negativen Interesses«, im Sinne von § 179 Abs. 2?

▷ Das bedeutet, daß der Vertreter ohne Vertretungsmacht den Vertragspartner so stellen muß, wie dieser gestanden hätte, wenn er auf das Zustandekommen des Vertrages *nicht* vertraut hätte.

Mit anderen Worten: Der Vertreter muß dem anderen Teil den Schaden ersetzen, den dieser im Vertrauen auf das Zustandekommen des gescheiterten Vertrages erlitten hat.

■ Haben Sie eine Vorstellung, was das z. B. für ein Schaden sein könnte? (Überlegen Sie!).

▷ Möglich wäre, daß der Vertragspartner B im Vertrauen auf das Zustandekommen des Vertrages irgendwelche Aufwendungen getätigt hat, z. B. mußte er den Vertragsgegenstand erst zu sich transportieren lassen.

164 vgl. *Brox*, Rdnr. 555

* »So etwas« bzw. »so einen« gibt es – aus didaktischen Gründen!

In diesem Fall wären die Transportkosten als Vertrauensschaden zu ersetzen. Typischer Vertrauensschaden sind auch evtl. Fahrtkosten, die für die Fahrt zum Ort des Vertragsschlusses nötig waren.

c) Handeln ohne Vertretungsmacht bei Kenntnis des Vertragspartners

Schließlich regelt das Gesetz in § 179 noch einen (dritten) Fall, in dem der Vertreter trotz Fehlens der Vertretungsmacht dem Vertragspartner gar nicht haftet. Lesen Sie § 179 Abs. 3!

■ Was ist wohl der Grund dafür, daß hier eine Haftung entfällt?

▷ Wenn der Vertragspartner vom Fehlen der Vertretungsmacht weiß, verdient er auch keinen Vertrauensschutz mehr!

Am Beispiel der drei Absätze von § 179 können wir sehr gut erkennen, daß der Gesetzgeber das Vertrauensschutzprinzip sehr ernst nimmt und versucht, den Interessen der Beteiligten so gut wie möglich gerecht zu werden.

Für die Haftung im Stellvertretungsrecht gelten daher folgende Grundsätze, die wir uns an Übersicht 25 verdeutlichen wollen:

Übersicht 25:

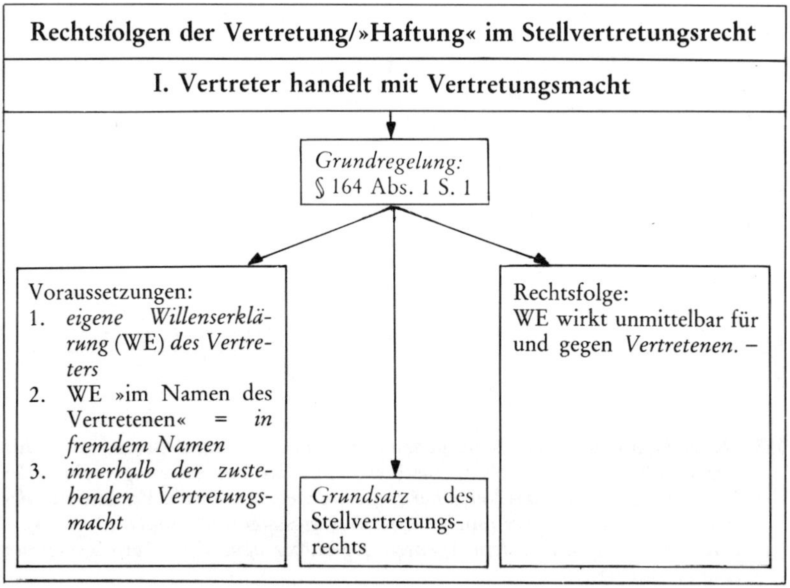

Übersicht 25 *(Fortsetzung):*

Für ein Verschulden des Vertreters nach bürgerlichem Recht haftet grundsätzlich der Vertretene[165].
Begründung: Der Vertretene räumt dem Vertreter gegenüber seinem Geschäftspartner eine besondere Vertrauensstellung ein. Das Vertrauen des Geschäftspartners wird dadurch geschützt, daß der Vertretene für das Handeln seines Vertreters einstehen muß.

II. Vertreter handelt ohne Vertretungsmacht

Ausnahmeregelung § 179

§ 179 Abs. 1

Voraussetzungen:
1. Vertreter schließt bewußt Vertrag ohne Vertretungsmacht
2. Vertretener verweigert Genehmigung nach § 177

Rechtsfolge:
- Eigenhaftung des Vertreters
- Umfang der Haftung: Erfüllung des Vertrages oder Schadensersatz *(Erfüllungsinteresse = positives Interesse)*

§ 179 Abs. 2

Voraussetzungen:
1.–2. wie bei § 179 Abs. 1
3. Vertreter wußte nichts vom Fehlen der Vertretungsmacht

Rechtsfolge:
- eingeschränkte Haftung des Vertreters
- Umfang: Schadensersatz *(»Vertrauensinteresse« = negatives Interesse)*

165 ***Dieser Grundsatz gilt weitestgehend auch für das Handelsrecht sowie für bürgerlich-rechtliche Nebengebiete wie z. B. das Versicherungsrecht. Hier haftet grundsätzlich das Versicherungsunternehmen für ein Verschulden des Versicherungsvertreters (auch: Versicherungsagenten) aufgrund der Vertrauensstellung, die es dem Agenten gegenüber dem Versicherungsnehmer eingeräumt hat.***

Übersicht 25 *(Fortsetzung):*

Beispiel:

Der »unerkannt Geisteskranke« A gibt D, der davon nichts weiß, Vollmacht, für ihn ein Auto beim Autohaus B zu kaufen. B liefert daraufhin das Auto zum Haus von A. Der Vormund (V) des A verweigert die Genehmigung des Vertrages gem. § 177. B muß das Auto wieder mitnehmen.

Lösungsskizze:

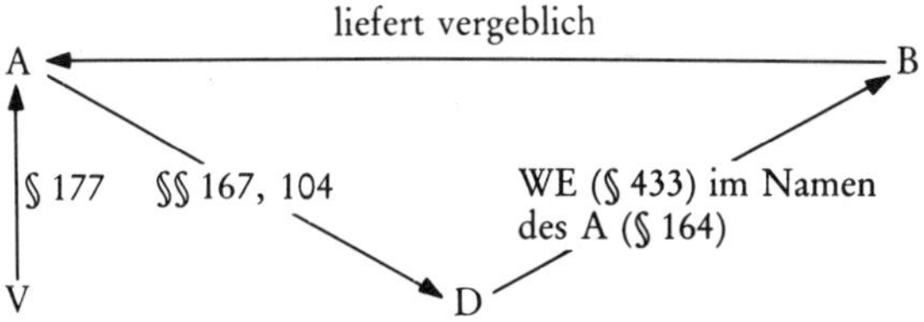

Rechtsfolge: Vertrag A – B unwirksam.

Haftung des D gegenüber B gem. § 179 Abs. 2; → Umfang: Ersatz des *Vertrauensschadens (negatives Interesse)* – z. B.: Ersatz der Transportkosten für das Auto = Aufwendungen, die B nicht vergeblich gemacht hätte, wenn er *nicht* auf das ordnungsgemäße Zustandekommen des Vertrages vertraut hätte.

↓

§ 179 Abs. 3

Voraussetzungen:
1. } wie bei Abs. 1
2. }
3. Vertragspartner wußte vom Fehlen der Vertretungsmacht

Rechtsfolge:
– Keine Haftung des Vertreters (kein Vertrauensschutz geboten!)

V. Die Eigenhaftung des Vertreters mit Vertretungsmacht[166]

Mit § 179 hat das BGB die Haftung des Stellvertreters, als Ausnahme von der grundsätzlichen Haftung des Vertretenen, abschließend geregelt. Dennoch hat die Praxis gezeigt, daß es Fälle gibt, in denen die Regelung des Gesetzes nicht ausreicht. Es sind dies die Fälle, in denen der Vertreter zwar *mit* Vertretungsmacht handelt, aber trotzdem – obwohl § 179 hier eigentlich nicht »paßt« – persönlich anstelle des Vertretenen für einen Schaden des Vertragspartners haften muß!

Diese *»Eigenhaftung des Vertreters« mit* Vertretungsmacht verdeutlichen die beiden folgenden Fälle.

1. Die besondere Vertrauensinanspruchnahme durch den Vertreter

Übungsfall 23

»Der mißglückte Gebrauchtwagenkauf«

Andreas Apfelbacher (A) möchte seinen gut gepflegten alten BMW 2002 für 2 000,– DM verkaufen. Er bittet seinen Freund Donald Donisel (D), der eine Kfz-Werkstatt hat und mit Gebrauchtwagen handelt, dies für ihn zu tun. A hatte den Wagen damals selbst gebraucht gekauft und sagte dem D, seines Wissens sei das Auto unfallfrei. Balthasar Bruch (B) ist an dem Kauf des BMW interessiert. Als er den D nach der Unfallfreiheit fragt, gibt dieser die Auskunft A's an B weiter. Auf Verlangen des B fügt D auf dem Kaufvertragsformular, aus dem hervorgeht, daß D den Wagen »im Namen des A« verkauft, den Zusatz »unfallfrei«, »Unterschrift D« hinzu. B bezahlt die 2 000,– DM und nimmt das Auto mit. Kurze Zeit später »baut« er einen Unfall mit Totalschaden. Die Untersuchung ergibt, daß der Wagen einen Rahmenriß hatte, der aus einem früheren Unfall herrührt und der für den neuen Unfall ursächlich war. B verlangt 2 000,– DM Schadenersatz von A, der jedoch auf den Kaufvertrag verweist, in dem die Haftung des Verkäufers für evtl. Schäden wirksam ausgeschlossen ist.

B verlangt daraufhin die 2 000,– DM von D, weil dieser ihm die Unfallfreiheit schriftlich zugesichert habe. Zu Recht?

166 Die Eigenhaftung des Vertreters mit Vertretungsmacht ist ein Spezialproblem des Vertretungsrechts, das in der »juristischen Grundausbildung« weithin nicht behandelt wird. Im Wirtschaftsleben, in dem häufig Vertreter von Unternehmen, wie z. B. Banken, Versicherungen, Immobilienunternehmen, Geschäfte im Namen ihres Unternehmens vornehmen, kann der Eigenhaftung des Vertreters indessen eine besondere Bedeutung zukommen, so daß das Problem in diesem Rahmen behandelt wird.

Da es sich um einen Beispielsfall für die Eigenhaftung des Vertreters mit Vertretungsmacht handelt, wissen Sie die Antwort auf die Fallfrage natürlich schon! Wir wollen uns indessen nicht mit einem kurzen »Ja« als Antwort begnügen, sondern die Gründe kennenlernen, die eine Eigenhaftung des Vertreters anstelle der grundsätzlich vorgesehenen Haftung des Vertretenen rechtfertigen.

■ Welches war der Grund des Gesetzgebers, gem. § 164 Abs. 1 S. 1 dem Vertretenen Willenserklärungen des Vertreters zuzurechnen bzw. ihn ggf. gem. § 278 für ein Verschulden seines Erfüllungsgehilfen haften zu lassen?

▷ Der Vertrauensschutz! Das heißt: Schutzwürdig ist das Vertrauen des Vertragspartners B, welches er trotz Kontaktes mit dem Vertreter D in erster Linie seinem Vertragspartner A entgegengebracht hat.

■ Hat B seinem Vertragspartner, dem Verkäufer A, ein derartiges Vertrauen bezüglich der Unfallfreiheit des BMW entgegengebracht?

▷ B hat den A nicht einmal gekannt! Obwohl er wußte, daß D das Auto im Namen des A verkaufte, hat er sich die Unfallfreiheit ausdrücklich schriftlich von D bestätigen lassen! Versetzen Sie sich einmal in die Lage des B: Sie kommen zu einem Gebrauchtwagenhändler und Kfz-Werkstattbesitzer, weil Sie sich für eines der auf seinem Hof ausgestellten Gebrauchtautos interessieren. Auch Sie fragen den Gebrauchtwagenhändler, der Ihnen sagt, daß er das Auto in fremdem Namen verkaufe, nach der Unfallfreiheit.

■ Was erwarten Sie, wenn Ihnen der Gebrauchtwagenhändler die Unfallfreiheit ausdrücklich und schriftlich zusichert und diese Zusicherung mit seiner Unterschrift versieht?

▷ Daß der Wagen auch wirklich unfallfrei ist!

■ Wie kann ein Gebrauchtwagenhändler und Kfz-Werkstattbesitzer die Unfallfreiheit feststellen? Worauf richtet sich Ihr Vertrauen?

▷ Sie vertrauen normalerweise darauf, daß er sich vorher von der Unfallfreiheit überzeugt hat! Schließlich hat er als Fachmann die Möglichkeiten und Kenntnisse, das Auto gründlich zu untersuchen. Er kann es z. B. in seiner Werkstatt aufbocken und vorhandene Fehler besser erkennen als Sie, ich und jeder andere Laie.

D hat in unserem Fall jedoch nichts von alledem getan, sondern die Unfallfreiheit nur auf die Auskunft des A hin durch seine Unterschrift bestätigt.

■ Wie würden Sie dieses Verhalten des D rechtlich charakterisieren? Welche Pflicht hat der Gebrauchtwagenhändler D verletzt?

▷ D hat eine Sorgfaltspflicht verletzt; denn zu den Sorgfaltspflichten eines Kfz-Händlers gehört es, ein Auto, dessen Unfallfreiheit er zusichert, vorher daraufhin zu untersuchen. Dabei spielt es keine Rolle, ob er das Auto im eigenen oder im fremden Namen verkauft!

■ In welchem Stadium befanden sich übrigens die Vertragsverhandlungen, als D dem B die Unfallfreiheit zusicherte? War der Vertrag schon geschlossen?

▷ Nein! Über den Vertragsschluß wurde noch verhandelt. D sicherte dem B die Unfallfreiheit, ohne seiner Untersuchungspflicht nachgekommen zu sein, vor Vertragsschluß zu. Somit stellt die Pflichtverletzung des Vertreters D ein sogenanntes »Verschulden bei/vor Vertragsschluß«[167] dar.

167 ***zur Haftung für »Verschulden beim Vertragsschluß« (lat. »culpa in contrahendo«) später (Band II: »Allgemeines Schuldrecht«)***

■ Wer haftet nach dem Grundsatz des Stellvertretungsrechts normalerweise für ein Verschulden im Zusammenhang mit einem Vertragsschluß durch den Vertreter?

▷ Der Vertretene (vgl. § 164)!

Dennoch hat die Rechtsprechung[168] in unserem Fall den Gebrauchtwagenhändler D ausnahmsweise selbst haften lassen.

■ Was könnte wohl der Grund dafür sein? Wem hat B sein Vertrauen auf die Unfallfreiheit entgegengebracht?

▷ B hat ein »besonderes, persönliches Vertrauen« nicht seinem Vertragspartner A, sondern dem als Vertreter handelnden Gebrauchtwagenhändler D entgegengebracht. – (Sind Sie auch dieser Meinung?). –

Rechtsprechung und Rechtslehre[168] haben daraus (sinngemäß) folgenden Grundsatz formuliert, den wir uns merken wollen:

Der mit wirksamer Vertretungsmacht ausgestattete Vertreter haftet selbst aus »Verschulden bei Vertragsschluß« entsprechend (analog) § 179 Abs. 2 i. V. m. § 276, wenn er in besonderem Maße das persönliche Vertrauen des Vertragspartners des Vertretenen in Anspruch genommen hat.

Die analoge Anwendung des § 179 Abs. 2 wird folgendermaßen begründet: Der Vertreter *ohne* Vertretungsmacht, der seine Vertretungsmacht dem Vertragspartner gegenüber behauptet, ohne zu wissen, daß sie fehlt, muß nach § 179 Abs. 2 dem Vertragspartner den Schaden, den dieser im Vertrauen auf die Wirksamkeit der Vertretungsmacht erlitten hat, ersetzen. Der Vertreter *mit* wirksamer Vertretungsmacht, der aufgrund seiner persönlichen Stellung vor Vertragsschluß ein ganz besonderes Vertrauen des Vertragspartners auf die ordnungsgemäße Abwicklung des Vertrages in Anspruch nimmt, soll nicht anders behandelt werden: auch er muß deshalb den Schaden ersetzen, der durch die Enttäuschung dieses Vertrauens entstanden ist.

Ergebnis: B ist von D praktisch so zu stellen, als ob der Vertrag nie geschlossen wäre.

Das bedeutet in diesem Fall: D muß dem B DM 2 000,– Schadensersatz leisten . . .

2. Das besondere wirtschaftliche Interesse des Vertreters

Übungsfall 24:

»Der gierige Versicherungsagent«

Daniel Dahlenburg (D) ist freier Mitarbeiter auf Provisionsbasis bei der Argus-Krankenversicherung (A). Die A bietet ihm an, ihn gegen ein zusätzliches festes Grundgehalt als Leiter ihrer Bezirksabteilung einzustellen, wenn er bis zum 31. 12. noch 100 Versicherungsabschlüsse vermitteln könnte. Kurz vor Büroschluß am 31. 12. hat D erst 99 Verträge vermittelt, als Bruno Bollermann (B) ihn aufsucht und um die Vermittlung einer Krankenversicherung bittet. B erklärt wahrheitsgemäß, daß er früher an Magengeschwüren gelitten habe, jetzt aber be-

168 Nachweise bei *Palandt/Heinrichs,* § 276, Rdnr. 93

schwerdefrei sei. Wider besseres Wissen erklärt D, dann brauche man die frühere Krankheit auch nicht in das Antragsformular der A mitaufzunehmen. Daraufhin unterschreibt B den Antrag und bekommt einige Zeit später den Versicherungsschein der A als Bestätigung des Vertragsschlusses. D wird Bezirksleiter der A. Kurze Zeit danach muß B für zwei Wochen ins Krankenhaus, wo ihm ein Magengeschwür wegoperiert wird. Als er seine Arzt- und Krankenhausrechnung i. H. v. 4 900,– DM bei A zur Erstattung einreicht, verweigert diese den Versicherungsschutz unter Hinweis auf § 16 Versicherungsvertragsgesetz (VVG)[169], weil B die frühere Krankheit nicht angegeben hat und tritt vom Vertrag wirksam zurück. B verlangt daraufhin von D die 4 900,– DM als Schadensersatz, weil dieser ihn bei Vertragsschluß falsch beraten habe. Zu Recht?

Da der Sachverhalt ausdrücklich sagt, daß das Versicherungsunternehmen gem. § 16 VVG wirksam vom Vertrag zurückgetreten ist, können wir sogleich die Frage prüfen, warum der Versicherungsagent D selbst haften muß.

■ Liegt die Ausnahme der »besonderen persönlichen Vertrauensinanspruchnahme« vor? (Überlegen Sie selbst!).

▷ Dieser Fall weist eine andere Konstellation auf: Der Vermittlungsagent D nimmt zwar durchaus eine gewisse Vertrauensstellung ein. Anders als der Gebrauchtwagenhändler, dem der Käufer regelmäßig als Fachmann das größere Vertrauen entgegenbringt, nimmt grundsätzlich das Versicherungsunternehmen selbst, sozusagen »über den Agenten«, das Vertrauen des Versicherungsnehmers in Anspruch.

Dies wird klarer, wenn man die Situation einmal sehr unjuristisch mit Begriffen aus der »Sportbranche« betrachtet:

In Fall 23 wird ein »Amateur«, der Verkäufer A, von einem »Profi«, dem Gebrauchtwagenhändler D, gegenüber einem anderen »Amateur«, dem Käufer B vertreten . . .

■ Wem brachte B mehr Vertrauen entgegen?

▷ Selbstverständlich dem »Profi«, dem Gebrauchtwagenhändler D.

In Fall 24 läßt sich nun ein »großer Profi«, das Versicherungsunternehmen A, von einem »kleinen Profi«, dem Versicherungsagenten D, gegenüber einem »Amateur«, dem Versicherungsnehmer B, vertreten.

■ Wem gilt das Vertrauen des Amateurs B wohl in erster Linie?

▷ Der Versicherungsnehmer vertraut vor allem dem »großen Profi«, also dem Versicherungsunternehmen, seinem Vertragspartner! Von ihm erwartet er den Versicherungsschutz! Nicht der Vermittlungsagent hat letztlich die Kenntnisse und die Befugnis zu entscheiden, ob und daß tatsächlich auch der Versicherungsschutz ge-

169 *Versicherungsvertragsgesetz (VVG)*
§ 16 (Anzeigepflicht des Versicherungsnehmers)
(1) Der Versicherungsnehmer hat bei der Schließung des Vertrages alle ihm bekannten Umstände, die für die Übernahme der Gefahr erheblich sind, dem Versicherer anzuzeigen. Erheblich sind die Gefahrumstände, die geeignet sind, auf den Entschluß des Versicherers, den Vertrag überhaupt oder zu dem vereinbarten Inhalt abzuschließen, einen Einfluß auszuüben...
(2) Ist dieser Vorschrift zuwider die Anzeige eines erheblichen Umstandes unterblieben, so kann der Versicherer von dem Vertrag zurücktreten ...

währt wird, sondern grundsätzlich nur das Versicherungsunternehmen! In unserem Fall hat auch D, wie wir festgestellt haben, zweifellos ein gewisses Vertrauen des Versicherungsnehmers B in Anspruch genommen. Dieses Vertrauen ist aber nicht mit dem besonders hohen persönlichen Vertrauen vergleichbar, daß der Gebrauchtwagenhändler D gegenüber B in Fall 23 in Anspruch genommen hat. Es muß daher noch einen anderen Tatbestand geben, der ausnahmsweise eine Eigenhaftung des Versicherungsagenten mit Vertretungsmacht eintreten läßt.

Als zweite Ausnahme für die Eigenhaftung des Vertreters hat die Rechtsprechung[170] (sinngemäß) folgenden Leitsatz aufgestellt:

Der mit wirksamer Vertretungsmacht ausgestattete Vertreter haftet dem Vertragspartner selbst aus »Verschulden bei Vertragsschluß« entsprechend § 179 Abs. 2 i. V. m. § 276, wenn er an dem speziellen Vertrag ein ganz besonderes eigenes, wirtschaftliches Interesse hat und aus dem Geschäft einen persönlichen Nutzen erstrebt.

■ Hat D in unserem Fall ein solches eigenes wirtschaftliches Interesse? Worin könnte es liegen? Provision?

▷ Dieser Gedanke liegt nahe; man wird kaum bestreiten können, daß die Einnahme von Provisionen für den Versicherungsagenten ein (allgemeines) wirtschaftliches Interesse darstellt. Und persönlichen Nutzen hat D durch die Provisionszahlung sicher auch!

Dieses allgemeine Interesse des Versicherungsagenten an der Provisionszahlung läßt die Rechtsprechung aber als Haftungsgrund nicht ausreichen.

■ Warum wohl nicht? Was hätte das generell für Konsequenzen? (Überlegen Sie!).

▷ Wenn allein die Provisionszahlung als wirtschaftliches Interesse für eine Eigenhaftung ausreichen würde, müßte ja *jeder* Versicherungsagent *immer* für jeden Fehler haften!
Die Eigenhaftung des Vertreters wäre nicht die Ausnahme, sondern die Regel!
Deshalb wird ein besonderes wirtschaftliches Interesse gerade an *diesem* Vertrag gefordert! Das besondere wirtschaftliche Interesse und der persönliche Nutzen des Versicherungsagenten müssen also über das allgemeine wirtschaftliche Interesse an der Provisionszahlung hinausgehen!
Der Vertreter muß, so sagen die Gerichte[170], *dem Vertrag so nahe stehen, als ob er, wirtschaftlich betrachtet, gleichsam in eigener Sache verhandele.*

■ Liegen diese Voraussetzungen bei D vor?

▷ D brauchte den hundertsten Vertrag für seine Bezirksleiteranstellung! Deshalb forcierte er das Verschweigen der früheren Krankheit.

■ Was hätte z. B. passieren können, wenn die Krankheit in das Antragsformular aufgenommen worden wäre?

▷ A hätte möglicherweise den Vertrag mit B gar nicht geschlossen oder eine höhere Prämie verlangt, um das höhere Risiko abzudecken. Die höhere Prämie wiederum hätte den B vom Vertragsschluß abhalten können.
D hat den B bewußt falsch beraten, weil er ein ganz besonderes wirtschaftliches Interesse an diesem Vertrag hatte und einen persönlichen Nutzen aus dem Geschäft erstrebte!

170 vgl. z. B. BGHZ 56, 81 (84); BGH NJW 1986, 587

■ Welche Rechtsfolge tritt deshalb wieder ein?
▷ D haftet dem B auf Schadenersatz aus »Verschulden bei Vertragsschluß« gem. § 179 Abs. 2 analog i. V. m. § 276.
■ Welchen Umfang hat der Schadenersatz?
▷ D muß den B so stellen, wie dieser stehen würde, wenn er nicht auf das ordnungsgemäße Zustandekommen des Vertrages mit A vertraut hätte: Hätte B auf das ordnungsgemäße Zustandekommen des Vertrages nicht vertraut, hätte er die Krankheit angegeben und gegebenenfalls den Vertrag zu anderen Konditionen abgeschlossen oder aber gar nicht, sondern bei einem anderen Versicherungsunternehmer, so daß ihm die 4 900,– DM jedenfalls erstattet worden wären. Diese DM 4 900,– muß D daher an B als Schadensersatz leisten . . .

Lesen Sie hierzu abschließend die Zusammenfassung auf Übersicht 26.

Literatur zur Vertiefung (6. Kapitel):

Alpmann und Schmidt	AT 2; S. 217–252, 259–270
Bähr	§ 9
Dannreuther/Morbach	JuS 1984, S. 840 ff.
Dieckert/Costede	Jura 1989, S. 309 ff.
Klunzinger	6. Kapitel
Musielak	Rdnr. 701–745
Prölss	JuS 1986, S. 169 ff.
Schimikowski	JA 1986, S. 345 ff.
Smid	JuS 1986, Lernbogen 9
Thoma	4. Teil 4. Abschn. IX
Westermann	Kapitel 6
ders./Schmidt	Jura 1989, S. 209 ff.

Übersicht 26:

Haftung im Stellvertretungsrecht

Sonderfälle: *Eigenhaftung des Vertreters* **mit** *Vertretungsmacht*

1. Besondere Vertrauensinanspruchnahme

Voraussetzung

- Person und Stellung des Vertreters (D) sind für den Vertragspartner (B) so bedeutend, daß B bei Vertragsabschluß D mehr Vertrauen entgegenbringt als dem Vertretenen (A).

Rechtsfolge

- *Eigenhaftung des Vertreters* aus »Verschulden bei Vertragsschluß« gem. § 179 Abs. 2 analog i. V. m. § 276
  Umfang: »Vertrauensinteresse«

(Beispiel-Fall: »Gebrauchtwagenhändler« = Übungsfall 23)

Merksatz:

> Der mit wirksamer Vertretungsmacht ausgestattete Vertreter haftet selbst aus »Verschulden bei Vertragsabschluß« gem. § 179 Abs. 2 analog i. V. m. § 276, wenn er in besonderem Maße das persönliche Vertrauen des Vertragspartners des Vertretenen in Anspruch genommen hat.

2. Besonderes wirtschaftliches Interesse

Voraussetzung

- Vertreter (D) hat am Abschluß des speziellen Vertrages ein *besonderes wirtschaftliches Interesse* und erstrebt persönlichen Nutzen.

Rechtsfolge

wie oben 1.

(Beispiel-Fall: »Versicherungsagent« Übungsfall 24)

Merksatz:

> Der mit wirksamer Vertretungsmacht ausgestattete Vertreter haftet selbst aus »Verschulden bei Vertragsabschluß« gem. § 179 Abs. 2 analog i. V. m. § 276, wenn er an dem Vertrag ein besonderes eigenes, wirtschaftliches Interesse hatte und aus dem Geschäft einen persönlichen Nutzen erstrebte.

7. Kapitel: Bedingung, Befristung, Fristen, Termine, Auflage und Verjährung

Übungsfall 25[171]	

Versicherungsunternehmer A aus Köln möchte in der Gemeinde Bergheim eine Zweigstelle eröffnen und zu diesem Zweck ein Grundstück kaufen. Er stellt folgende »Bedingungen«:

1. Die Gemeinde soll ihm 1 000 qm Baugrund zum Preis von 5,– DM/qm als »Gewerbegelände« verkaufen.
2. Auf dem Gelände muß sich ein Brunnen bohren lassen, der den Betrieb von der öffentlichen Wasserversorgung unabhängig macht.
3. Bis zum 30. 6. 1990 muß die Gemeinde das Gelände erschlossen haben.

Die Gemeinde B stellt ebenfalls »Bedingungen«:

a) A soll sämtliche Kinder (bzw. deren Eltern) des gemeindlichen Kindergartens »Sozialhilfe e. V.« kostenlos gegen Unfall und Krankheit versichern.

b) A soll auf dem Grundstück eine eigene Kläranlage bauen, und zwar innerhalb von 3 Jahren nach Eröffnung der Zwgst., spätestens bis zum 31. 10. 1994.

Alle vorstehenden »Bedingungen« werden Inhalt des Grundstückskaufvertrages, den die Parteien am 1. 12. 1989 schließen.

I. Bedingung

■ Warum ist in diesem Sachverhalt wohl der Begriff »Bedingungen« in Anführungsstriche gesetzt?

▷ Weil der Begriff »Bedingung« im allgemeinen Sprachgebrauch häufig anders verwendet, als er vom BGB verstanden wird.

Das BGB versteht unter Bedingung nicht solche Bedingungen wie »Allgemeine Geschäftsbedingungen« oder »Versicherungsbedingungen«. Die »Bedingung« im Sinne des BGB ist vielmehr die einer rechtsgeschäftlichen Willenserklärung hinzugefügte Bestimmung, nach der die Wirkung des Rechtsgeschäftes von einem zukünftigen, ungewissen Ereignis abhängen soll.

Sehen wir uns die einzelnen Punkte des Vertrages auf diese Definition hin an:

■ Ist der Kaufpreiswunsch des A bezüglich der Höhe des Kaufpreises eine Bedingung in diesem Sinne?

171 Falltext nach *Hartwig*, S. 90

▷ Nein! Der Kaufpreiswunsch war Verhandlungsgegenstand *vor* Abschluß des Vertrages. Offenbar hatte A so feste Preisvorstellungen, daß er nur für 5,– DM pro qm kaufen wollte. Das bedeutet, daß dieser Preis nur die wirtschaftliche Voraussetzung für den Abschluß des Kaufvertrages war. Ungewiß war nur, ob eine rechtliche Einigung über diesen Preis zustandekommen würde. Diese Ungewißheit liegt aber zeitlich *vor* dem Vertragsschluß. Haben sich die Parteien aber einmal über den Preis geeinigt, so wird er zur bekannten Größe des Vertrages[172]. Da die Bedingung ein zukünftiges, ungewisses Ereignis ist, über dessen Eintreten sich die Parteien nicht sicher sind, kann ein in der Vergangenheit liegender Umstand wie die Kaufpreisvorstellungen des A keine Bedingung im Sinne des BGB sein.

Die echte Bedingung, also der Eintritt des zukünftigen Ereignisses, kann von verschiedenen Umständen abhängen:

Zum einen kann es sich um einen für die Vertragspartner rein zufälligen Umstand handeln (Beispiel: »Ich werde das Grundstück kaufen, wenn die Grundstückspreise nicht steigen«), zum anderen kann der Eintritt des Ereignisses allein vom Willen einer Partei abhängen (»Wenn Du nicht wieder heiratest«) und schließlich kann der Eintritt des Ereignisses von beiden, also Zufall und Wille einer Partei, abhängig sein (»Wenn Du Dein Examen bestehst[173] . . .«!).

1. Aufschiebende Bedingung

Wenn Sie das wissen, können Sie entscheiden, ob es sich bei dem zweiten Vertragspunkt in Fall 25 um eine echte Bedingung im Sinne des BGB handelt:

■ Ist der Umstand, daß sich auf dem Gelände ein Brunnen bohren läßt, eine echte Bedingung?

▷ Ja! Denn ob sich auf dem Gelände ein ausreichend ergiebiger Brunnen bohren läßt, ist ein zufälliger Umstand, der erst in Zukunft geklärt werden kann. Man hätte das zwar vorher klären können, hat es aber offensichtlich nicht getan! Die Feststellung, ob das Gelände zum Bohren eines Wasserbrunnens geeignet ist, ist somit ein ungewisses, zukünftiges Ereignis, das die Parteien zur echten Bedingung des Vertrages gemacht haben. Das hat zur Folge, daß der Kaufvertrag erst und nur wirksam wird, wenn diese Bedingung tatsächlich eintritt. Man spricht deshalb von einer »aufschiebenden Bedingung«, die das BGB in § 158 Abs. 1 regelt (lesen!).

172 a. a. O.
173 *Neben »Zufall und Wille« ist dabei »Bedingung«: Arbeiten!!*

Klassisches Beispiel für die aufschiebende Bedingung i. S. v. § 158 Abs. 1 ist der »Kauf unter Eigentumsvorbehalt«. Lesen Sie dazu einmal § 455!

Die Parteien haben ein voll wirksames schuldrechtliches Verpflichtungsgeschäft vereinbart, den Kaufvertrag. Dabei hat der Verkäufer dem Käufer die Sache bereits übergeben, ihm also den Besitz daran verschafft. Zugleich hat er dem Käufer den Kaufpreis als Kredit gewährt, der erst später zurückzuzahlen ist.

Das sachenrechtliche Verfügungsgeschäft, die Übertragung des Eigentums (Abstraktionsprinzip!), soll erst voll wirksam werden unter der aufschiebenden Bedingung, daß der Käufer den Kaufpreis vollständig bezahlt hat. Da man nie wissen kann, ob der Käufer immer zahlungsfähig bleibt, ist die Zahlung der letzten Kaufpreisrate ein zukünftiges, ungewisses Ereignis. Die Wirksamkeit der Eigentumsübertragung an der Kaufsache wird aufgeschoben, bis dieses Ereignis eintritt.

2. Auflösende Bedingung

Neben der aufschiebenden Bedingung des § 158 Abs. 1 kennt das BGB die »auflösende Bedingung«, die in § 158 Abs. 2 geregelt ist (lesen!).

Typisches Beispiel dafür ist die »Wiederverheiratungsklausel« in einem Testament, in dem ein Ehepartner den anderen zum Alleinerben einsetzt, unter der auflösenden Bedingung, daß er (sie) nicht wieder heiratet.

Heiratet der überlebende Ehepartner, ist Folge dieser auflösenden Bedingung gem. § 158 Abs. 2, daß die Wirksamkeit des Testaments zu diesem Zeitpunkt endet. Das bedeutet, daß der überlebende Ehepartner nicht mehr der Alleinerbe ist, sondern er muß sich die Erbschaft mit den gesetzlichen Erben teilen, was durch das Testament ausgeschlossen war. Die auflösende Bedingung führt dazu, daß mit Eintritt des zunächst ungewissen, zukünftigen Ereignisses die Wirksamkeit des vorher wirksamen Rechtsgeschäftes endet.

II. Befristung (Zeitbestimmung)

Ähnliche Wirkungen wie die echte Bedingung nach § 158 Abs. 1 und 2 hat die »Befristung« oder »Zeitbestimmung« i. S. v. § 163 (lesen!).

■ Versuchen Sie, aus dieser Gesetzesformulierung den Unterschied zur Bedingung selbst zu erkennen! (Überlegen Sie!).

▷ Während es bei der Bedingung um ein ungewisses, zukünftiges Ereignis geht, geht es bei der Befristung um ein gewisses, mit Sicherheit eintretendes Ereignis. Die Parteien können ein Datum bestimmen, d. h., sie können bestimmen, ab wann das Rechtsgeschäft wirksam werden soll; dann liegt entsprechend (analog) § 158 Abs. 1 eine »aufschiebende Befristung«

vor. Oder sie können bestimmen, wie lange bzw. bis wann das Rechtsgeschäft wirksam sein soll; dann liegt entsprechend § 158 Abs. 2 eine »auflösende Befristung« vor.

Beispiel: Mietvertragsschluß im November, Mietbeginn: 1. Januar 1990 = aufschiebende Befristung; Mietende: 31. Dezember 1990 = auflösende Befristung. Hier ist der Eintritt des zukünftigen Ereignisses gewiß; ebenso ist sicher, wann es eintritt. *Daß* das Ereignis eintritt, ist bei der Befristung immer sicher. *Wann* es eintritt, kann allerdings durchaus ungewiß sein; zum Beispiel, wenn festgelegt wird, daß die Wirkungen eines Rechtsgeschäfts mit dem Tod einer Partei enden sollen.

III. Fristen und Termine

Nicht zu verwechseln mit der Befristung, bei der die Wirkung eines Rechtsgeschäftes mit Eintritt eines bestimmten Ereignisses eintreten oder enden soll, ist die Fristsetzung zur Vornahme einer Handlung oder zur Erfüllung einer bestehenden Verpflichtung aus einem bereits wirksamen Vertrag.

Wie wichtig Fristbestimmungen mitunter sein können, haben Sie bereits erfahren, als es um den Zeitpunkt des Zuganges von Willenserklärungen ging.

Um eine Fristsetzung geht es auch bei Punkt 3 unseres Grundstücksvertrages, sowie bei der »Gegenbedingung« b) der Gemeinde. Bei der Erschließung des Grundstückes handelt es sich um eine typische vertragliche Verpflichtung der Gemeinde, die sie auf jeden Fall erfüllen muß.

Indem die Parteien bei Vertragsschluß am 1. 12. 1989 vereinbarten, daß die Gemeinde diese vertragliche Pflicht bis zum 30. 6. 1990 erfüllen soll, haben sie eine Frist festgesetzt, innerhalb derer dies geschehen muß.

Unter »Frist« versteht man deshalb einen »fest abgegrenzten, bestimmten oder bestimmbaren, Zeitraum«. Den Anfangs- und Endpunkt einer Frist bezeichnet man als »Termin«. Typische Fristen sind z. B. Kündigungsfristen bei Mietverträgen oder Arbeitsverträgen. Bei Fristen kann manchmal zweifelhaft sein, wann genau eine Frist beginnt und wann sie endet. Da aus Gründen der Rechtssicherheit Klarheit herrschen muß, gibt das BGB gem. § 186 für die in Gesetzen und Verträgen enthaltenen Frist- und Terminbestimmungen in den §§ 187 bis 193 bestimmte Auslegungsvorschriften. Lesen Sie zunächst § 186 und § 187 Abs. 1.

Zum Fristbeginn nach § 187 Abs. 1 sogleich ein kurzes *Beispiel:*

Am 5. 1. wird ein Vertrag geschlossen, in dem festgelegt wird, daß jede Partei innerhalb einer Frist von 10 Tagen zurücktreten kann.

Nach § 187 Abs. 1 beginnt diese Frist erst am 6. 1. zu laufen. Die Parteien können ihr Rücktrittsrecht noch am 15. 1. (bis 24^{00} Uhr) ausüben. Würde man den Tag des Vertragsschlusses schon zur Frist rechnen, wäre der 14. 1. letzter Termin zur Rücktrittsausübung.

Mitgerechnet wird der erste Tag gem. § 187 Abs. 2 nur dann, wenn er für den Beginn einer Frist ausdrücklich maßgebend ist (§ 187 Abs. 2 lesen!). Wenn z. B. § 2 BGB bestimmt, daß man mit Vollendung des 18. Lebensjahres volljährig wird, dann bedeutet das nach § 187 Abs. 2, daß man bereits während seines Geburtstages volljährig ist und nicht erst nach Ablauf des Tages. (Ebenso: »Miete ab 1. 12.« = der 1. 12. wird mitgerechnet!).

Nach § 188 Abs. 1 endet eine Frist, die nach Tagen bestimmt ist, mit dem Ablauf des letzten Tages der Frist, d. h. in unserem Rücktrittsfall, bei dem der Vertrag am 5. 1. geschlossen wurde, endet die am 6. 1. beginnende Frist, wie gesehen, am 15. 1. um 24^{00} Uhr. (§ 188 Abs. 1 lesen).

Während die Lektüre von § 188 Abs. 1 Ihnen sicherlich keine Verständnisschwierigkeiten bereitet haben wird, kann sich dies bei der Lektüre von § 188 Abs. 2 durchaus ändern (lesen!) . . . Sie können sich das Verständnis dieser Vorschrift wesentlich erleichtern, wenn Sie sich in Ihrem Text die Worte **»Woche(n)«** und **»Benennung«** mit einem Textmarker gleicher Farbe kennzeichnen sowie mit einer anderen Farbe die Worte *»Monaten/Monats«* und *»Zahl«* markieren[174].

Anhand der folgenden *Beispiele* können Sie sich nun in der Berechnung von Fristen etwas üben:

(1) Einem Versicherungsnehmer ist wegen nicht rechtzeitiger Zahlung der Prämie am »Dienstag«, dem *18. 9.*, eine Zahlungsfrist von vier »Wochen« gesetzt worden.
  a) Wann endet die Frist?
  b) Wann würde die Frist enden, wenn die Versicherung nicht vier »Wochen«, sondern einen »Monat« als Frist gesetzt hätte?

■ Die *Lösung* enthält § 188 Abs. 2, 1. Var. (= Fristbeginn § 187 Abs. 1). *Lesen* Sie die genannten Vorschriften nochmals und versuchen Sie die Lösung selbst zu finden!

▷ Die richtige Lösung zu a) lautet: Die Frist endet am Dienstag, den 16. 10. um 24^{00} Uhr. In der Abwandlung b) endet die Frist mit Ablauf des 18. 10.

174 ***Beispiel § 188 Abs. 2 (den vorgeschlagenen verschiedenen Farben entsprechend die verschiedenen Buchstabentypen):***
»Eine Frist, die nach **Wochen,** nach *Monaten* oder nach einem mehrere Monate umfassenden Zeitraume – Jahr, halbes Jahr, Vierteljahr – bestimmt ist, endigt im Falle des § 187 Abs. 1 mit dem Ablaufe desjenigen Tages der letzten **Woche** oder des letzten *Monats,* welcher durch seine **Benennung** oder seine *Zahl* dem Tage entspricht, in den das Ereignis oder der Zeitpunkt fällt, im Falle des § 187 Abs. 2 mit dem Ablaufe desjenigen Tages der letzten **Woche** oder des letzten *Monats,* welcher dem Tage vorhergeht, der durch seine **Benennung** oder seine *Zahl* dem Anfangstage der Frist entspricht.«

Sofern Sie dieses Ergebnis problemlos selbst gefunden haben, können Sie gleich das nächste Fallbeispiel (2) lösen. Falls Ihnen die Lösung nicht gelungen ist, lesen Sie zunächst die Erläuterung:

(a) Am Dienstag, den 18. 9. wurde eine Zahlungsfrist von vier »Wochen« gesetzt. Nach § 187 Abs. 1 beginnt die Frist zu laufen mit Beginn von Mittwoch, dem 19. 9.; die erste Woche, die bekanntlich sieben Tage hat, läuft ab am Dienstag, den 25. 9., 24^{00} Uhr, die vierte und letzte Woche der Frist am Dienstag, den 16. 10., 24^{00} Uhr. Die »Benennung« dieses Tages – nämlich Dienstag – entspricht der Benennung des Tages – »Dienstag« (18. 9.) –, in den das Ereignis, die Setzung der Zahlungsfrist nämlich, fällt.

(b) Bei der Monatsfrist dagegen ist nicht die »Benennung« des Tages, sondern die »Zahl« des Tages maßgebend, die der Zahl des Tages entspricht, in den das Ereignis fällt, hier der 18. 9. Eine Ein-Monatsfrist endet daher am 18. 10., eine Zwei-Monatsfrist am 18. 11. usw.

(2) In einem kurzfristigen Mietvertrag ist festgesetzt, daß die Mietzeit am Mittwoch, den 1. 10. beginnt und nach vier Wochen enden soll. Wann endet die Frist?

(Versuchen Sie zunächst wieder, das Fristende – hier: gem. § 187 Abs. 2 i. V. m. § 188 Abs. 2, 2. Var. – selbst zu bestimmen!)

Lösung:

Für den Fristbeginn gilt § 187 Abs. 2 (lesen!).

■ Mit Beginn welchen Tages beginnt danach die Vier-Wochenfrist zu laufen?

▷ Mittwoch, 1. 10.

■ Und mit dem Ablauf welchen Tages endet die Frist gem. § 188 Abs. 2?

▷ Im Falle des § 187 Abs. 2 endet gem. § 188 Abs. 2 die Wochenfrist mit Ablauf desjenigen Tages der letzten Woche, welcher dem Tage vorhergeht, der durch seine Benennung dem Anfangstage der Frist entspricht.

■ Anfangstag der Frist?

▷ Mittwoch, 1. 10.

■ Welcher Tag der letzten (vierten) Woche der Frist entspricht diesem Tag seiner Benennung nach?

▷ Mittwoch, 29. 10.!

■ Fristende also?

▷ Ablauf des vorhergehenden Tages, Dienstag, 28. 10., 24^{00} Uhr.

(3) Wann würde die Frist gem. § 188 Abs. 2 ablaufen, wenn der Mietvertrag bestimmen würde, daß die Miete am 1. 10. beginnt und nach einem Monat endet?

Lösung:

Fristbeginn: 1. 10.; Tag, dessen Zahl dem Anfangstag der Frist einen Monat später entspricht: 1. 11.; vorhergehender Tag: 31. 10.; Fristende: 31. 10. 24^{00} Uhr!

(4) Mietbeginn 30. 9.; Mietende nach einem Monat. An welchem Tag endet die Mietzeit?

Fristbeginn: Gem. § 187 Abs. 2 = 30. 9. Tag, dessen Zahl dem Anfangstag einen Monat später entspricht? 30. 10.; Fristende gem. § 188 Abs. 2: ein Tag vorher = 29. 10., 24^{00} Uhr!

(5) Mietbeginn: 31. 1.; Mietende nach einem Monat.

■ Wann ist das? An welchem Tag endet die Mietzeit?

▷ Fristbeginn 31. 1.! Tag, dessen Zahl dem Anfangstag der Frist einen Monat später entspricht: 31. 2.??
Ein Tag vorher = 30. 2.??
Kein Grund, Ihr BGB wegzuwerfen, sondern: § 188 Abs. 3 lesen!

■ Wann endet also die Frist?

▷ Je nachdem (= Schaltjahr), am 28. oder 29. 2.!

Schließlich kommt es in der Praxis nicht selten vor, daß eine Frist an einem Samstag, Sonntag oder Feiertag endet. Auch diesen Fall hat das Gesetz berücksichtigt, nämlich in § 193, der im Vergleich zu § 188 relativ einfach zu verstehen ist – lesen!

■ An welchem Tag endet z. B. eine Frist, wenn Sie nach § 188 ausgerechnet haben, daß das Fristende auf Donnerstag, den 25. 12., 24^{00} Uhr, fällt? (Überlegen Sie![175]).

IV. Auflage

Im Übungsfall 25 hat die Gemeinde unter »a)« (nachlesen!) eine weitere »Bedingung« mit dem Vertragsschluß verbunden.

■ Überlegen Sie, warum dies keine »Bedingung« i. S. v. § 158 ist!

▷ Es wird nicht auf ein ungewisses, zukünftiges Ereignis Bezug genommen, sondern es wird eine besondere Verpflichtung des A ausgesprochen. Von ihm wird eine ganz bestimmte Leistung verlangt. Empfänger dieser Leistung soll aber nicht der Vertragspartner des A, die Gemeinde B, sein, sondern außerhalb des Vertrages stehende Dritte, die Kinder des Kindergartens bzw. deren Eltern.

Eine solche Verpflichtung, durch die ein Vertragspartner dem anderen eine bestimmte Leistung an einen Dritten auferlegt, nennt man im privatrechtlichen Sprachgebrauch nicht Bedingung, sondern »Auflage«. Sie ist zu unterscheiden von den öffentlich-rechtlichen Auflagen, die z. B. im Baurecht häufig vorkommen.

175 **Am Montag, den 29. 12., 24^{00} Uhr! –**
In diesem Zusammenhang ein Hinweis auf eine Ausnahme im Versicherungsrecht:
Wenn das BGB in den eben behandelten Vorschriften den Begriff »Tag« als Beginn oder Ende einer Frist verwendet, dann meint es damit den normalen vollen Tag, der um 0.00 Uhr beginnt und um 24.00 Uhr endet. Auch in anderen Rechtsbereichen geht man selbstverständlich von einem 24-Stundentag aus, mit dem Unterschied, daß z. B. für das Versicherungsrecht § 7 VVG und die meisten AVB bestimmen, daß Versicherungsverträge mittags um 12.00 Uhr beginnen und mittags um 12.00 Uhr enden, sofern nichts anderes vertraglich vereinbart ist.

Öffentlich-rechtliche Auflagen muß (!) der Bürger akzeptieren, privatrechtliche Auflagen kann (!) er akzeptieren (= vereinbaren). Von der Bedingung des BGB unterscheidet sich die Auflage dadurch, daß sie bestimmte Leistungspflichten begründet, deren Erfüllung nicht von dem Eintritt eines ungewissen Ereignisses abhängt.

V. Verjährung/Ausschluß- und Verjährungsfristen/Einwendungen und Einreden

Bisher haben wir uns in diesem Kapitel nur mit dem Beginn und Ende des Fristablaufs beschäftigt, aber noch nicht berücksichtigt, daß das BGB zwei grundsätzliche Arten von Fristen kennt: »Ausschlußfristen« und »Verjährungsfristen«!

1. Ausschlußfristen/Einwendungen

Ausschlußfristen beziehen sich regelmäßig auf Gestaltungsrechte, wie z. B. das Recht, ein(en) Antrag (Angebot) anzunehmen, einen Versicherungsschaden anzumelden, einen Vertrag anzufechten, mit einer Forderung gegen eine andere aufzurechnen, Klage zu erheben usw.

Wesen einer Ausschlußfrist ist es, daß eine Handlung innerhalb oder binnen eines Zeitraumes vorgenommen bzw. ein Recht ausgeübt werden muß, wenn nicht ein bestimmter Rechtsnachteil eintreten soll. Dabei trifft die Beweislast dafür, daß das Recht innerhalb der Ausschlußfrist ausgeübt worden ist, den Rechtsinhaber, da die Fristeinhaltung zum Nachweis des Rechtes gehört.

Mit Ablauf der Frist ist das Recht erloschen. Die Ausschlußfrist ist somit eine »rechtsvernichtende Einwendung«.

Daneben unterscheidet man im juristischen Sprachgebrauch auch noch »rechtshindernde Einwendungen«. Eine rechtshindernde Einwendung bewirkt, daß ein Recht oder ein Anspruch gar nicht erst zum Entstehen kommt.

Beispiel: Wenn ein Geschäftsunfähiger ein Auto kauft, so wird die Wirksamkeit des Kaufvertrages durch die Einwendung der Geschäftsunfähigkeit verhindert.

Einwendungen sind vor Gericht immer »von Amts wegen« zu berücksichtigen; d. h., wenn einem eingeklagten Anspruch eine Einwendung entgegensteht, darf das Gericht der Klage nicht stattgeben!

2. Verjährungsfristen/Einreden

Im Unterschied zu den Einwendungen muß das Gericht sogenannte *Einreden*[176] nur berücksichtigen, wenn eine Partei sich ausdrücklich darauf beruft[177]. Eine typische Einrede ist z. B. die »Verjährung« von Ansprüchen. Dafür gelten bestimmte Verjährungsfristen. Im Unterschied zu den Ausschlußfristen führt der Ablauf einer Verjährungsfrist nicht dazu, daß der Anspruch erloschen ist, sondern er besteht rechtlich weiter; der Schuldner kann (!) sich jedoch darauf berufen, daß der Anspruch verjährt ist und die Erfüllung des Anspruches verweigern. Tut er es nicht, macht er also von der Einrede der Verjährung keinen Gebrauch (weil er einen nachlässigen Rechtsanwalt hat!), darf das Gericht ihn z. B. nicht auf die Verjährung des Anspruches hinweisen, sondern muß der Klage des Gläubigers stattgeben, sofern sie begründet ist!

Schlagen Sie zum Stichwort Verjährung die §§ 194 ff. auf! § 194 (nochmals lesen!) kennen Sie schon. Er definiert den Begriff des »Anspruchs« und weist darauf hin, daß Ansprüche der Verjährung unterliegen. Je nach Art des Anspruches ist die Verjährungsfrist unterschiedlich lang.

Sofern in einer speziellen Verjährungsvorschrift keine andere Frist genannt ist, gelten die allgemeinen Verjährungsfristen des Allgemeinen Teils.

Wenn Sie § 195 lesen, sehen Sie, daß das BGB als regelmäßige Verjährungsfrist 30 Jahre ansetzt.

Eine Vielzahl von Ausnahmen enthält § 196. Für die dort genannten, überwiegend aus Geschäften des täglichen Lebens herrührenden Ansprüche der Ziffern 1 bis 17, die Sie nicht unbedingt lesen müssen (Hauptsache, Sie wissen, daß es diese Fristen gibt und wo Sie nachlesen können!), geht § 196 von einer zweijährigen Verjährungsfrist aus. Nach § 197 verjähren bestimmte Ansprüche nach vier Jahren.

Von den vielen speziellen Verjährungsvorschriften des besonderen Teils des Schuldrechts sollten Sie sich schon jetzt über zwei informieren.

Lesen Sie nochmals § 477 Abs. 1 (Verjährung von Gewährleistungsansprüchen im Kaufrecht – bewegliche Sachen: 6 Monate/Grundstücke:

176 Zu unterscheiden sind drei Arten von Einreden: »dauernde« (»peremptorische«), »zeitweilige« (»dilatorische«) und »anspruchsbeschränkende« Einreden (vgl. *Larenz,* AT, § 14 II S. 249 – falls Sie den exakten Unterschied wissen wollen, lesen Sie auf der genannten Seite dort bei *Larenz* den 2. Druckabschnitt)

177 ***Im BGB wird der Unterschied zwischen Einwendungen und Einreden leider nicht immer einheitlich verwendet: z. B. sind in § 334 und § 404, über die Sie später (Band II) noch mehr erfahren, mit »Einwendungen« auch »Einreden« gemeint!***

1 Jahr) und dann § 852 Abs. 1 (Ansprüche aus unerlaubter Handlung verjähren 3 Jahre nach Kenntniserlangung durch den Geschädigten).

Wegen der verschieden langen Verjährungsfristen, die das BGB kennt, ist es z. B. für ein Gutachten (u. a.) wichtig, ob sich ein Anspruch aus mehreren Anspruchsgrundlagen herleiten läßt. So ist es möglich, daß ein Schadensersatzanspruch, der aus einer unerlaubten Handlung gem. § 823 folgt und somit gem. § 852 nach drei Jahren verjährt, zugleich aufgrund einer vertraglichen Pflichtverletzung beruht. Vertragliche Schadensersatzansprüche unterliegen aber grundsätzlich der regelmäßigen Verjährungsfrist des § 195 von 30 Jahren!

Wir wollen unsere Einführung in den Allgemeinen Teil des BGB damit abschließen und uns den Stoff dieses Kapitels anhand der folgenden Übersicht 27 nochmals verdeutlichen.

Übersicht 27:

Bedingung, Befristung, Fristen, Auflage, Verjährung, Einreden, Einwendungen

I. Bedingung (B) ...

... ist die einer rechtsgeschäftlichen WE hinzugefügte Bestimmung, nach der die Wirkung des Rechtsgeschäftes von einem *zukünftigen, ungewissen Ereignis* abhängen soll.

Die *echte B kann abhängen von*
- einem *zufälligen* Umstand (»wenn die Grundstückspreise nicht steigen«)
- dem *Willen* einer Partei (»wenn Du nicht wieder heiratest«)
- *Zufall* + *Willen* (»wenn Du Dein Examen bestehst«)

Das BGB kennt *zwei Arten der Bedingung:*
§ 158 Abs. 1 = aufschiebende B = Wirkung des Rechtsgeschäfts wird bis zum Eintritt der B aufgeschoben (z. *B.* Eigentumsvorbehalt: § 455)
§ 158 Abs. 2 = auflösende B (z. B. Wiederverheiratungsklausel im Testament) = Wirkung des Rechtsgeschäfts endet mit Eintritt der B.

II. Befristung (Zeitbestimmung)

§ 163 – Wirkung eines Rechtsgeschäfts hängt vom Eintritt eines *gewissen Ereignisses* ab
= *analoge Anwendung von § 158 Abs. 1,* wenn *Anfangstermin* der Wirkung des Rechtsgeschäfts, *von § 158 Abs. 2,* wenn *Endtermin* bestimmt ist.
Zeitpunkt des *sicher eintretenden Ereignisses* kann *ungewiß* sein (z. B. Tod eines Menschen)

Übersicht 27 *(Fortsetzung):*

III. Frist ...

... ist ein *bestimmter Zeitraum,* in dem etwas geschehen muß (z. B. Kündigungsfrist bei Miet- oder Arbeitsverträgen).
Anfangs- und Endpunkt einer Frist = *Termine*
Frist = Zeitraum, Termin = Zeitpunkt
Für die *Berechnung des Beginns und des Endes von Fristen* gelten die *§§ 186 ff.* – Einzelheiten vgl. dort! – *Merke:* »Tag« i. S. v. §§ 187 ff. = 0.00 Uhr – 24.00 Uhr – *Versicherungsrecht:* (§ 7 VVG) Tag = 12.00 Uhr – 12.00 Uhr (mittags).

IV. Auflage ...

... im *privatrechtlichen* Sinn ist eine Verpflichtung, durch die ein Vertragspartner dem anderen eine bestimmte *Leistung an einem Dritten* auferlegt (kein Anspruch des Dritten gegen den Verpflichteten).

V. Ausschluß- und Verjährungsfristen, Einwendungen und Einreden

1. *Ausschlußfristen ...*
   ... beziehen sich auf *Gestaltungsrechte,* z. B. Anfechtung, Aufrechnung, Klage etc.
   Wesen: Wenn Recht innerhalb der Ausschlußfrist nicht ausgeübt wird, *erlischt das Recht.* (Beweislast für Ausübung des Rechts trifft Rechtsinhaber.)
   Ausschlußfrist ist *rechtsvernichtende Einwendung.*
   Außerdem: Rechtshindernde Einwendung = Recht/Anspruch gelangt nicht zur Entstehung – z. B. »Einwendung der Geschäftsunfähigkeit«

– *Einwendungen* sind (vom Gericht) *»von Amts wegen«* zu berücksichtigen!

2. *Verjährungsfristen ...*
   ... beziehen sich auf *Ansprüche (vgl. § 194):* Ablauf der Verjährungsfrist führt *nicht zum Erlöschen des Anspruchs,* sondern bewirkt nur *Recht des Schuldners,* sich auf Verjährung zu *berufen* und Erfüllung des Anspruchs zu verweigern = *»Einrede der Verjährung«.*

   – Auf eine *Einrede muß Schuldner sich berufen = keine* Berücksichtigung von Amts wegen!
   – *Regelmäßige Verjährungsfrist* von Ansprüchen: *§ 195 = 30 Jahre. Kürzere Verjährungsfristen:* § 196 = 2 Jahre, § 197 = 4 Jahre
   – *Besondere Verjährungsfristen in Spezialvorschriften:*
     – z. B.: § 477 Abs. 1 = Gewährleistungsansprüche bei Kauf von beweglichen Sachen: 6 Monate; von Grundstücken: 1 Jahr
     – z. B.: § 852 Abs. 1 = Anspruch aus unerlaubter Handlung: 3 Jahre nach Kenntnis

Literatur zur Vertiefung (7. Kapitel):

Alpmann und Schmidt	AT 2; S. 213–216
Brox	§ 21
Klunzinger	§ 16
Löwisch	§ 19
Schlip	JuS 1988, S. 880 ff.
Thoma	Allg. Teil; 5. Teil
Ziegeltrum	JuS 1986, S. 705 u. S. 784 ff.
Zimmermann	JuS 1984, S. 409 ff.

Paragraphenregister

* **inkl. Fußnoten!**

EheG

GBO

GG (Art.)

GmbHG

GVG

Sachregister

A

B

C

D

N

O

P

R

S